纯电动汽车综合故障诊断（第2版）

（比亚迪e5）

主　编	郭三华	贺翠华	王　化
副主编	胡倩润	田　鑫	牛振州
	王　珊	孙瑞燕	杜英翠
	蔡　辉	赵　跃	杨汝朋
参　编	高凤苑	刘宏峰	周华英
主　审	邹德伟		

北京理工大学出版社
BEIJING INSTITUTE OF TECHNOLOGY PRESS

内容简介

本书系统讲解了纯电动汽车无钥匙进入模块、整车控制器（VCU）、充配电总成、动力电池与电池管理系统（BMS）、电机与控制系统（PEU）、空调系统及车身电器等核心系统的故障诊断与排除技术，内容涵盖各模块电源线、通信线、接地线等典型线路的故障检测流程，包括电压测量、电阻判定、故障码读取、数据流分析及波形诊断等实操方法，以"任务描述—任务目标要求—任务资讯与知识准备—任务分析—任务组织—任务实施—任务拓展"为逻辑架构，以比亚迪 e5 为实例，严格对标智能新能源汽车职业技能等级标准，融入高压安全规范与 6S 管理要求，可作为高等职业院校和职业本科院校新能源汽车相关专业教材、职业技能等级证书培训资料及维修技术人员岗位实训参考用书。

版权专有　侵权必究

图书在版编目（CIP）数据

纯电动汽车综合故障诊断 / 郭三华，贺翠华，王化主编. -- 2 版. -- 北京：北京理工大学出版社，2025.6.
ISBN 978-7-5763-5467-6

Ⅰ. U469.72

中国国家版本馆 CIP 数据核字第 2025LN9289 号

责任编辑／孟祥雪	**文案编辑**／孟祥雪
责任校对／周瑞红	**责任印制**／李志强

出版发行 ／ 北京理工大学出版社有限责任公司
社　　址 ／ 北京市丰台区四合庄路 6 号
邮　　编 ／ 100070
电　　话 ／（010）68914026（教材售后服务热线）
　　　　　　（010）63726648（课件资源服务热线）
网　　址 ／ http://www.bitpress.com.cn
版 印 次 ／ 2025 年 6 月第 2 版第 1 次印刷
印　　刷 ／ 涿州市新华印刷有限公司
开　　本 ／ 787 mm×1092 mm　1/16
印　　张 ／ 15.75
字　　数 ／ 370 千字
定　　价 ／ 79.00 元

图书出现印装质量问题，请拨打售后服务热线，负责调换

前 言

为贯彻落实党的二十大精神，在第1版的基础上，本版教材依据高职高专《纯电动汽车故障诊断教学基本要求》及汽车类专业岗位群需要，将立德树人放在首位，加强综合职业能力培养，较第1版主要修订的内容如下：

1. 增加了课程思政内容

本书共计七个项目，每个项目在任务描述、目标要求及任务组织、考核环节，创设职业情境，增强学生的专业信心和民族自豪感，鼓励学生立志为我国新能源行业发展而努力；培养学生团结、包容、不畏困难、吃苦耐劳、专注、安全等职业修养，将课程思政内容融入专业教育始终。

2. 采用最新国家及行业标准

教材内容引用新能源汽车行业最新标准，《新能源汽车运行安全性能检验规程》（GB/T 44500—2024）、《新能源汽车售后维修服务能力技术要求》（JT/T 1548—2025）、《电动汽车动力蓄电池热管理系统 第1部分：通用要求》（QC/T 1206.1—2024）等。

3. "岗课赛证"融通

根据新能源汽车"岗"位职业需求，在"课"程方面，重构课程体系及课程标准，以"赛"作为课程教学的高端示范和标杆，对标职业技能"证"将职业活动和个人职业生涯发展所需要的综合能力融入教材。对接"新设备、新工艺、新技术"增加人工智能技术的实车维修应用案例；在拓展部分结合具体故障案例丰富故障库。

4. 利用信息技术，实现"融媒体"化

通过二维码实现了"纸质+视频+动画"等媒体立体呈现教材内容；采用信息化教学手段，减少操作风险，增加VR动力电池性能检测等。

5. 进一步丰富了配套教学资源

为本书配套开发设计了教学课件、任务工单、学习工作页、习题作业、媒体素材等配套资源，服务于学生学习以及教师教学需要。

6. 成果导向的项目——任务体例

为适应新能源汽车岗位群能力本位人才培养需求，修改第 1 版教材的章节体例为项目任务体例，设计纯电动汽车故障诊断为载体的实训任务，增加必需、够用的基础理论知识，在实践中培养学生汽车故障诊断、维护流程介绍和检修实操等技能。

为了易于学习和掌握专业技能，本书编写时选用了大量图例，文字力求简练、通俗，内容简明扼要。

本书由烟台汽车工程职业学院郭三华老师主持编写，郭三华、贺翠华和王化任主编，胡倩润、田鑫、牛振州、王珊、孙瑞燕、杜英翠、蔡辉、赵跃、杨汝朋担任副主编，高凤苑、刘宏峰、周华英担任参编。具体分工：郭三华制定教材样章、编写目录并统筹教材所有编写工作，贺翠华编写项目 1，王化编写课件和教案，胡倩润编写项目 2 和项目 3，田鑫编写项目 4 和项目 5，牛振州编写项目 6 和项目 7，王珊、孙瑞燕、杜英翠、赵跃、杨汝朋负责教材视频、习题等教学资源建设，蔡辉负责提供企业纯电动汽车维修和保养案例，高凤苑、刘宏峰、周华英负责提供大赛项目操作资源。

本书由烟台汽车工程职业学院邹德伟教授主审，邹教授对全书进行认真细致的审校，并提出了宝贵的意见和建议，在此表示衷心的感谢！

在本书的编写过程中，查阅引用了参考资料及网络上的相关内容，在此对所引用资料的作者表示感谢。由于编者水平有限，书中不免有遗漏和不足之处，敬请各位读者批评指正，如需联系请将信息发送至教材编写团队邮箱 1093171458@qq.com。

编　者

目　录

项目一　无钥匙进入模块典型线路故障诊断与排除 ……………………………… 1

　　任务一　无钥匙进入模块电源线故障排除 …………………………………… 2
　　任务二　无钥匙进入模块通信线故障排除 …………………………………… 19
　　任务三　无钥匙进入模块接地线故障排除 …………………………………… 36

项目二　整车控制器（VCU）故障诊断与排除 ………………………………… 55

　　任务一　VCU 电源线故障排除 ………………………………………………… 56
　　任务二　VCU 接地线故障排除 ………………………………………………… 73

项目三　充配电总成故障诊断与排除 …………………………………………… 91

　　任务一　充配电总成 CP 线束故障排除 ……………………………………… 92
　　任务二　高压互锁故障排除 …………………………………………………… 109

项目四　动力电池与电池管理系统（BMS）故障诊断与排除 ………………… 123

　　任务一　BMS 电源线故障排除 ………………………………………………… 124
　　任务二　BMS 通信线故障排除 ………………………………………………… 144

项目五　电机与控制系统（PEU）故障诊断与排除 …………………………… 159

　　任务一　PEU 电源线故障排除 ………………………………………………… 160
　　任务二　PEU 通信线故障排除 ………………………………………………… 174

项目六　空调系统常见故障诊断与排除 ………………………………………… 187

　　任务一　空调 IG4 触点故障排除 ……………………………………………… 188

任务二　鼓风机调速模块故障排除……………………………………………… 203

项目七　车身电器常见故障诊断与排除　217

　　任务一　近光灯不亮故障排除…………………………………………………… 218
　　任务二　右前车窗无法控制升降故障排除……………………………………… 232

参考文献　…………………………………………………………………………… 246

项目一

无钥匙进入模块典型线路故障诊断与排除

任务一　无钥匙进入模块电源线故障排除

一、任务描述

现有一辆 2019 款比亚迪 e5 出现"低压不上电,仪表不亮,仪表显示未检测到智能钥匙"的故障现象。作为维修技师,要对故障现象进行确定,尝试分析 Keyless ECU 模块的特点、组成和电路图,按照维修手册中的标准与规范,对故障进行维修检测,确认具体故障点,完成该故障的系统性诊断并填写任务工单。

二、任务目标要求

(一) 知识目标

(1) 熟悉并掌握 Keyless ECU 模块、插接器位置。
(2) 掌握 Keyless ECU 模块所需测量端子的位置及检测线束的确定方法。
(3) 掌握该 Keyless ECU 模块的电路图和维修手册。

(二) 能力目标

(1) 能规范使用工具、设备。
(2) 能规范拆装 Keyless ECU 模块插头及插接器。
(3) 能按照维修规范要求实施 Keyless ECU 模块线路、元件的检测与维修。
(4) 能按照安全作业标准完成实训作业并填写工单。

(三) 素质目标

(1) 能与他人合作查询维修资料、电路图资料,养成团队合作的精神。
(2) 能在完成操作过程中,具有工作区的 7S 工作管理能力。
(3) 能绘制 Keyless ECU 模块经典线路故障诊断流程电路图,能够展示并积极分享学习心得,总结并展示学习成果。

对标"1+X"智能新能源汽车职业技能等级标准如表 1-1 所示。

表 1-1　对标"1+X"智能新能源汽车职业技能等级标准

序号	等级	职业等级名称	工作领域	工作任务	涉及:职业技能要求点
1	高级	新能源汽车动力驱动电机电池技术职业技能等级	1. 新能源汽车工作安全与作业准备	1. 计算机诊断技术	涉及:全部技术技能点
				2. 维修资料查询	涉及:全部技术技能点

续表

序号	等级	职业等级名称	工作领域	工作任务	涉及：职业技能要求点
2	初级	新能源汽车悬架转向制动安全技术职业技能等级	5. 新能源汽车安全系统检测维修	4. 防盗系统检测维修	涉及：全部技术技能点
3	中级	新能源汽车悬架转向制动安全技术职业技能等级	1. 新能源汽车工作安全与作业准备	1. 维修注意事项	涉及：全部技术技能点（包含1.1.4）
				2. 安全注意事项	涉及：全部技术技能点
			5. 新能源汽车安全系统检测维修	4. 防盗系统检测维修	涉及：全部技术技能点
4	高级	新能源汽车悬架转向制动安全技术职业技能等级要求	1. 新能源汽车工作安全与作业准备	1. 维修注意事项	涉及：全部技术技能点（包含1.1.4）
				2. 安全注意事项	涉及：全部技术技能点
			5. 新能源汽车安全系统诊断分析	4. 防盗系统诊断分析	涉及：全部技术技能点
5	初级	新能源汽车电子电气空调舒适技术职业技能等级	2. 新能源汽车电子电气系统检查保养	1. 电子电气系统一般维修	涉及：全部技术技能点
				2. 蓄电池检查保养	涉及：全部技术技能点
				7. 起动系统检查保养	涉及：全部技术技能点
				8. 新能源汽车电路识别	涉及：全部技术技能点
6	中级	新能源汽车电子电气空调舒适技术职业技能等级	2. 新能源汽车电子电气系统检测维修	14. 车身附件检测维修	涉及：2.14.5
7	高级	新能源汽车电子电气空调舒适技术职业技能等级	2. 新能源汽车电子电气系统诊断分析	12. 车身附件诊断分析	涉及：2.12.5
				14. 新能源汽车电路诊断分析	涉及：全部技术技能点
				15. 控制模块检测分析	涉及：2.15.1~2.15.3
				17. 执行器的检测与分析	涉及：2.17.1~2.17.2, 2.17.6
8	中级	新能源汽车网关控制娱乐系统技术职业技能等级要求	5. 新能源汽车舒适电子控制网络系统检测维修	5. 防盗控制模块检测维修	涉及：5.5.1~5.5.6

续表

序号	等级	职业等级名称	工作领域	工作任务	涉及：职业技能要求点
9	高级	新能源汽车网关控制娱乐系统技术职业技能等级要求	5. 新能源汽车舒适电子控制网络系统检测维修	5. 防盗控制模块检测维修	涉及：5.5.1~5.5.6
10	其他职业技能等级证书的相关要求，与上述三个不同证书初、中、高的相关要求近乎一致，不再详述；与教材其他任务雷同的技术技能点不再赘述					

三、任务资讯与知识准备

（一）工作原理

利用 2019 款比亚迪 e5 的智能遥控钥匙，可以实现三种开锁方式，第一种为遥控钥匙进入方式，第二种为传统机械钥匙进入方式，第三种为无钥匙（智能钥匙）进入方式。

（1）遥控钥匙进入（remote key entry, RKE）方式：使用遥控方式进行远程的开锁、闭锁和行李箱开锁操作。

（2）传统机械钥匙进入方式：使用机械钥匙打开驾驶员侧车门。

（3）无钥匙进入（passive keyless entry, PKE）方式：驾驶员踏进指定范围时，凭借身上的智能钥匙感应，就能直接解锁车门。驾驶员不需要对汽车钥匙做任何操作，便可打开车门。

与 RKE 的单向通信不同，PKE 应用的是双向通信的原理，通过 RF 射频信号来验证电子钥匙的身份以提高安全性。

2019 款比亚迪 e5 的无钥匙进入方式分为验证和开锁两个步骤，智能钥匙检测系统的车内连接框图如图 1-1 所示。

其典型的开锁工作过程分析如下：

第一步：e5 车门微动开关动作的信号连接到 Keyless ECU（无钥匙进入模块，也叫 I-Key ECU）上，微动开关按下后，Keyless ECU 模块就会驱动检测天线，发送 125 kHz 的低频电磁信号，检测是否有智能钥匙进入检测范围。

第二步：进入检测范围的钥匙接收到汽车天线发出的低频触发信号，低频无线标签（TAG）被激活，读出钥匙 TAG 内保存的数据与触发信号进行比较，如果匹配，则整个钥匙电路被唤醒。

第三步：唤醒后的钥匙电路分析从汽车发送过来的"口令"，根据一定的算法计算出对应的数据并加密，将加密信息通过钥匙的高频模块（频率为 350 MHz）发送给汽车。汽车的高频接收模块将来自智能钥匙的密钥信息送给 Keyless ECU 模块，Keyless ECU 模块分析从钥匙收到的数据，并与自己所计算出的数据进行比较验证。

第四步：如果验证通过，Keyless ECU 模块就会通过启动网 CAN 总线通知汽车 BCM（车身控制器）模块，由 BCM 模块开启所有车门的门锁。

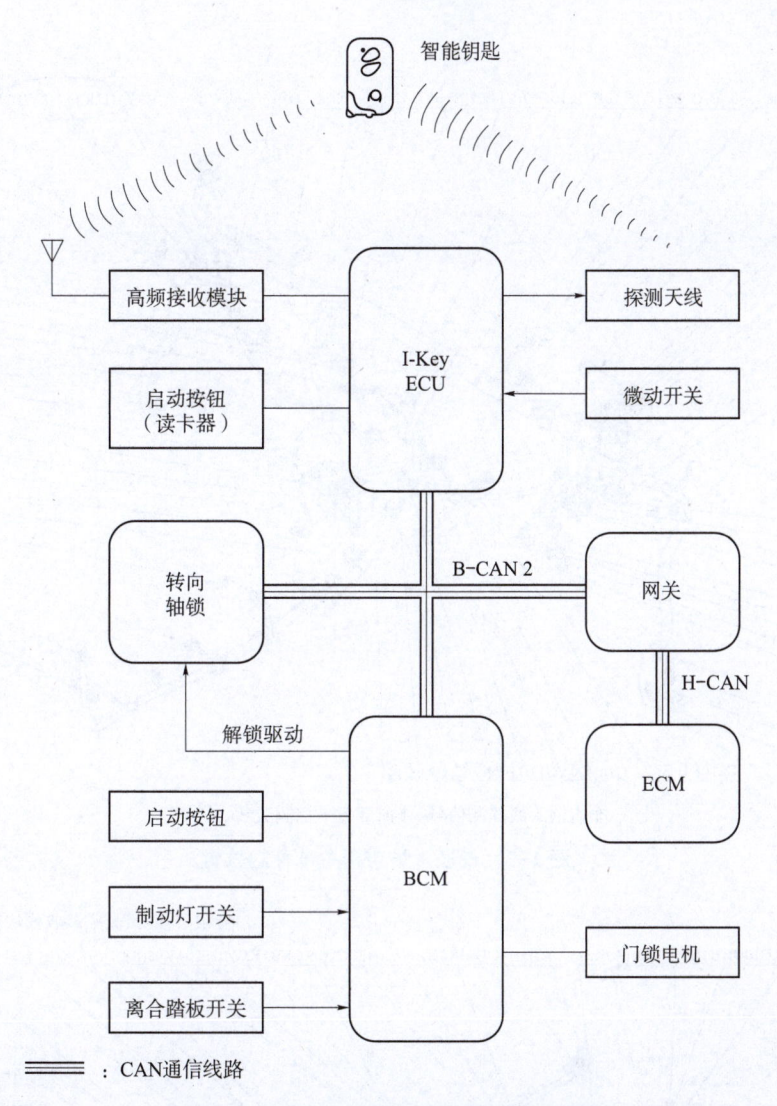

图 1-1 智能钥匙检测系统的车内连接框图

(二) 系统部件位置及端子识别

1. 探测系统部件位置

探测系统由 6 个探测天线总成（车内 3 个、行李箱 1 个、车外 2 个）和 1 个高频接收模块组成，探测车内有效范围及车外一定的范围。智能钥匙检测部件位置如图 1-2 所示，图中 1 为前、中、后和行李箱磁卡探测天线，2 为位于车厢外的左前门和右前门磁卡探测天线。

2. Keyless ECU 相关的低压线束及端子识别

Keyless ECU 相关的低压线束为仪表板线束（图 1-3）、地板线束（图 1-4）、左前门线束（图 1-5）和右前门线束（图 1-6）。

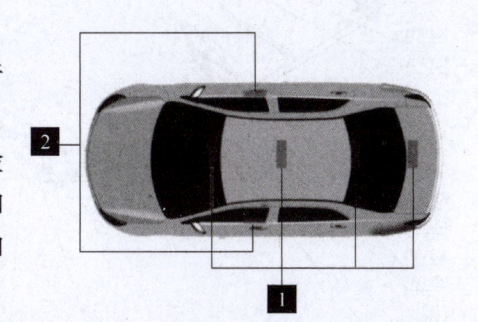

图 1-2 智能钥匙检测部件位置

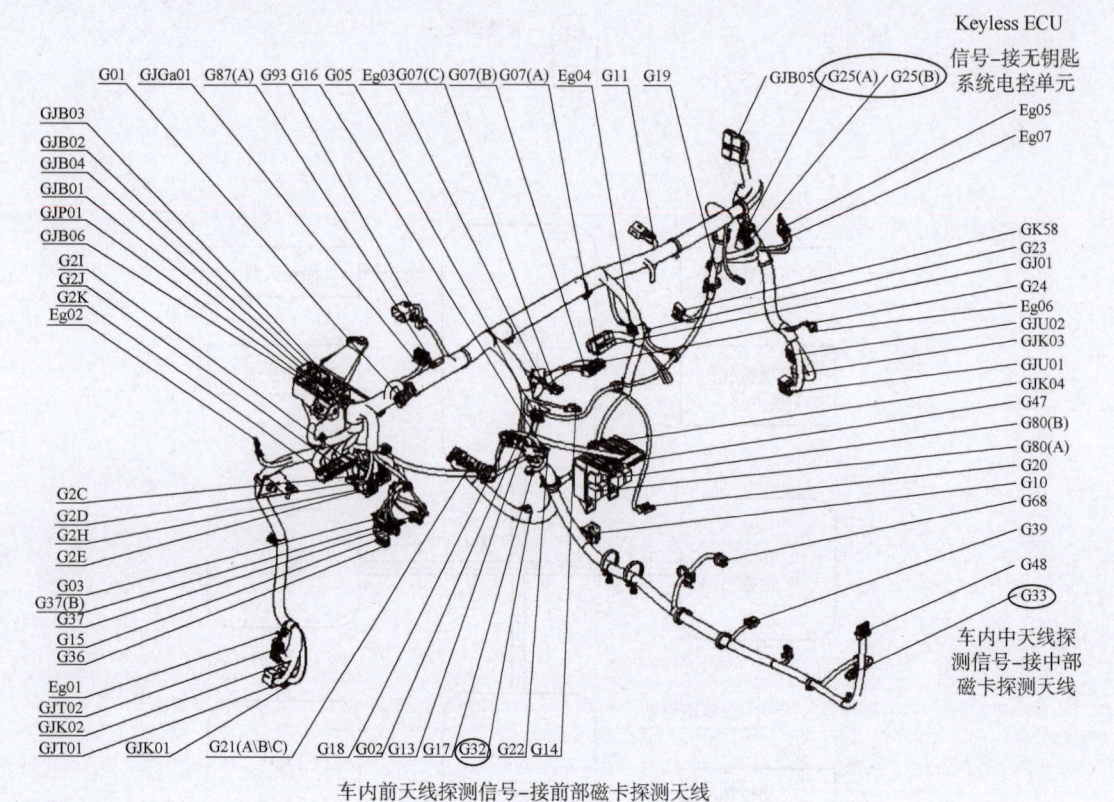

图 1-3　仪表板线束相关部件的位置

图 1-4　地板线束相关部件的位置

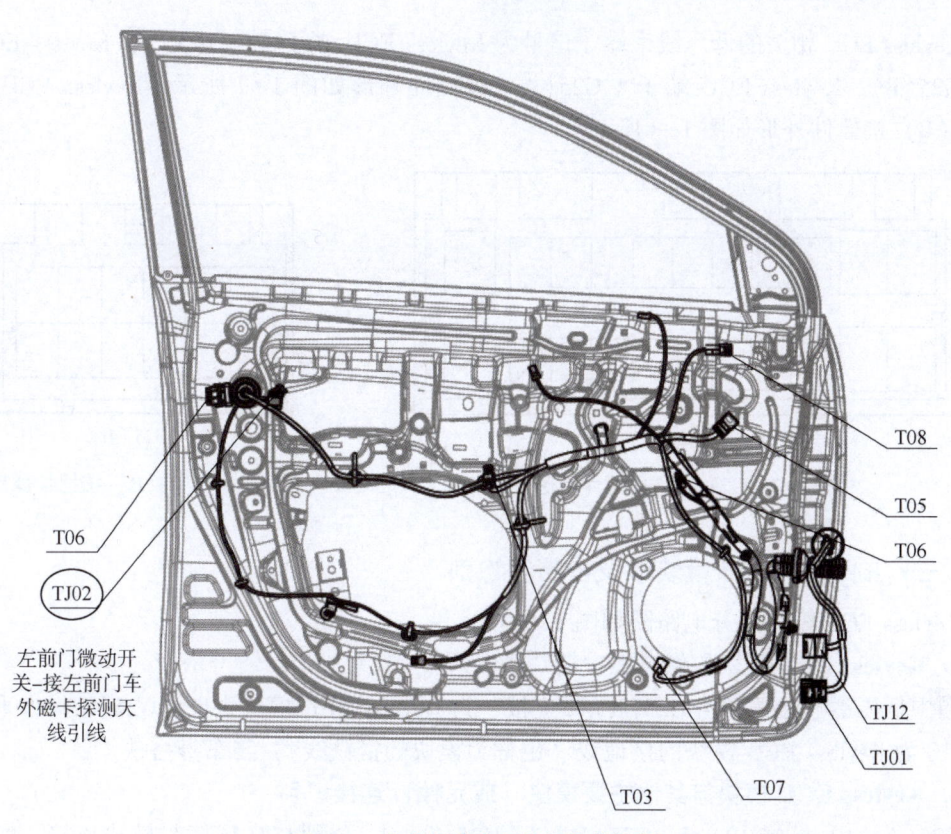

图 1-5　左前门线束相关部件的位置

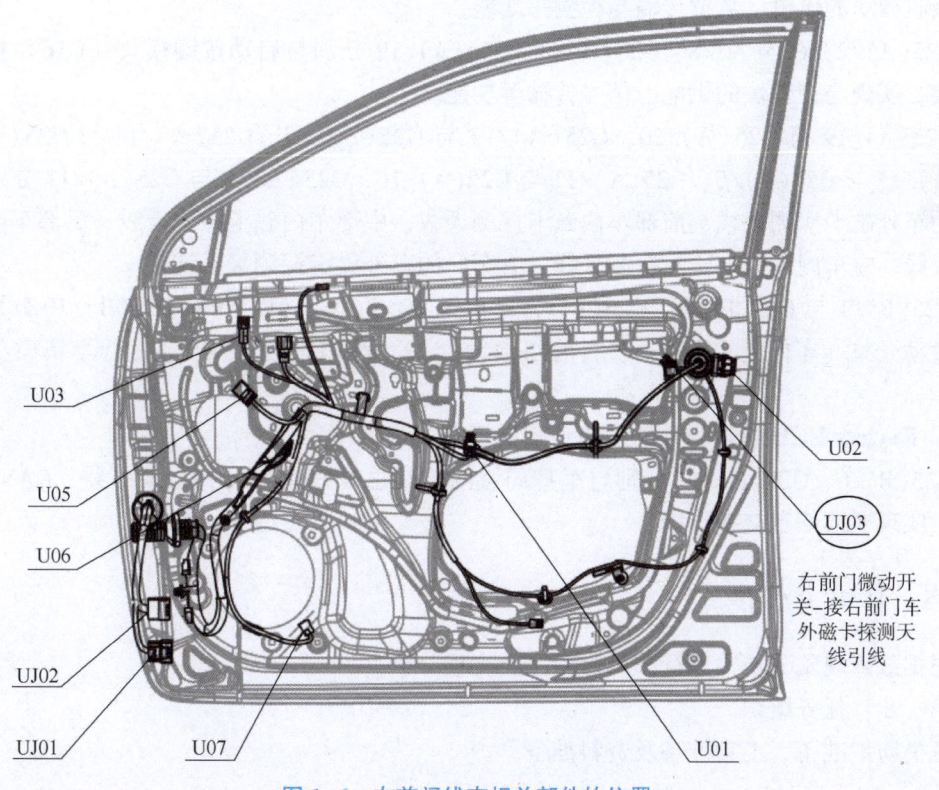

图 1-6　右前门线束相关部件的位置

Keyless ECU 相关的低压线束端子信号为 Keyless ECU 端子 1 G25（A）和 Keyless ECU 端子 2 G25（B）。Keyless ECU 端子 1 G25（A）接插件外形如图 1-7 所示。Keyless ECU 端子 2 G25（B）接插件外形如图 1-8 所示。

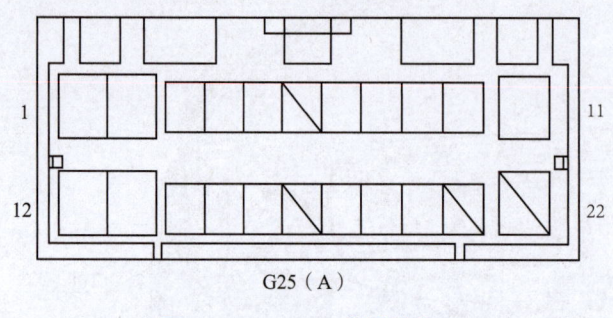

图 1-7　G25（A）接插件外形　　　　图 1-8　G25（B）接插件外形

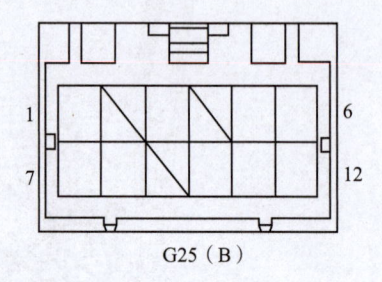

（三）Keyless ECU 模块涉及电路图识别

Keyless ECU 模块部分电路图如图 1-9 所示。

1. Keyless ECU 模块的供电线、搭铁线识别

图中低压蓄电池正极与 G25（A）/1 连接，为 Keyless ECU 模块供电；G25（A）/9 和 G25（A）/10 为 Keyless ECU 模块的接地线（也称为模块的搭铁线），与车身搭铁。

2. Keyless ECU 模块与其他主要模块（或元件）连接识别

G25（A）/12、G25（B）/5、G25（B）/7、G25（B）/11 分别与高频接收模块连接，实现与高频接收模块的供电、数据传输与检测等功能。

G25（A）/2、G25（A）/8、G25（A）/3、G25（A）/19 分别与启动按键模块（G16）相应端子连接，实现与该模块的供电、信号传输等功能。

G25（A）/19 与 G25（A）/20、G25（A）/13 与 G25（A）/18、G25（A）/14 与 G25（A）/4、G25（A）/15 与 G25（A）/5、G25（A）/11 与 G25（A）/16、G25（A）/6 与 G25（A）/17 分别与行李箱的车外磁卡探测天线、前部车内磁卡探测天线、中部车内磁卡探测天线、后部车内磁卡探测天线、左车门的车外磁卡探测天线、右车门的车外磁卡探测天线连接。

G25（B）/1 与 G25（B）/8、G25（B）/2 与 G25（B）/9、G25（B）/3 与 G25（B）/10 分别与左前门微动开关（车门把手开关）、右前门微动开关（车门把手开关）、后行李箱微动开关连接。

3. Keyless ECU 模块与外部网络通信线识别

G25（B）/6、G25（B）/12 分别与车身局域网控制总线 B-CAN 的 CAN-L 线、CAN-H 线连接，实现通信信息交换。

四、任务分析

根据故障现象分步骤进行故障诊断主要流程分析。

第一步：任务组织。

各类防护准备、工具准备及资料准备。

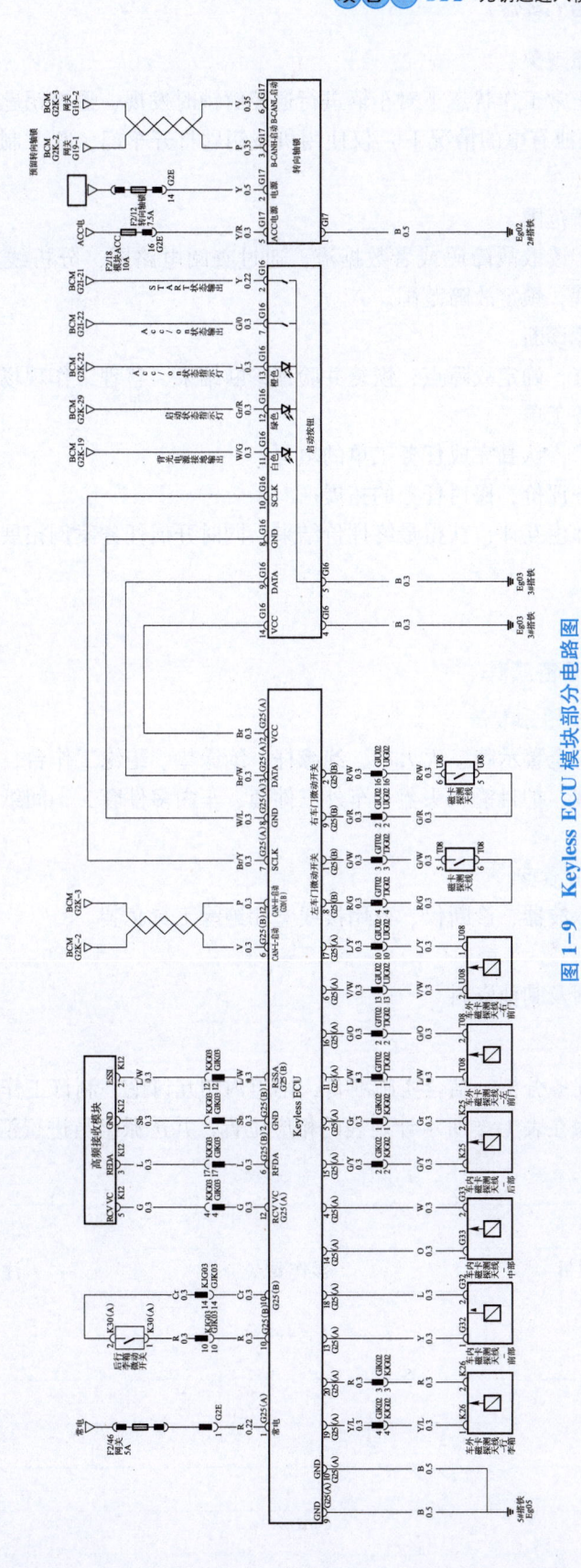

图 1-9 Keyless ECU 模块部分电路图

第二步：确认故障现象。

在确保智能钥匙正常工作状态下对车辆进行遥控解锁时发现，遥控钥匙无法对车辆进行解锁，（确保低压蓄电池有电的情况下）仅使用机械钥匙打开车门，踩下制动踏板，查看故障现象。

第三步：确定故障范围。

连接故障诊断仪，读取故障码或者数据流，通过查阅电路图，分析线束连接、端子连接、具体电路工作原理，锁定故障范围。

第四步：实施故障诊断。

进行有序诊断排查，确定故障点，恢复并验证诊断结果，整理工作现场。

第五步：完成任务工单。

按照规范操作要求，认真完成任务工单的填写。

第六步：开展任务评价，探讨任务的拓展。

开展任务评价，师生互评，获得最终评价结果，同时开展任务案例拓展分析。

五、任务组织

（一）实施前的准备工作

1. 所需的各种防护用品准备

工位、隔离带、安全警示牌、灭火器、绝缘杆、绝缘垫、绝缘工作台、棉线手套、绝缘手套、高压部件清洗液、护目镜、头盔、车外三件套、车内多件套、车间纸巾、洗手液、急救包和除颤仪。

2. 常用工具、设备准备

整车、万用表、示波器、诊断仪、万用接线盒和绝缘工具套装。

3. 资料准备

维修手册、电路图及其他资料。

（二）制订计划

依据任务要求、任务分析，结合实施准备，小组内相互讨论，制订工作计划，并将工作计划步骤、注意事项写在表1-2所示计划表的相应位置，并选派组员进行汇报展示。

表1-2 计划表

1. 作业计划

序号	作业项目	操作要点	注意事项
1			
2			
3			
4			
5			
6			

续表

7				

2. 设备清单

序号	设备名称	用途	规格型号	数量
1				
2				
3				
4				
5				
6				

3. 其他材料清单

序号	材料名称	用途	规格型号	数量
1				
2				
3				
4				

审核	小组审核意见： 教师审核意见：	组长签字： 年 月 日 签字： 年 月 日

六、任务实施

在做好个人安全防护、维修场地安全检查之后，按照诊断维修的准备流程，做好诊断前的各项组织工作，实施故障诊断任务。

（一）故障现象确认及范围确定

1. 车辆故障现象确认

（1）启动按钮指示灯不亮，钥匙无法遥控车辆解锁，踩下制动踏板后按动启动按钮，仪表提示"未检测到钥匙"。

（2）故障现象如图 1-10 所示。

2. 模块通信状态及故障码检查

（1）故障码文字描述。

根据故障现象显示，连接诊断仪无法与 Keyless ECU 模块通信，无法进入诊断模块。初步判定 Keyless ECU 模块相关系统线路以及元件存在故障，故障诊断仪显示的故障信息如图 1-11 所示。

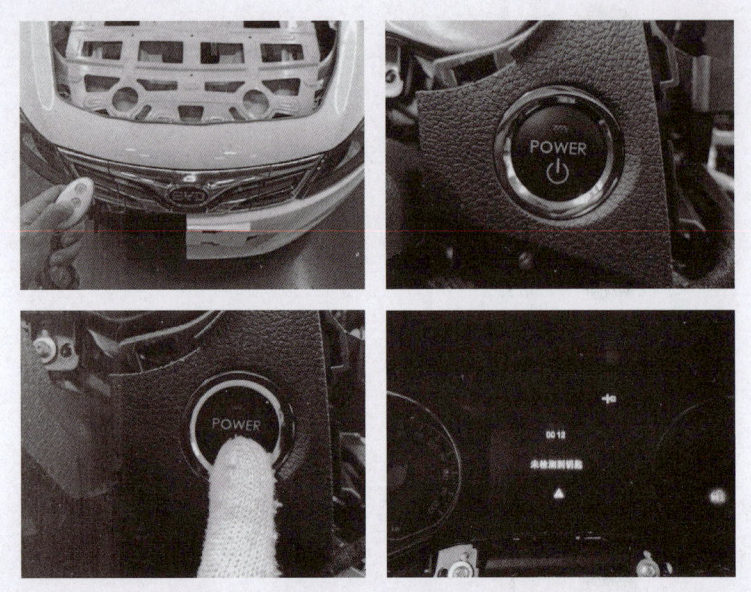

图 1-10 故障现象

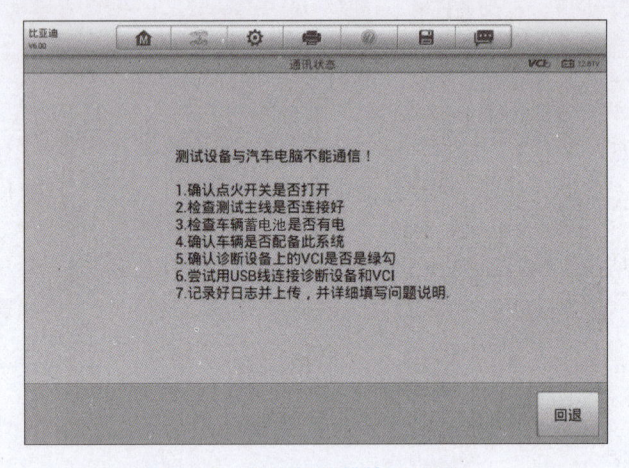

图 1-11 智能钥匙模块无法进入

(2) 相关数据流文字描述：无法读取数据流。
(3) 相关数据流故障诊断仪显示图片：无。

3. 确认故障范围

Keyless ECU 模块供电、搭铁、通信 CAN 线、高频接收模块 4 个部分相关线路以及保险。

4. 故障分析

根据智能遥控钥匙尝试遥控车辆进行解锁时发现解锁失败，尝试上电过程中仪表提示防盗模块相关故障信息，诊断系统无法进入相关模块读取故障码以及数据流，能够引起以上故障现象的线路问题主要为供电、搭铁、通信、高频接收模块以及无钥匙进入模块本身等。

（二）故障的具体诊断与维修

故障诊断与排除准备工作完毕之后，具体诊断过程如下。

1. 故障点初步检测

初步检测情况如图 1-12 所示。

图 1-12 背插测量 Keyless ECU 模块 G25(A)-1 号线电压值（不正常，正常值为 12 V）

2. 详细故障点检测

详细故障点检测过程如图 1-13~图 1-18 所示。

图 1-13 车辆下电，断开低压电源负极

图 1-14 断开维修开关，置于收纳盒中，车辆静置 5 min

图 1-15 测量 F2-46 号熔断丝输入端电阻值（正常）

图 1-16　校验万用表确认万用表能够正常使用，并目测熔断丝外观

图 1-17　测量 F2-46 号熔断丝阻值（正常）

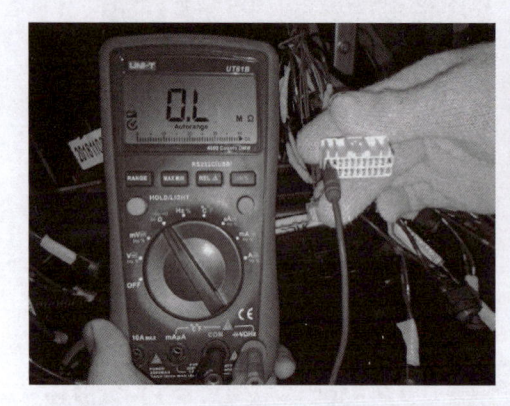

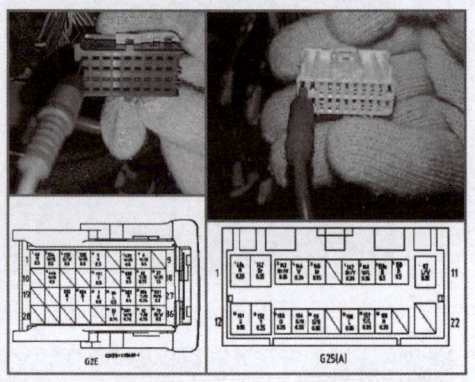

图 1-18　测量 G2E-1 号线到 G25(A)-1 号线间电阻值（不正常，正常值<1 Ω）

3. 故障点确定及其恢复

1）检测分析

在确保智能钥匙正常工作状态下对车辆进行遥控解锁时发现，遥控钥匙无法对车辆进行解锁，（确保低压蓄电池有电的情况下）仅使用机械钥匙打开车门，踩下制动踏板按下启动按钮后，启动按钮并未显示制动信号灯，仪表提示"未检测到智能钥匙"，通过查阅电路图册锁定故障范围并且进行有序诊断排查。

2）检测电路图

部分电路图如图 1-19 所示。

项目一 ▶▶▶ 无钥匙进入模块典型线路故障诊断与排除

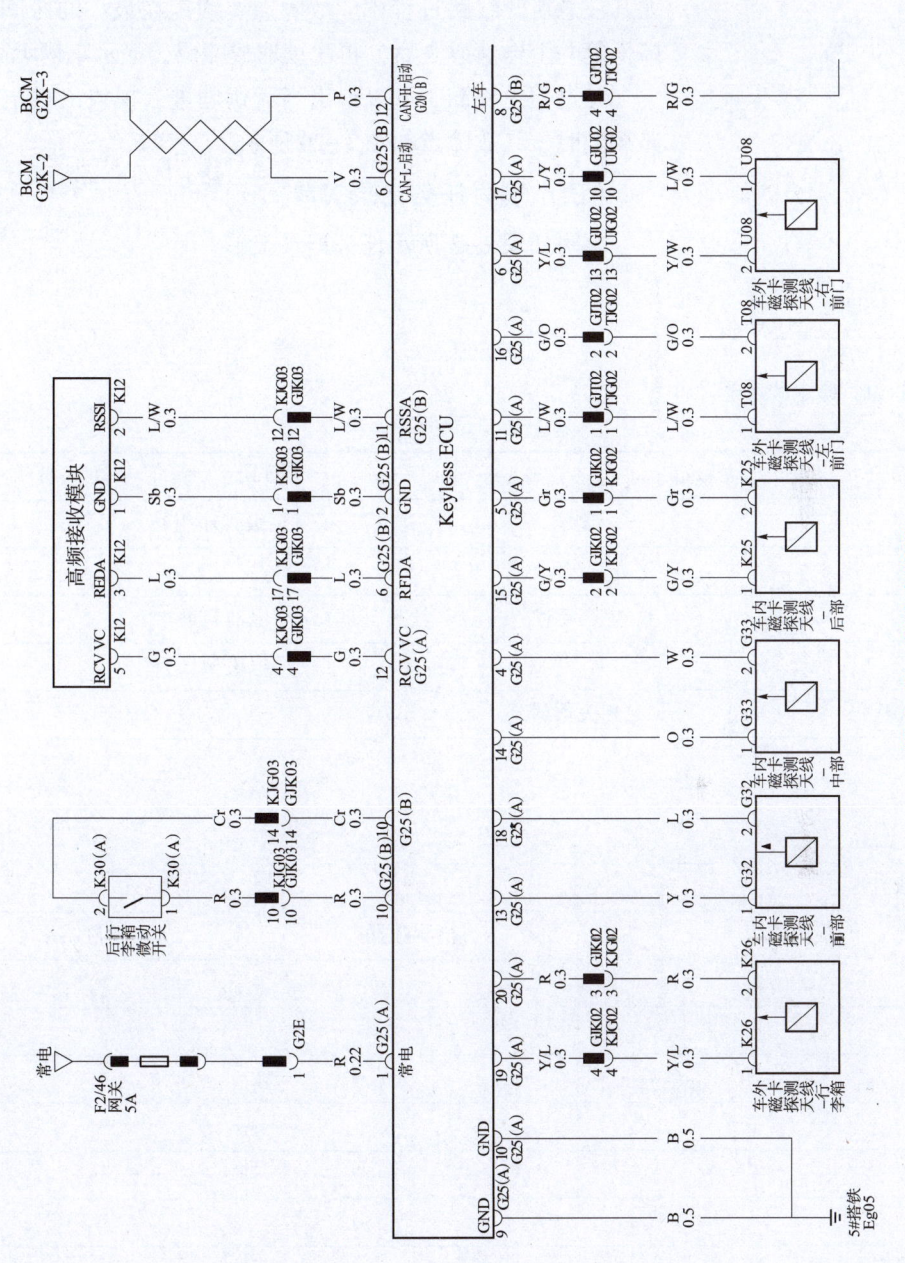

图 1-19 部分电路图

3）故障点确认

按照以上检测步骤对供电线路进行测量时发现智能钥匙系统 G25（A）-1 号线至 BCMG2E-1 号线间电阻无穷大，处于断路状态。根据智能钥匙系统电路图所给出的电路，在排查过程中，尤其注意所测线路过程中，故障点要锁定在最小的区间内，故障恢复并上电清码之后，再次读取故障码，显示车辆无故障。

经过上述检测，可以得出当无钥匙进入模块出现电源线断路故障时，其故障点如图 1-20 所示。

（三）填写任务记录工单

填写如表 1-3 所示任务记录工单。

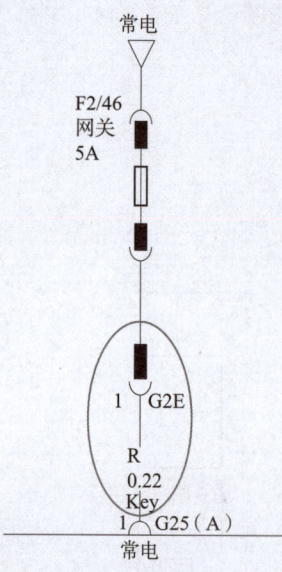

图 1-20　确定故障点

表 1-3　任务记录工单

工作任务：				日期：	年　月　日
姓名		学号		班级（小组）	
车辆信息					
品牌		生产年代		电池容量	
VIN				电机型号	
读取故障代码		相关数据流			
故障诊断流程					
检测内容		检测数据		检测结果	
故障点确定					

（四）任务评价

填写如表1-4所示任务评价表。

表1-4　任务评价表

工作任务：			日期：	年　月　日
姓名：	学号：	班级（小组）：	导师签字：	
自评：□熟练 　　　□不熟练	互评：□熟练 　　　□不熟练	师评：□合格 　　　□不合格		
序号	评分项	得分条件	配分	师评
1	安全/7S/态度	□1. 能进行工位7S操作； □2. 能进行设备和工具安全测量； □3. 能进行车辆安全防护操作； □4. 能进行工具清洁校准存放操作； □5. 能进行三不落操作	10	评分要求： 请按照得分条件酌情给分，扣分不得超过10分 □合格 □不合格 评分：
2	作业准备	□1. 能规范设置隔离栏； □2. 能规范设置安全警示牌； □3. 能正确检查灭火器压力值（水基、干粉）； □4. 能正确检查消防桶内是否有灭火沙； □5. 能规范安装车辆挡块； □6. 能规范安装车外三件套； □7. 能规范安装车内多件套（方向盘、座椅、脚垫、换挡杆等）； □8. 能完全落下驾驶员侧车窗	16	评分要求： 请按照得分条件酌情给分，扣分不得超过16分 □合格 □不合格 评分：
3	工具及设备的使用能力	□1. 能规范使用数字绝缘测试仪进行开路和短路检测； □2. 能规范检测绝缘垫的绝缘性且佩戴绝缘手套与护目镜； □3. 能规范使用数字万用表	8	评分要求： 请按照得分条件酌情给分，扣分不得超过8分 □合格 □不合格 评分：
4	专业技能能力	□1. 能正确连接诊断仪与车辆诊断口； □2. 能正确查阅维修手册或电路图并保持在检测页； □3. 能正确使用专用连接线； □4. 能规范测量低压部分线路并佩戴耐磨手套； □5. 能规范测量高压部分线路并佩戴绝缘手套、护目镜； □6. 能规范断开连接器插头； □7. 能规范断开蓄电池负极； □8. 能规范使用万用表测量数据	40	评分要求： 请按照得分条件酌情给分，扣分不得超过40分 □合格 □不合格 评分：

续表

序号	评分项	得分条件	配分	师评
5	资料、信息查询能力	☐1. 能正确使用电路图； ☐2. 能正确使用维修手册； ☐3. 能在规定时间内查询所需资料； ☐4. 能正确记录所查询资料章节页码； ☐5. 能正确记录所需维修资料	10	评分要求： 请按照得分条件酌情给分，扣分不得超过10分 ☐合格 ☐不合格 评分：
6	数据判读与分析能力	☐1. 能通过测量结果分析判断电气电路状态是否良好； ☐2. 能通过测量结果分析模块工作状态是否良好	6	评分要求： 请按照得分条件酌情给分，扣分不得超过6分 ☐合格 ☐不合格 评分：
7	工单撰写能力	☐1. 字迹清晰； ☐2. 语句通顺； ☐3. 无错别字； ☐4. 无涂改； ☐5. 无抄袭	10	评分要求： 请按照得分条件酌情给分，扣分不得超过10分 ☐合格 ☐不合格 评分：
8	现场恢复能力	☐1. 能关闭驾驶员侧车窗； ☐2. 能规范拆卸翼子板布、格栅布； ☐3. 能规范拆卸车内多件套并丢弃到垃圾桶； ☐4. 能规范移除高压警示标识等并放到指定位置； ☐5. 能规范恢复工位到原标准工位布置状态	10	评分要求： 请按照得分条件酌情给分，扣分不得超过10分 ☐合格 ☐不合格 评分：
		总分	110	得分：

教师评语：

任务二　无钥匙进入模块通信线故障排除

一、任务描述

针对 2019 款比亚迪 e5 出现"低压不上电，仪表不亮，仪表显示未检测到智能钥匙"的故障现象，作为维修技师，对故障现象进行确定，尝试分析 Keyless ECU 模块的特点、组成和电路图，按照维修手册中的标准与规范，对故障进行维修检测，确认具体故障点，完成该故障的系统性诊断并填写任务工单。

二、任务目标要求

（一）知识目标

（1）熟悉并掌握 Keyless ECU 模块的电路图和维修手册。
（2）掌握 Keyless ECU 模块线束连接、插接器端子位置的确定方法。
（3）掌握所需检测的线束或插接器端子位置的确定方法。

（二）能力目标

（1）能规范使用工具、设备。
（2）能规范拆装 Keyless ECU 模块插头及插接器。
（3）能按照维修规范要求实施 Keyless ECU 模块线路、元件等诊断与维修。
（4）能按照安全作业标准完成系统性实训作业并填写任务工单。

（三）素质目标

（1）能与他人合作查询维修手册、电路图资料，养成团队合作的精神。
（2）能在完成操作过程中，具有工作区的 7S 工作管理能力。
（3）能绘制 Keyless ECU 模块典型线路故障诊断流程图并展示学习成果。

对标"1+X"智能新能源汽车职业技能等级标准如表 1-5 所示。

表 1-5　对标"1+X"智能新能源汽车职业技能等级标准

序号	等级	职业等级名称	工作领域	工作任务	涉及：职业技能要求点
1	高级	新能源汽车动力驱动电机电池技术职业技能等级	1. 新能源汽车工作安全与作业准备	1. 计算机诊断技术	涉及：全部技术技能点
				2. 维修资料查询	涉及：全部技术技能点
2	初级	新能源汽车悬架转向制动安全技术职业技能等级	5. 新能源汽车安全系统检测维修	4. 防盗系统检测维修	涉及：全部技术技能点

续表

序号	等级	职业等级名称	工作领域	工作任务	涉及职业技能要求点
3	中级	新能源汽车悬架转向制动安全技术职业技能等级	1. 新能源汽车工作安全与作业准备	1. 维修注意事项	涉及：全部技术技能点（包含1.1.4）
				2. 安全注意事项	涉及：全部技术技能点
			5. 新能源汽车安全系统检测维修	4. 防盗系统检测维修	涉及：全部技术技能点
4	高级	新能源汽车悬架转向制动安全技术职业技能等级要求	1. 新能源汽车工作安全与作业准备	1. 维修注意事项	涉及：全部技术技能点（包含1.1.4）
				2. 安全注意事项	涉及：全部技术技能点
			5. 新能源汽车安全系统诊断分析	4. 防盗系统诊断分析	涉及：全部技术技能点
5	初级	新能源汽车电子电气空调舒适技术职业技能等级	2. 新能源汽车电子电气系统检查保养	1. 电子电气系统一般维修	涉及：全部技术技能点
				2. 蓄电池检查保养	涉及：全部技术技能点
				7. 起动系统检查保养	涉及：全部技术技能点
				8. 新能源汽车电路识别	涉及：全部技术技能点
6	中级	新能源汽车电子电气空调舒适技术职业技能等级	2. 新能源汽车电子电气系统检测维修	14. 车身附件检测维修	涉及：2.14.5
7	高级	新能源汽车电子电气空调舒适技术职业技能等级	2. 新能源汽车电子电气系统诊断分析	12. 车身附件诊断分析	涉及：2.12.5
				14. 新能源汽车电路诊断分析	涉及：全部技术技能点
				15. 控制模块检测分析	涉及：2.15.1~2.15.3
				17. 执行器的检测与分析	涉及：2.17.1、2.17.2、2.17.6
8	中级	新能源汽车网关控制娱乐系统技术职业技能等级要求	5. 新能源汽车舒适电子控制网络系统检测维修	5. 防盗控制模块检测维修	涉及：5.5.1~5.5.6
9	高级	新能源汽车网关控制娱乐系统技术职业技能等级要求	5. 新能源汽车舒适电子控制网络系统检测维修	5. 防盗控制模块检测维修	涉及：5.5.1~5.5.6
10	其他职业技能等级证书的相关要求，与上述三个不同证书初、中、高的相关要求近乎一致，不再详述；与教材其他任务雷同的技术技能点不再赘述				

三、任务资讯与知识准备

（一）工作原理

利用 2019 款比亚迪 e5 的智能遥控钥匙，可以实现三种开锁方式，第一种为遥控钥匙进入方式，第二种为传统机械钥匙进入方式，第三种为无钥匙（智能钥匙）进入方式。

（1）遥控钥匙进入（remote key entry，RKE）方式：使用遥控方式进行远程的开锁、闭锁和行李箱开锁操作。

（2）机械钥匙进入方式：使用机械钥匙打开驾驶员侧车门。

（3）无钥匙进入（passive keyless entry，PKE）方式：驾驶员踏进指定范围时，凭借身上的智能钥匙感应，就能直接解锁车门。驾驶员不需要对汽车钥匙做任何操作，便可打开车门。

与 RKE 的单向通信不同，PKE 应用的是双向通信的原理，通过 RF 射频信号来验证电子钥匙的身份以提高安全性。

2019 款比亚迪 e5 的无钥匙进入方式分为验证和开锁两个步骤，智能钥匙检测系统的车内连接框图如图 1-21 所示。

其典型的开锁工作过程分析如下：

第一步：e5 车门微动开关动作的信号连接到 Keyless ECU（无钥匙进入模块，也叫 I-Key ECU）上，微动开关按下后，Keyless ECU 模块就会驱动检测天线，发送 125 kHz 的低频电磁信号，检测是否有智能钥匙进入检测范围。

第二步：进入检测范围的钥匙接收到汽车天线发出的低频触发信号，低频无线标签（TAG）被激活，读出钥匙 TAG 内保存的数据与触发信号进行比较，如果匹配，则整个钥匙电路被唤醒。

第三步：唤醒后的钥匙电路分析从汽车发送过来的"口令"，根据一定的算法计算出对应的数据并加密，将加密信息通过钥匙的高频模块（频率为 350 MHz）发送给汽车。汽车的高频接收模块将来自智能钥匙的密钥信息送给 Keyless ECU 模块，Keyless ECU 模块分析从钥匙收到的数据，并与自己所计算出的数据进行比较验证。

第四步：如果验证通过，Keyless ECU 模块就会通过启动网 CAN 总线通知汽车 BCM（车身控制器）模块，由 BCM 模块开启所有车门的门锁。

（二）系统部件位置及端子识别

1. 探测系统部件位置

探测系统由 6 个探测天线总成（车内 3 个、行李箱 1 个、车外 2 个）和 1 个高频接收模块组成，探测车内有效范围及车外一定的范围。智能钥匙检测部件位置如图 1-22 所示，图中 1 为前、中、后和行李箱磁卡探测天线，2 为位于车厢外的左前门和右前门磁卡探测天线。

2. Keyless ECU 相关的低压线束及端子识别

Keyless ECU 相关的低压线束为仪表板线束（图 1-23）、地板线束（图 1-24）、左前门线束（图 1-25）和右前门线束（图 1-26）。

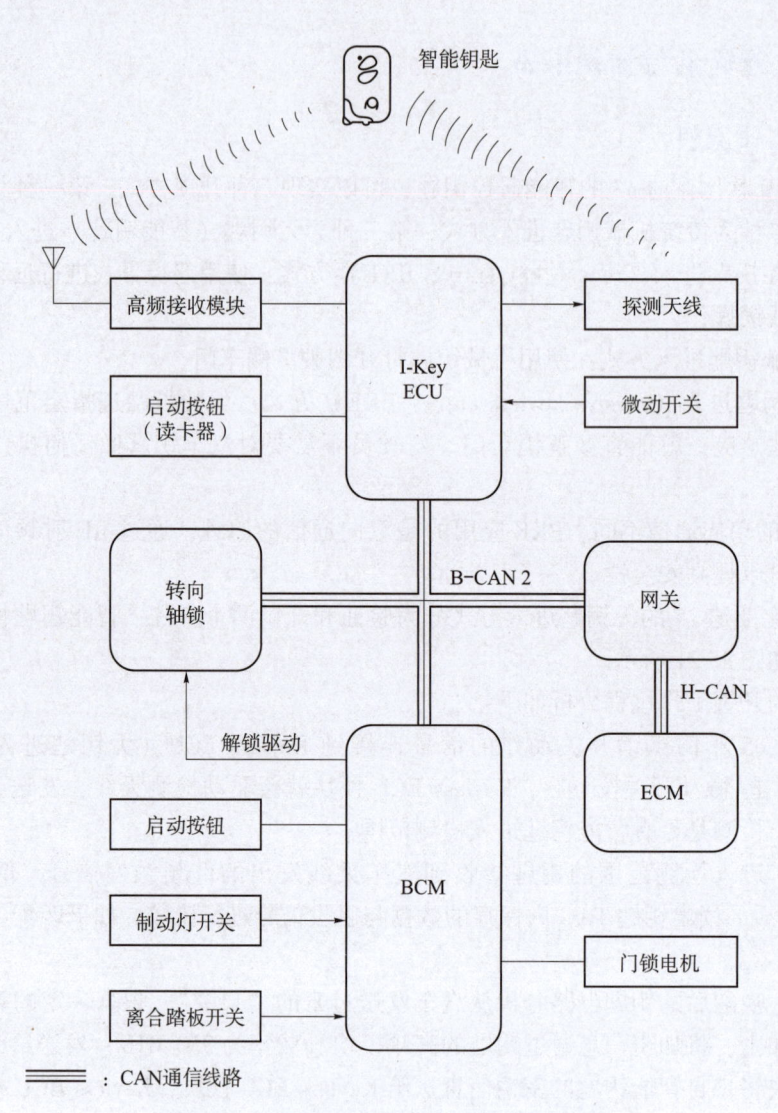

图 1-21　智能钥匙检测系统的车内连接框图

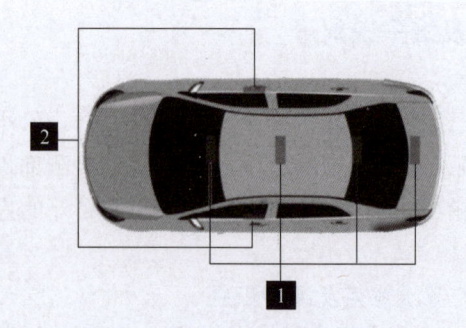

图 1-22　智能钥匙检测部件位置

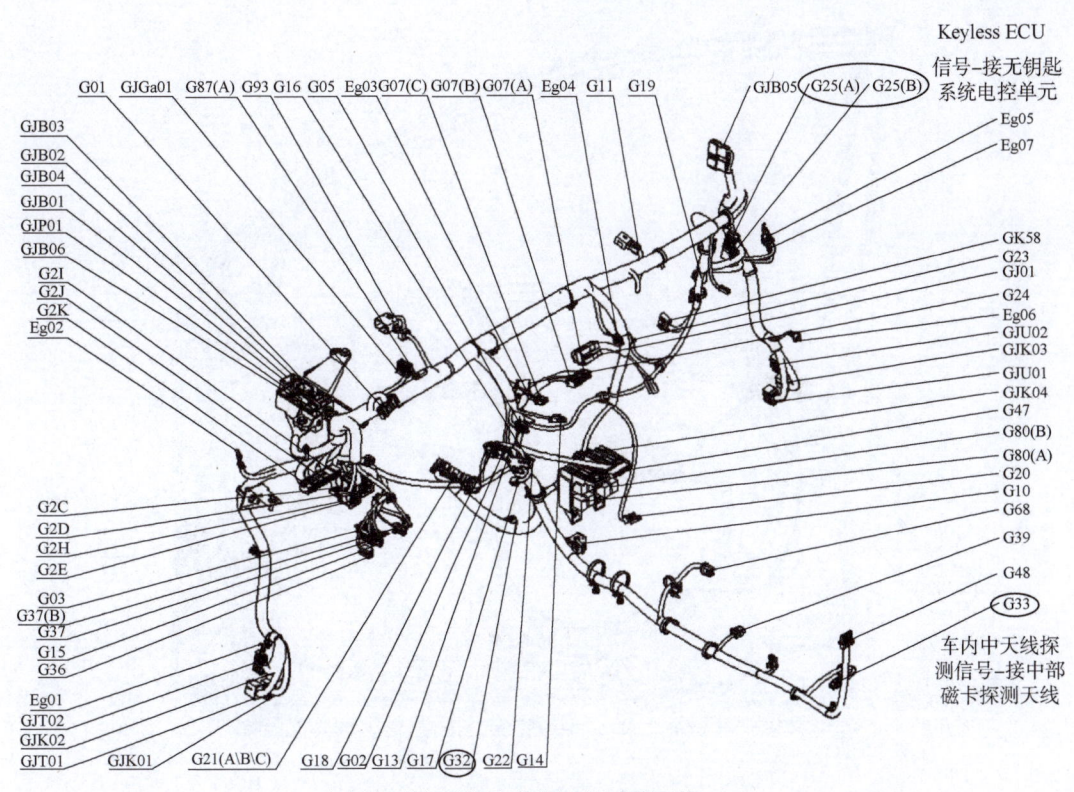

图 1-23　仪表板线束相关部件的位置

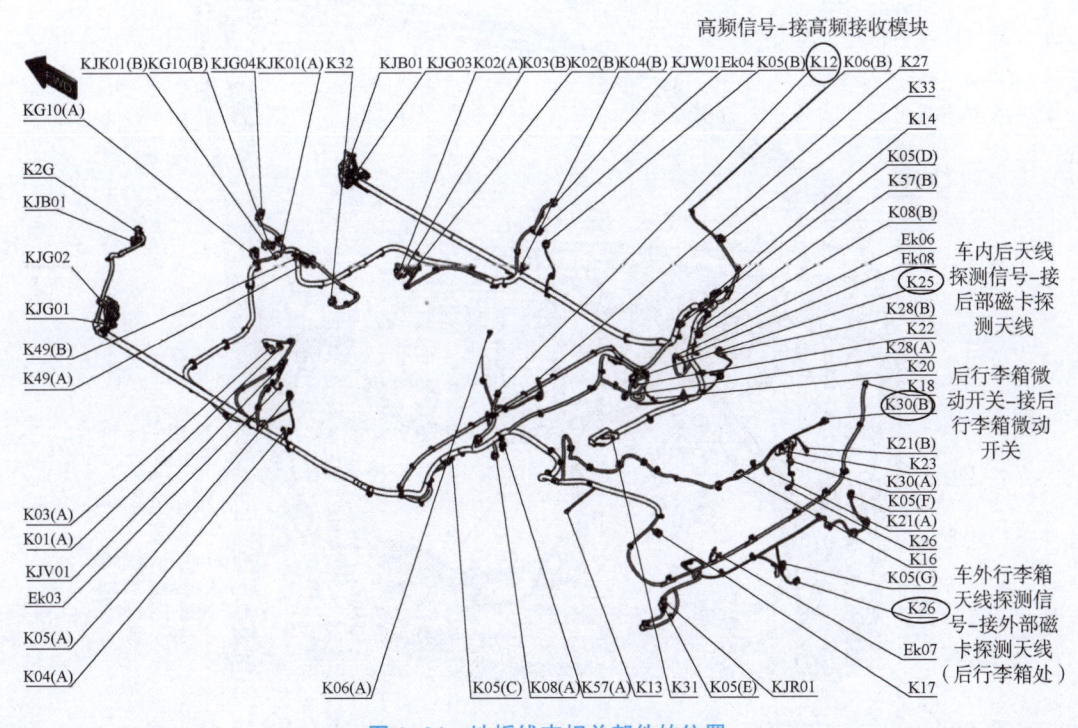

图 1-24　地板线束相关部件的位置

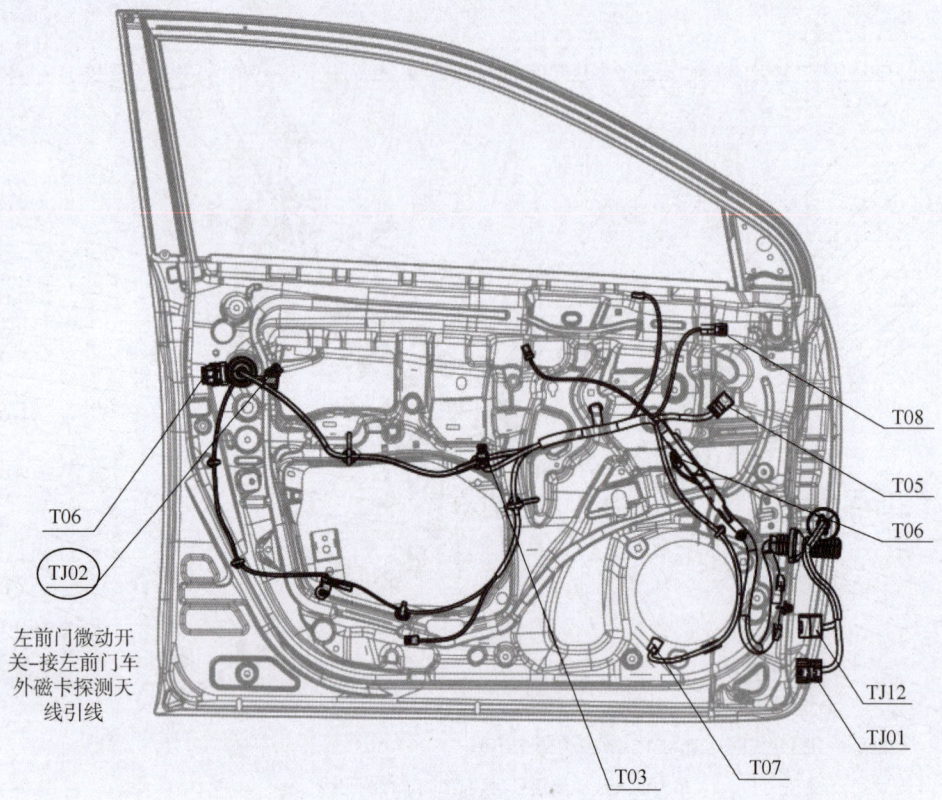

图 1-25　左前门线束相关部件的位置

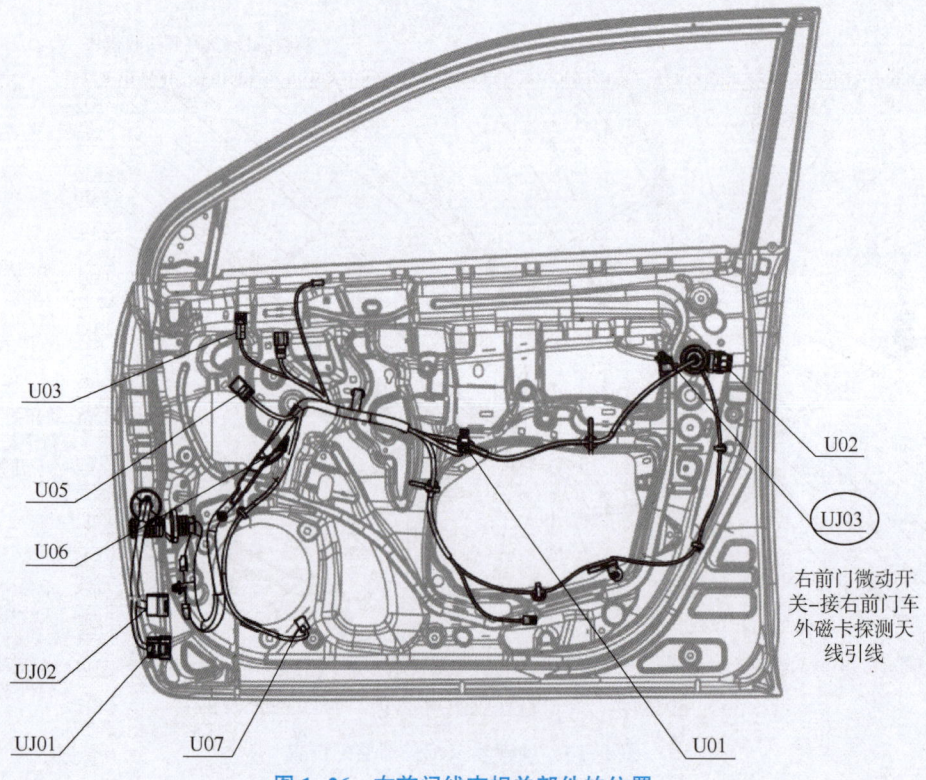

图 1-26　右前门线束相关部件的位置

Keyless ECU 相关的低压线束端子信号为 Keyless ECU 端子 1 G25(A) 和 Keyless ECU 端子 2 G25(B)。Keyless ECU 端子 1 G25(A) 接插件外形如图 1-27 所示。Keyless ECU 端子 2 G25(B) 接插件外形如图 1-28 所示。

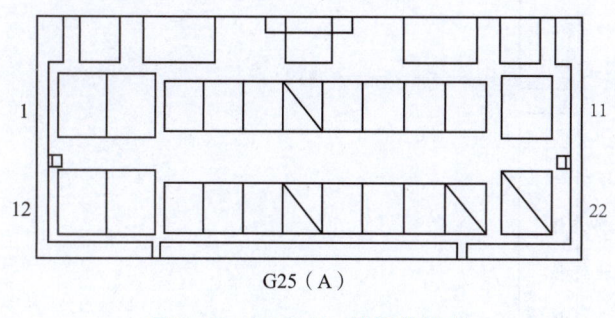

图 1-27　G25(A) 接插件外形

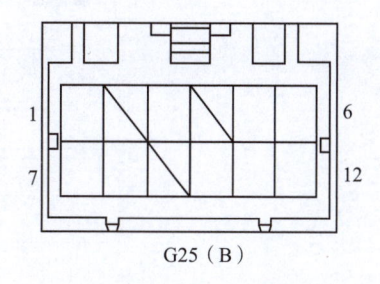

图 1-28　G25(B) 接插件外形

（三）Keyless ECU 模块涉及电路图识别

Keyless ECU 模块部分电路图如图 1-29 所示。

1. Keyless ECU 模块的供电线、搭铁线识别

图中低压蓄电池正极与 G25(A)/1 连接，为 Keyless ECU 模块供电；G25(A)/9 和 G25(A)/10 为 Keyless ECU 模块的接地线（也称为模块的搭铁线），与车身搭铁。

2. Keyless ECU 模块与其他主要模块（或元件）连接识别

G25(A)/12、G25(B)/5、G25(B)/7、G25(B)/11 分别与高频接收模块连接，实现与高频接收模块的供电、数据传输与检测等功能。

G25(A)/2、G25(A)/8、G25(A)/3、G25(A)/19 分别与启动按键模块（G16）相应端子连接，实现与该模块的供电、信号传输等功能。

G25(A)/19 与 G25(A)/20、G25(A)/13 与 G25(A)/18、G25(A)/14 与 G25(A)/4、G25(A)/15 与 G25(A)/5、G25(A)/11 与 G25(A)/16、G25(A)/6 与 G25(A)/17 分别与行李箱的车外磁卡探测天线、前部车内磁卡探测天线、中部车内磁卡探测天线、后部车内磁卡探测天线、左车门的车外磁卡探测天线、右车门的车外磁卡探测天线连接。

G25(B)/1 与 G25(B)/8、G25(B)/2 与 G25(B)/9、G25(B)/3 与 G25(B)/10 分别与左前门微动开关（车门把手开关）、右前门微动开关（车门把手开关）、后行李箱微动开关连接。

3. Keyless ECU 模块与外部网络通信线识别

G25(B)/6、G25(B)/12 分别与车身局域网控制总线 B-CAN 的 CAN-L 线、CAN-H 线连接，实现通信信息交换。

四、任务分析

根据故障现象分步骤进行故障诊断主要流程分析。

第一步：任务准备。

各类防护准备、工具准备及资料准备。

第二步：确认故障现象。

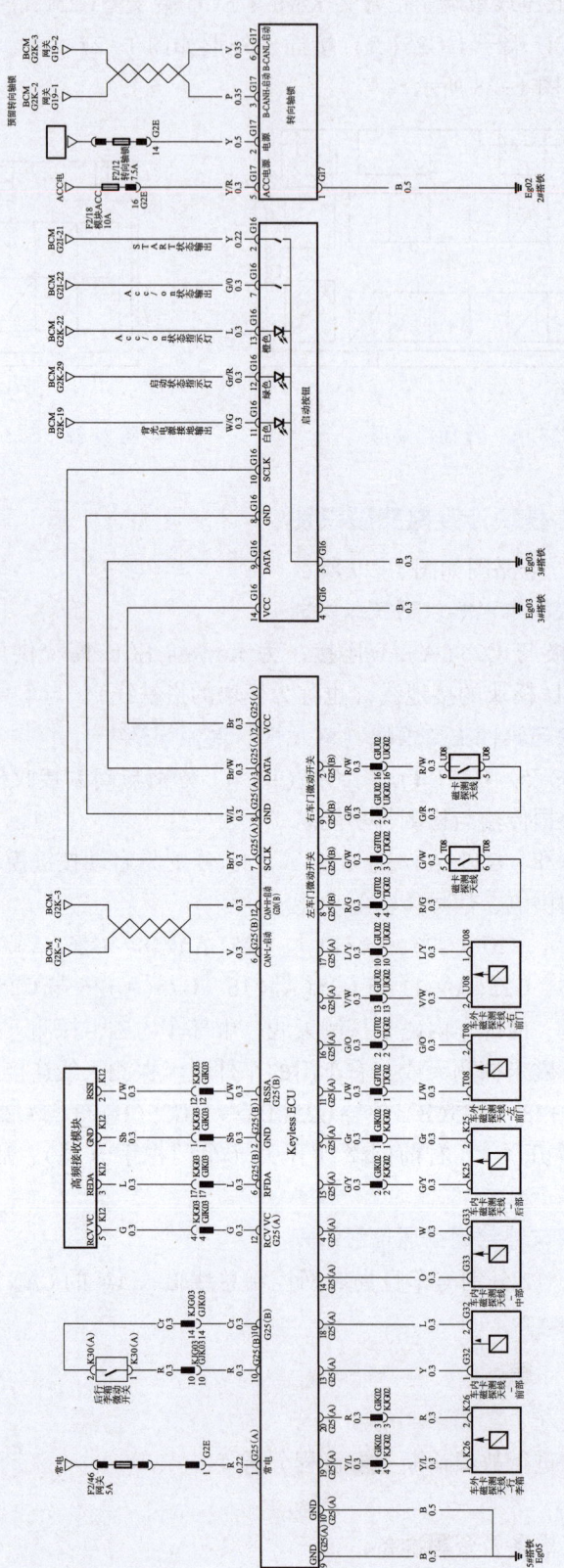

图 1-29 Keyless ECU 模块部分电路图

在确保智能钥匙正常工作状态下对车辆进行遥控解锁时发现，遥控钥匙无法对车辆进行解锁，（确保低压蓄电池有电的情况下）仅使用机械钥匙打开车门，踩下制动踏板，查看故障现象。

第三步：确定故障范围。

连接故障诊断仪，读取故障码或者数据流，通过查阅电路图，分析线束连接、端子连接、具体电路工作原理，锁定故障范围。

第四步：实施故障诊断。

进行有序诊断排查，确定故障点，恢复并验证诊断结果，整理工作现场。

第五步：完成任务工单。

按照规范操作要求，认真完成任务工单的填写。

第六步：开展任务评价，探讨任务的拓展。

开展任务评价，师生互评，获得最终评价结果，同时开展任务案例拓展分析。

五、任务组织

（一）实施前的准备工作

1. 所需的各种防护用品准备

工位、隔离带、安全警示牌、灭火器、绝缘杆、绝缘垫、绝缘工作台、棉线手套、绝缘手套、护目镜、安全帽、车外三件套、车内四件套、洗手液、急救包和除颤仪。

2. 常用工具、设备准备

万用表、示波器、诊断仪、万用接线盒和绝缘工具套装。

3. 资料准备

维修手册、电路图及其他资料。

（二）制订计划

依据任务要求、任务分析，结合实施准备，小组内相互讨论，制订工作计划，并将工作计划步骤、注意事项写在表1-6所示计划表的相应位置，并选派组员进行汇报展示。

表1-6 计划表

1. 作业计划			
序号	作业项目	操作要点	注意事项
1			
2			
3			
4			
5			
6			
7			

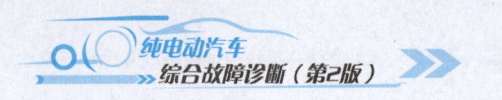

续表

2. 设备清单

序号	设备名称	用途	规格型号	数量
1				
2				
3				
4				
5				
6				

3. 其他材料清单

序号	材料名称	用途	规格型号	数量
1				
2				
3				
4				

审核	小组审核意见：	组长签字： 年　月　日
	教师审核意见：	签字： 年　月　日

六、任务实施

在做好个人安全防护、维修场地安全检查之后，按照诊断维修的准备流程，做好诊断前的各项组织工作，实施故障诊断任务。

（一）故障现象确认及范围确定

1. 车辆故障现象确认

（1）启动按钮指示灯不亮，钥匙无法遥控车辆解锁，踩下制动踏板后按动启动按钮，仪表提示"未检测到钥匙"。

（2）故障现象如图1-30所示。

2. 模块通信状态及故障码检查

（1）故障码文字描述。

根据故障现象显示，连接诊断仪无法与Keyless ECU模块通信，无法进入需诊断模块。初步判定Keyless ECU模块系统相关线路以及元件存在故障，故障诊断仪显示的故障信息如图1-31所示。

（2）相关数据流文字描述：无法读取数据流。

(a) (b)

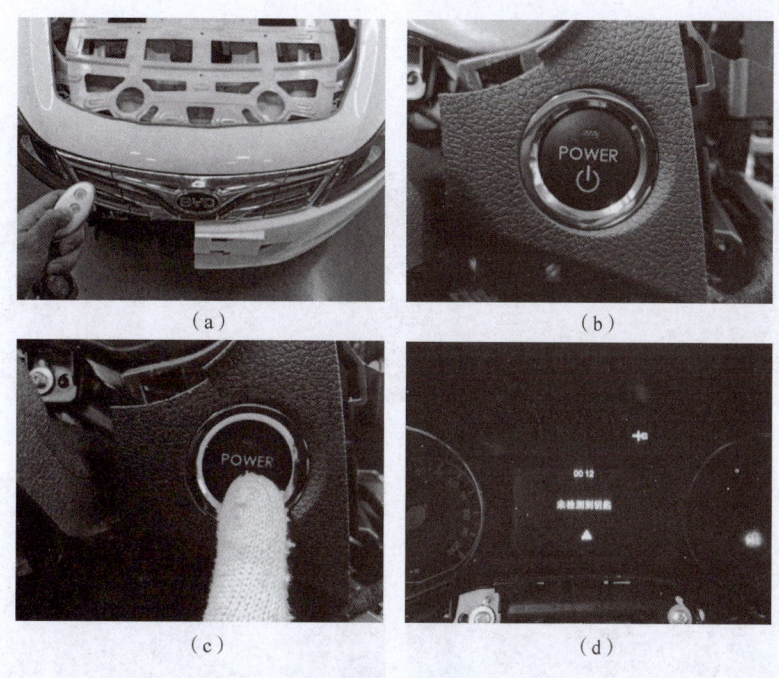

(c) (d)

图 1-30 故障现象

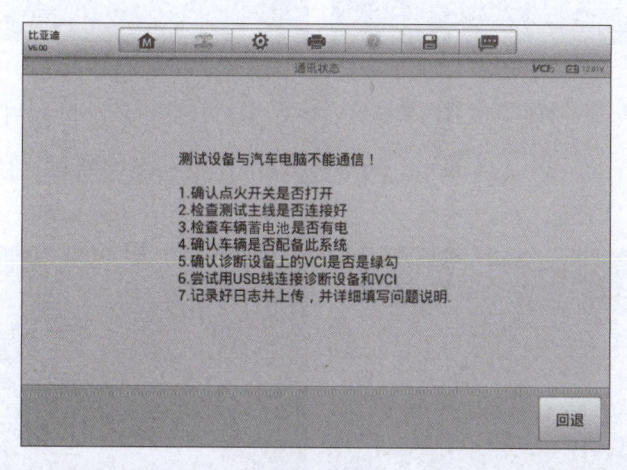

图 1-31 智能钥匙模块无法进入

（3）相关故障诊断仪数据流显示：无。

3. 确认故障范围

Keyless ECU 模块供电、搭铁、通信、高频接收模块 4 个部分相关线路以及线路元件。

4. 故障现象分析

根据故障现象及诊断仪无法与 Keyless ECU 通信，说明控制器无法收发信息，可能原因大多是 Keyless 模块不能工作，首先排除 Keyless 供电与搭铁，在供电搭铁正常的情况下，我们继续怀疑 CAN 通信线。

（二）故障的具体诊断与维修

故障诊断与排除准备工作完毕之后，具体诊断过程如下。

1. 诊断过程

诊断过程如图 1-32~图 1-37 所示。

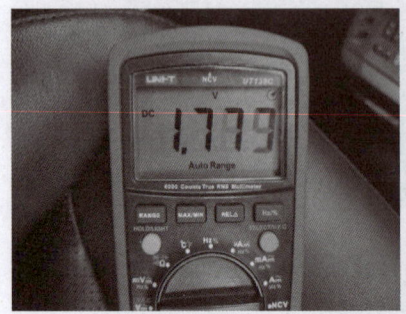

图 1-32　背插测量智能钥匙模块 G25（B）-6 号线（CAN-L）电压值（正常值为 2.4 V）

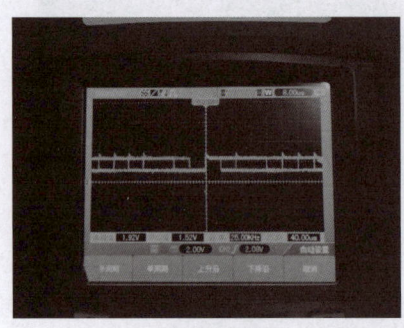

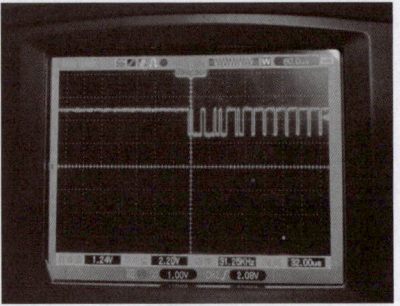

断路时波形　　　　　　　　　正常时波形

图 1-33　背插测量智能钥匙模块 G25(B)-6 号线（CAN-L）波形

注释：当 CAN-L 线出现故障时，CAN-H 线路电压也会受到影响，从而出现电压波动的故障现象。

图 1-34　车辆下电，断开低压电源负极

图 1-35　断开维修开关，置于收纳盒中，车辆静置 5 min

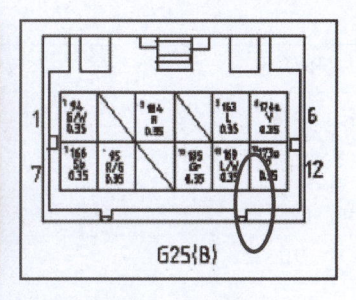

图 1-36 测量 G25（B）-6 到 12 号终端电阻值（正常为 120 Ω 左右）

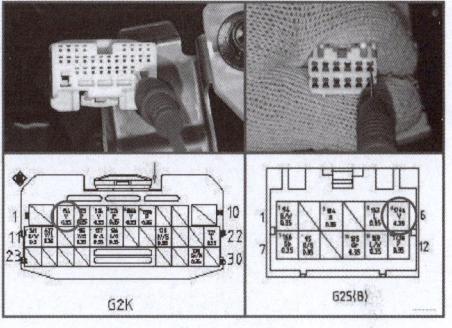

图 1-37 测量智能钥匙系统 G25（B）-6 号至 BCM G2K-2 号之间电阻（正常为 0.1 Ω）

2. 故障点确认

经过上述检测，可以得出 CAN-L 出现线路断路故障，其故障点如图 1-38 所示。

3. 故障点确定及恢复

在排查过程中，尤其注意检测线路过程中，故障点要锁定在最小的区间内。

按照以上检测步骤对供电线路进行测量时发现 Keyless ECU 模块智能钥匙系统 G25（B）-6 号至 BCM G2K-2 号之间电阻无穷大，处于断路状态，故障恢复并上电清码之后，再次读取故障码，显示车辆无故障。

（三）填写任务记录工单

填写如表 1-7 所示任务记录工单。

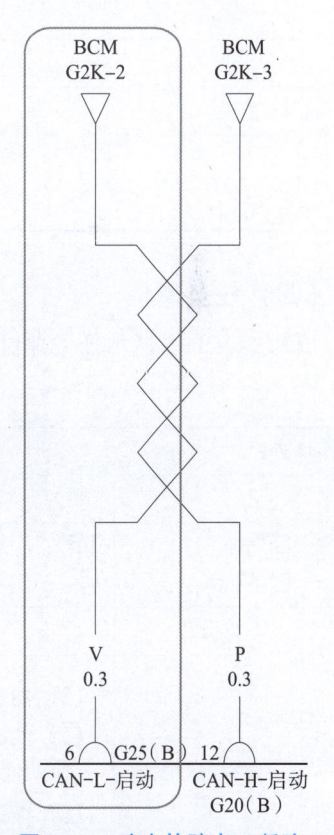

图 1-38 确定故障点（断路）

表 1-7 任务记录工单

工作任务：				日期：	年 月 日
姓名		学号		班级（小组）	
车辆信息					
	品牌		生产年代	电池容量	
	VIN			电机型号	
读取故障代码		相关数据流			
故障诊断流程					
检测内容		检测数据		检测结果	
故障点确定					

（四）任务评价

填写如表 1-8 所示任务评价表。

表 1-8 任务评价表

工作任务：				日期： 年 月 日	
姓名：		学号：		班级（小组）：	
自评：□熟练 　　　□不熟练		互评：□熟练 　　　□不熟练		师评：□合格 　　　□不合格	导师签字：
序号	评分项	得分条件		配分	师评
1	安全/7S/态度	□1. 能进行工位 7S 操作； □2. 能进行设备和工具安全测量； □3. 能进行车辆安全防护操作； □4. 能进行工具清洁校准存放操作； □5. 能进行三不落操作		10	评分要求： 请按照得分条件酌情给分，扣分不得超过 10 分 □合格 □不合格 评分

续表

序号	评分项	得分条件	配分	师评
2	作业准备	☐1. 能规范设置隔离栏； ☐2. 能规范设置安全警示牌； ☐3. 能正确检查灭火器压力值（水基、干粉）； ☐4. 能正确检查消防桶内是否有灭火沙； ☐5. 能规范安装车辆挡块； ☐6. 能规范安装车外三件套； ☐7. 能规范安装车内多件套（方向盘、座椅、脚垫、换挡杆等）； ☐8. 能完全落下驾驶员侧车窗	16	评分要求： 请按照得分条件酌情给分，扣分不得超过16分 ☐合格 ☐不合格 评分：
3	工具及设备的使用能力	☐1. 能规范使用数字绝缘测试仪进行开路和短路检测； ☐2. 能规范检测绝缘垫的绝缘性且佩戴绝缘手套与护目镜； ☐3. 能规范使用数字万用表	8	评分要求： 请按照得分条件酌情给分，扣分不得超过8分 ☐合格 ☐不合格 评分：
4	专业技能能力	☐1. 能正确连接诊断仪与车辆诊断口； ☐2. 能正确查阅维修手册或电路图并保持在检测页； ☐3. 能正确使用专用连接线； ☐4. 能规范测量低压部分线路并佩戴耐磨手套； ☐5. 能规范测量高压部分线路并佩戴绝缘手套、护目镜； ☐6. 能规范断开连接器插头； ☐7. 能规范断开蓄电池负极； ☐8. 能规范使用万用表测量数据	40	评分要求： 请按照得分条件酌情给分，扣分不得超过40分 ☐合格 ☐不合格 评分：
5	资料、信息查询能力	☐1. 能正确使用电路图； ☐2. 能正确使用维修手册； ☐3. 能在规定时间内查询所需资料； ☐4. 能正确记录所查询资料章节页码； ☐5. 能正确记录所需维修资料	10	评分要求： 请按照得分条件酌情给分，扣分不得超过10分 ☐合格 ☐不合格 评分：
6	数据判读与分析能力	☐1. 能通过测量结果分析判断电气电路状态是否良好； ☐2. 能通过测量结果分析模块工作状态是否良好	6	评分要求： 请按照得分条件酌情给分，扣分不得超过6分 ☐合格 ☐不合格 评分：

续表

序号	评分项	得分条件	配分	师评
7	工单撰写能力	□1. 字迹清晰； □2. 语句通顺； □3. 无错别字； □4. 无涂改； □5. 无抄袭	10	评分要求： 请按照得分条件酌情给分，扣分不得超过10分 □合格 □不合格 评分：
8	现场恢复能力	□1. 能关闭驾驶员侧车窗； □2. 能规范拆卸翼子板布、格栅布； □3. 能规范拆卸车内多件套并丢弃到垃圾桶； □4. 能规范移除高压警示标识等并放到指定位置； □5. 能规范恢复工位到原标准工位布置状态	10	评分要求： 请按照得分条件酌情给分，扣分不得超过10分 □合格 □不合格 评分：
	总分		110	得分：
教师评语：				

七、任务拓展

上述故障诊断过程仅仅涉及 Keyless ECU 模块故障，其他故障的诊断与维修任务实施过程中，依据具体的故障现象，初步判定故障范围，按照供电线路、接地线、CAN 通信线路、其他线路的顺序依次排查，直到找到故障点并排除。

若通过故障初步判定故障范围，可直接排除掉具体线路（如供电线路、搭铁线路）不需要排查，则按照顺序依次排查后续（从 CAN 通信线路开始排查）其他线路、元件。

高速 CAN 的正常电压为：CAN-H 2.7 V，CAN-L 2.3 V。

低速 CAN 的正常电压为：CAN-H 2.5 V，CAN-L 2.4 V。

CAN-H 或 CAN-L 任意一根导线折断，高速 CAN 节点不能收发，但低速 CAN 节点可以接收。因此低速 CAN 的可靠性高于高速 CAN，例如在发生事故时 CAN 线折断一根，车门控制器还可以接收 CAN 信号开门。

由于车辆起动不需要过高的传输速度，且可靠性要求较高，因此启动网选用了低速 125 kb/s 的传输速度。智能钥匙模块 CAN 通信线路如图 1-39 所示。

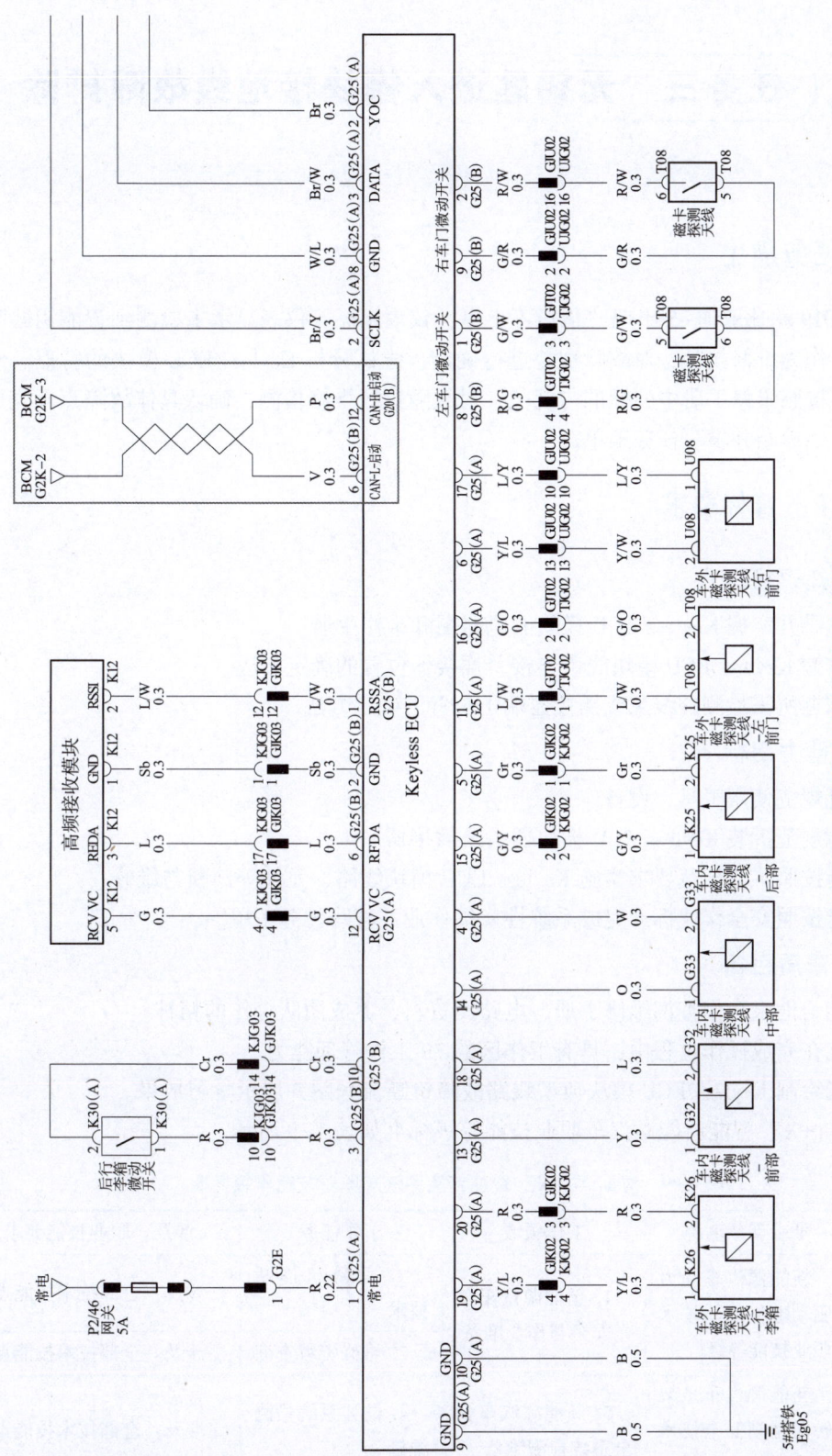

图 1-39 智能钥匙模块 CAN 通信线路

任务三　无钥匙进入模块接地线故障排除

一、任务描述

针对 2019 款比亚迪 e5 出现"低压不上电，仪表不亮，仪表显示未检测到智能钥匙"的故障现象，作为维修技师，对故障现象进行确定，尝试分析 Keyless ECU 模块的特点、组成和电路图，按照维修手册中的标准与规范，对故障进行维修检测，确认具体故障点，完成该故障的系统性诊断并填写任务工单。

二、任务目标要求

（一）知识目标

（1）熟悉并掌握 Keyless ECU 模块的电路图和维修手册。
（2）掌握 Keyless ECU 模块线束连接、插接器位置的确定方法。
（3）掌握所需检测的线束或插接器端子位置的确定方法。

（二）能力目标

（1）能规范使用工具、设备。
（2）能规范拆装 Keyless ECU 模块插头及插接器。
（3）能按照维修规范要求实施 Keyless ECU 模块线路、元件等诊断与维修。
（4）能按照安全作业标准完成系统性实训作业并填写任务工单。

（三）素质目标

（1）能与他人合作查询维修手册、电路图资料，养成团队合作的精神。
（2）能在完成操作过程中，具有工作区的 7S 工作管理能力。
（3）能绘制 Keyless ECU 模块典型线路故障诊断流程图并展示学习成果。

对标"1+X"智能新能源汽车职业技能等级标准如表 1-9 所示。

表 1-9　对标"1+X"智能新能源汽车职业技能等级标准

序号	等级	职业等级名称	工作领域	工作任务	涉及:职业技能要求点
1	高级	新能源汽车动力驱动电机电池技术职业技能等级	1. 新能源汽车工作安全与作业准备	1. 计算机诊断技术	涉及:全部技术技能点
				2. 维修资料查询	涉及:全部技术技能点
2	初级	新能源汽车悬架转向制动安全技术职业技能等级	5. 新能源汽车安全系统检测维修	4. 防盗系统检测维修	涉及:全部技术技能点

续表

序号	等级	职业等级名称	工作领域	工作任务	涉及：职业技能要求点
3	中级	新能源汽车悬架转向制动安全技术职业技能等级	1. 新能源汽车工作安全与作业准备	1. 维修注意事项	涉及：全部技术技能点（包含1.1.4）
				2. 安全注意事项	涉及：全部技术技能点
			5. 新能源汽车安全系统检测维修	4. 防盗系统检测维修	涉及：全部技术技能点
4	高级	新能源汽车悬架转向制动安全技术职业技能等级要求	1. 新能源汽车工作安全与作业准备	1. 维修注意事项	涉及：全部技术技能点（包含1.1.4）
				2. 安全注意事项	涉及：全部技术技能点
			5. 新能源汽车安全系统诊断分析	4. 防盗系统诊断分析	涉及：全部技术技能点
5	初级	新能源汽车电子电气空调舒适技术职业技能等级	2. 新能源汽车电子电气系统检查保养	1. 电子电气系统一般维修	涉及：全部技术技能点
				2. 蓄电池检查保养	涉及：全部技术技能点
				7. 起动系统检查保养	涉及：全部技术技能点
				8. 新能源汽车电路识别	涉及：全部技术技能点
6	中级	新能源汽车电子电气空调舒适技术职业技能等级	2. 新能源汽车电子电气系统检测维修	14. 车身附件检测维修	涉及：2.14.5
7	高级	新能源汽车电子电气空调舒适技术职业技能等级	2. 新能源汽车电子电气系统诊断分析	12. 车身附件诊断分析	涉及：2.12.5
				14. 新能源汽车电路诊断分析	涉及：全部技术技能点
				15. 控制模块检测分析	涉及：2.15.1~2.15.3
				17. 执行器的检测与分析	涉及：2.17.1、2.17.2、2.17.6
8	中级	新能源汽车网关控制娱乐系统技术职业技能等级要求	5. 新能源汽车舒适电子控制网络系统检测维修	5. 防盗控制模块检测维修	涉及：5.5.1~5.5.6
9	高级	新能源汽车网关控制娱乐系统技术职业技能等级要求	5. 新能源汽车舒适电子控制网络系统检测维修	5. 防盗控制模块检测维修	涉及：5.5.1~5.5.6
10	其他职业技能等级证书的相关要求，与上述三个不同证书初、中、高的相关要求近乎一致，不再详述；与教材其他任务雷同的技术技能点不再赘述					

三、任务资讯与知识准备

(一) 工作原理

利用2019款比亚迪e5的智能遥控钥匙，可以实现三种开锁方式，第一种为遥控钥匙进入方式，第二种为传统机械钥匙进入方式，第三种为无钥匙（智能钥匙）进入方式。

（1）遥控钥匙进入（remote key entry，RKE）方式：使用遥控方式进行远程的开锁、闭锁和行李箱开锁操作。

（2）传统机械钥匙进入方式：使用机械钥匙打开驾驶员侧车门。

（3）无钥匙进入（passive keyless entry，PKE）方式：驾驶员踏进指定范围时，凭借身上的智能钥匙感应，就能直接解锁车门。驾驶员不需要对汽车钥匙做任何操作，便可打开车门。

与RKE的单向通信不同，PKE应用的是双向通信的原理，通过RF射频信号来验证电子钥匙的身份以提高安全性。

2019款比亚迪e5的无钥匙进入方式分为验证和开锁两个步骤，智能钥匙检测系统的车内连接框图如图1-40所示。

其典型的开锁工作过程分析如下：

第一步：e5车门微动开关动作的信号连接到Keyless ECU（无钥匙进入模块，也叫I-Key ECU）上，微动开关按下后，Keyless ECU模块就会驱动检测天线，发送125 kHz的低频电磁信号，检测是否有智能钥匙进入检测范围。

第二步：进入检测范围的钥匙接收到汽车天线发出的低频触发信号，低频无线标签（TAG）被激活，读出钥匙TAG内保存的数据与触发信号进行比较，如果匹配，则整个钥匙电路被唤醒。

第三步：唤醒后的钥匙电路分析从汽车发送过来的"口令"，根据一定的算法计算出对应的数据并加密，将加密信息通过钥匙的高频模块（频率为350 MHz）发送给汽车。汽车的高频接收模块将来自智能钥匙的密钥信息送给Keyless ECU模块，Keyless ECU模块分析从钥匙收到的数据，并与自己所计算出的数据进行比较验证。

第四步：如果验证通过，Keyless ECU模块就会通过启动网CAN总线通知汽车BCM（车身控制器）模块，由BCM模块开启所有车门的门锁。

(二) 系统部件位置及端子识别

1. 探测系统部件位置

探测系统由6个探测天线总成（车内3个、行李箱1个、车外2个）和1个高频接收模块组成，探测车内有效范围及车外一定的范围。智能钥匙检测部件位置如图1-41所示，图中1为前、中、后和行李箱磁卡探测天线，2为位于车厢外的左前门和右前门磁卡探测天线。

2. Keyless ECU相关的低压线束及端子识别

Keyless ECU相关的低压线束为仪表板线束（图1-42）、地板线束（图1-43）、左前门线束（图1-44）和右前门线束（图1-45）。

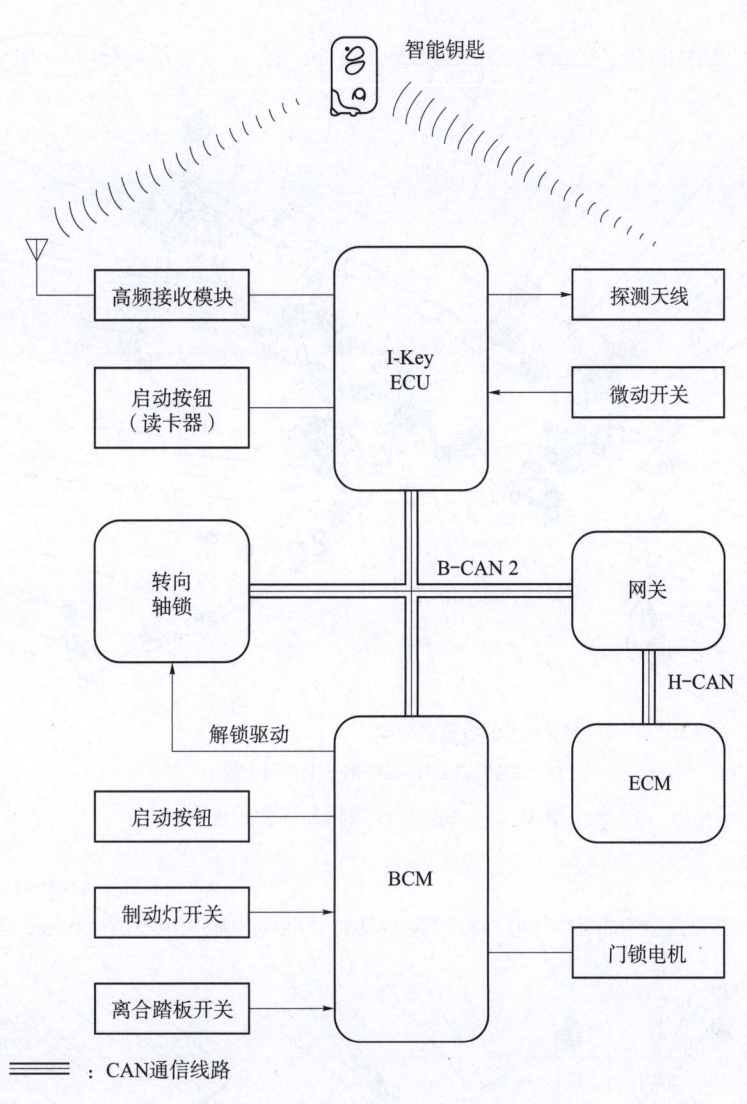

图 1-40　智能钥匙检测系统的车内连接框图

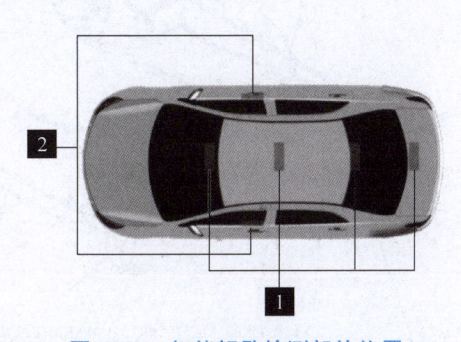

图 1-41　智能钥匙检测部件位置

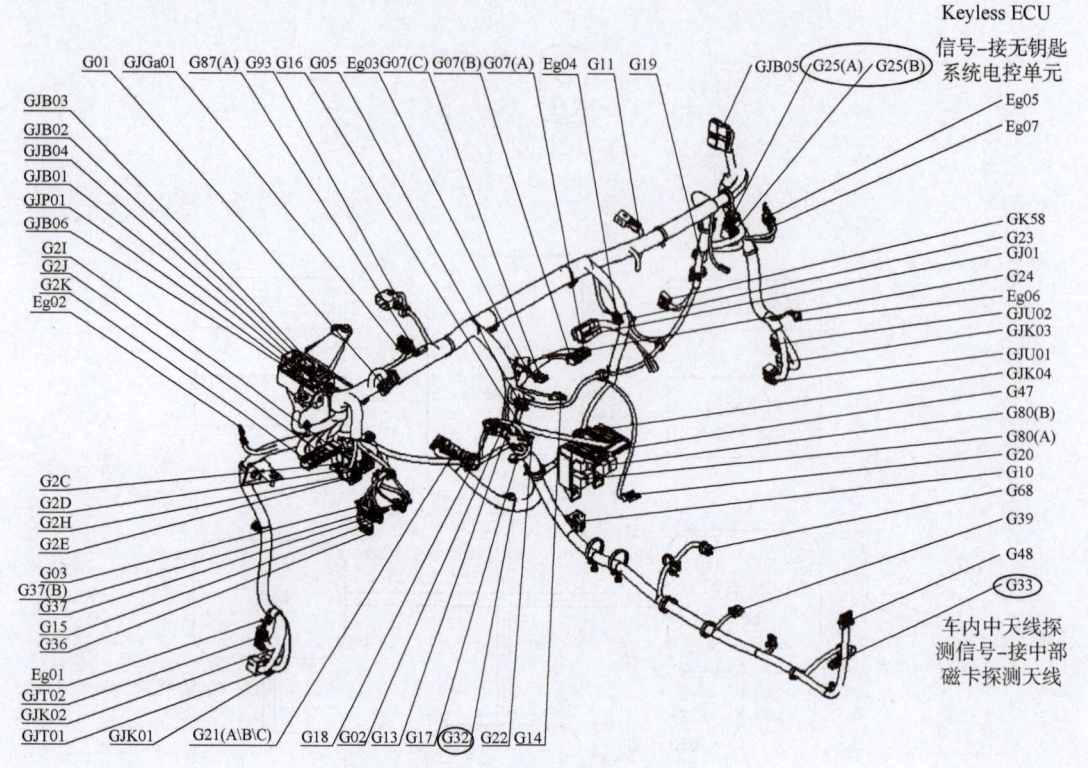

图 1-42 仪表板线束相关部件的位置

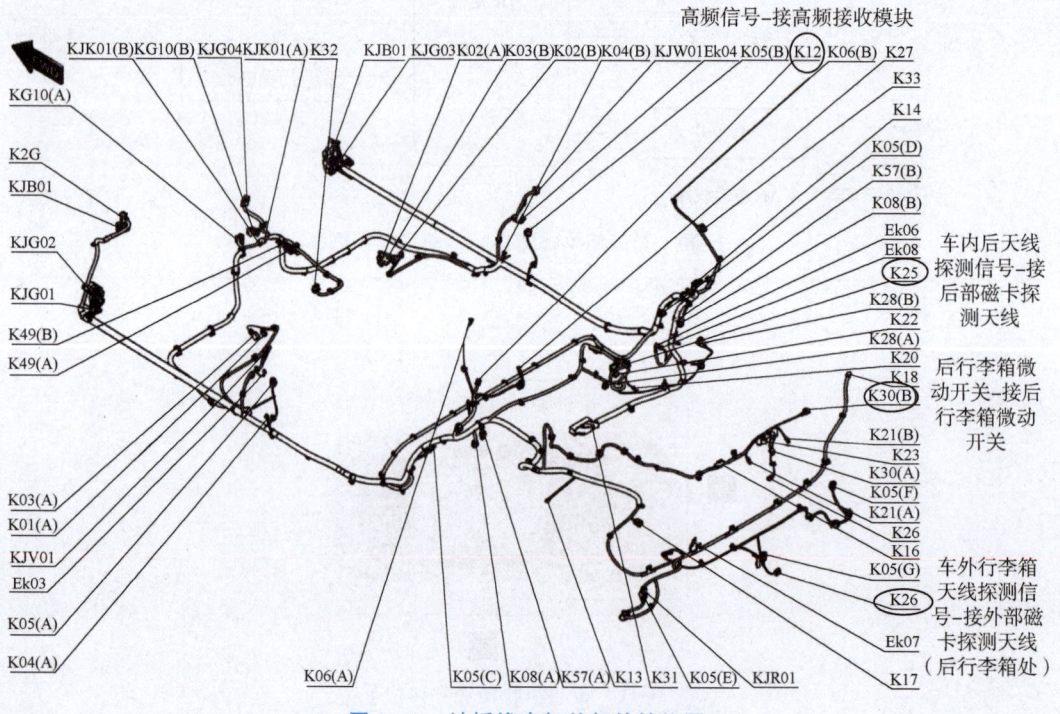

图 1-43 地板线束相关部件的位置

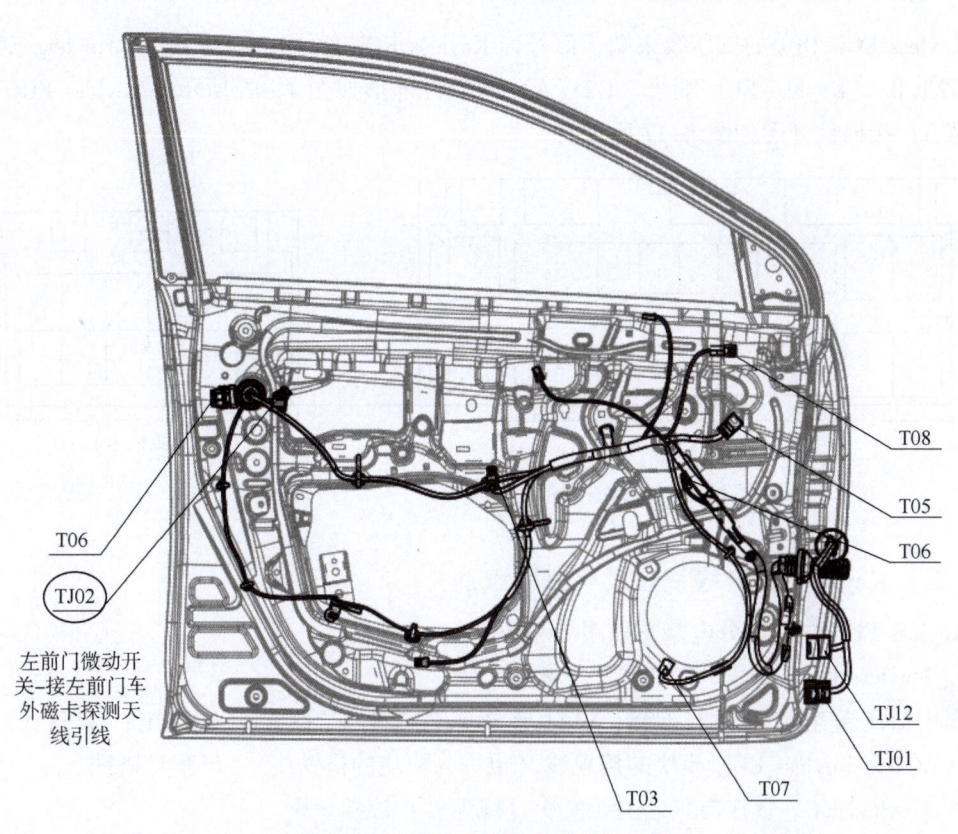

项目一 ▶▶▶ 无钥匙进入模块典型线路故障诊断与排除

图 1-44 左前门线束相关部件的位置

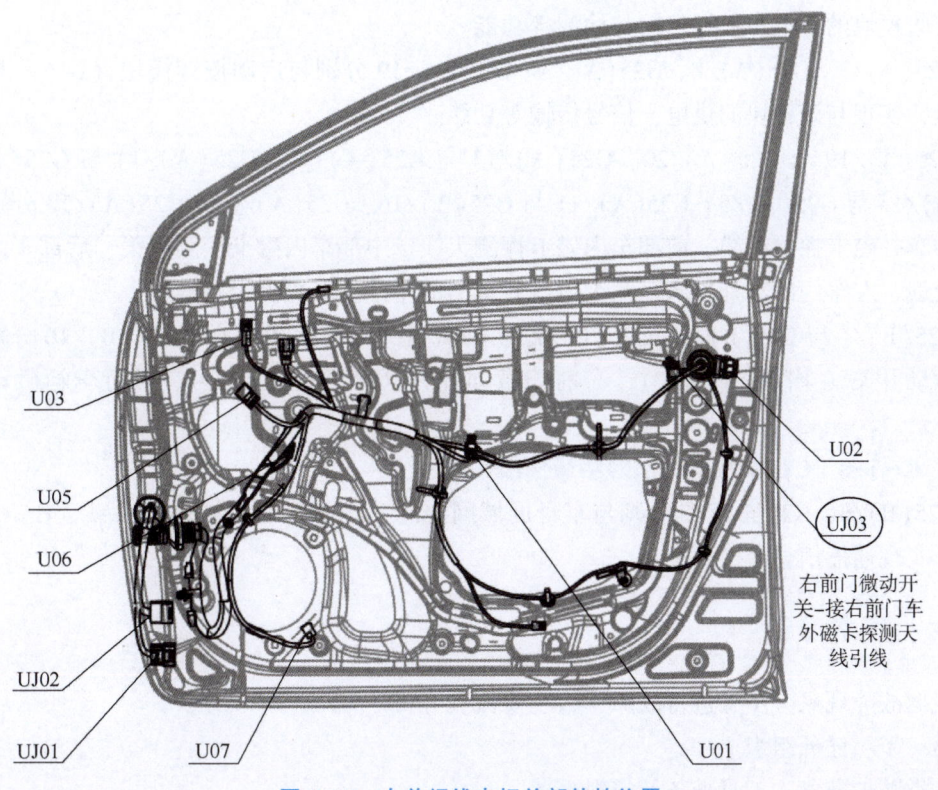

图 1-45 右前门线束相关部件的位置

Keyless ECU 相关的低压线束端子信号为 Keyless ECU 端子 1 G25（A）和 Keyless ECU 端子 2 G25（B）。Keyless ECU 端子 1 G25（A）接插件外形如图 1-46 所示。Keyless ECU 端子 2 G25（B）接插件外形如图 1-47 所示。

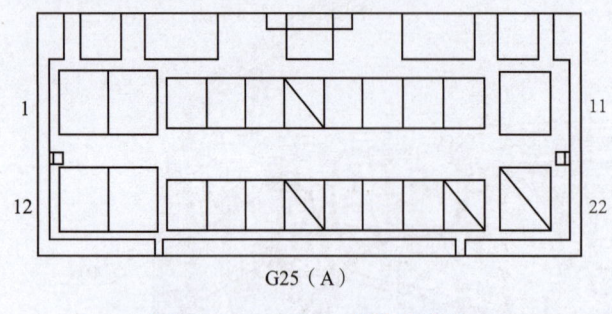

图 1-46　G25（A）接插件外形

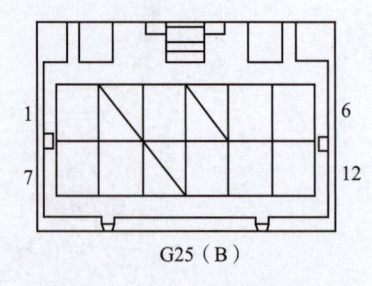

图 1-47　G25（B）接插件外形

（三）Keyless ECU 模块涉及电路图识别

Keyless ECU 模块部分电路图如图 1-48 所示。

1. Keyless ECU 模块的供电线、搭铁线识别

图中低压蓄电池正极与 G25（A）/1 连接，为 Keyless ECU 模块供电；G25（A）/9 和 G25（A）/10 为 Keyless ECU 模块的接地线（也称为模块的搭铁线），与车身搭铁。

2. Keyless ECU 模块与其他主要模块（或元件）连接识别

G25（A）/12、G25（B）/5、G25（B）/7、G25（B）/11 分别与高频接收模块连接，实现与高频接收模块的供电、数据传输与检测等功能。

G25（A）/2、G25（A）/8、G25（A）/3、G25（A）/19 分别与启动按键模块（G16）相应端子连接，实现与该模块的供电、信号传输等功能。

G25（A）/19 与 G25（A）/20、G25（A）/13 与 G25（A）/18、G25（A）/14 与 G25（A）/4、G25（A）/15 与 G25（A）/5、G25（A）/11 与 G25（A）/16、G25（A）/6 与 G25（A）/17 分别与行李箱的车外磁卡探测天线、前部车内磁卡探测天线、中部车内磁卡探测天线、后部车内磁卡探测天线、左车门的车外磁卡探测天线、右车门的车外磁卡探测天线连接。

G25（B）/1 与 G25（B）/8、G25（B）/2 与 G25（B）/9、G25（B）/3 与 G25（B）/10 分别与左前门微动开关（车门把手开关）、右前门微动开关（车门把手开关）、后行李箱微动开关连接。

3. Keyless ECU 模块与外部网络通信线识别

G25（B）/6、G25（B）/12 分别与车身局域网控制总线 B-CAN 的 CAN-L 线、CAN-H 线连接，实现通信信息交换。

四、任务分析

根据故障现象分步骤进行故障诊断主要流程分析。

第一步：任务组织。

各类防护准备、工具准备及资料准备。

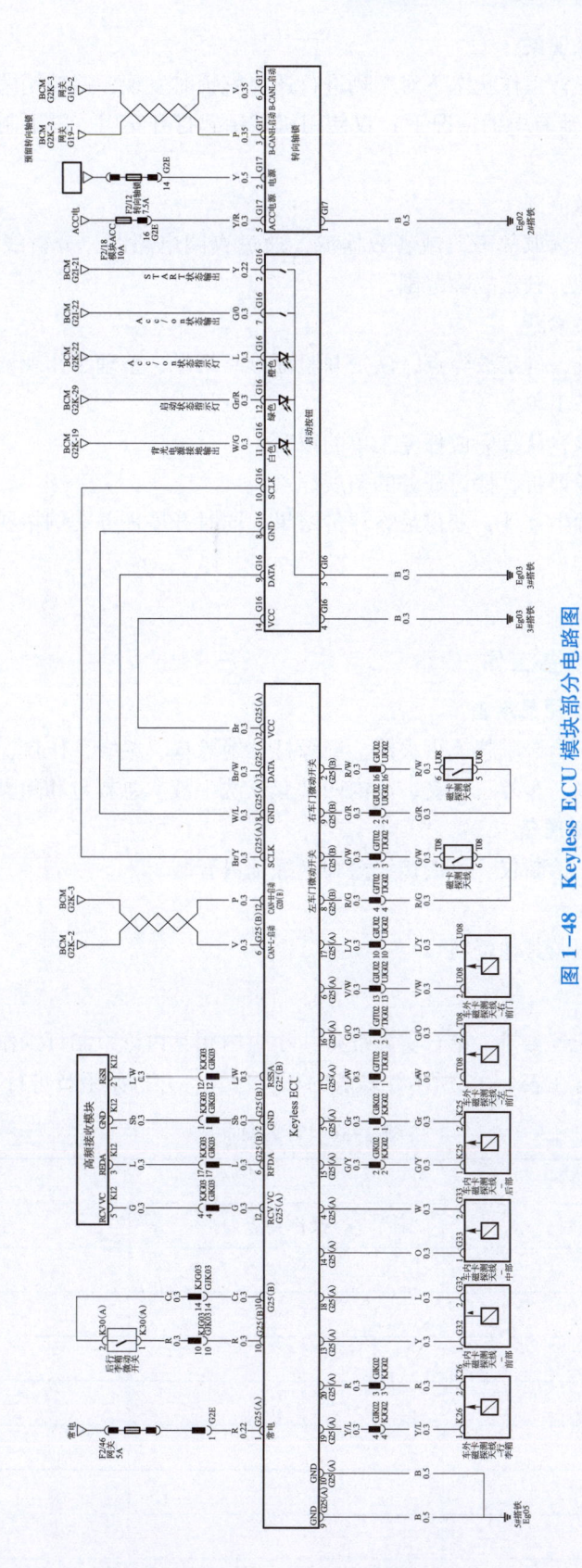

图 1-48 Keyless ECU 模块部分电路图

第二步：确认故障现象。

在确保智能钥匙正常工作状态下对车辆进行遥控解锁时发现，遥控钥匙无法对车辆进行解锁，（确保低压蓄电池有电的情况下）仅使用机械钥匙打开车门，踩下制动踏板，查看故障现象。

第三步：确定故障范围。

连接故障诊断仪，读取故障码或者数据流，通过查阅电路图，分析线束连接、端子连接、具体电路工作原理，锁定故障范围。

第四步：实施故障诊断。

进行有序诊断排查，确定故障点，恢复并验证诊断结果，整理工作现场。

第五步：完成任务工单。

按照规范操作要求，认真完成任务工单的填写。

第六步：开展任务评价，探讨任务的拓展。

开展任务评价，师生互评，获得最终评价结果，同时开展任务案例拓展分析。

五、任务组织

（一）实施前的准备工作

1. 所需的各种防护用品准备

工位、隔离带、安全警示牌、灭火器、绝缘杆、绝缘垫、绝缘工作台、棉线手套、绝缘手套、护目镜、安全帽、车外三件套、车内四件套、洗手液、急救包和除颤仪。

2. 常用工具、设备准备

万用表、示波器、诊断仪、万用接线盒和绝缘工具套装。

3. 资料准备

维修手册、电路图及其他资料。

（二）制订计划

依据任务要求、任务分析，结合实施准备，小组内相互讨论，制订工作计划，并将工作计划步骤、注意事项写在表 1-10 所示计划表的相应位置，并选派组员进行汇报展示。

表 1-10 计划表

1. 作业计划			
序号	作业项目	操作要点	注意事项
1			
2			
3			
4			
5			
6			
7			

续表

2. 设备清单				
序号	设备名称	用途	规格型号	数量
1				
2				
3				
4				
5				
6				

3. 其他材料清单				
序号	材料名称	用途	规格型号	数量
1				
2				
3				
4				

审核	小组审核意见：	组长签字： 年　月　日
	教师审核意见：	签字： 年　月　日

六、任务实施

在做好个人安全防护、维修场地安全检查之后，按照诊断维修的准备流程，做好诊断前的各项组织工作，实施故障诊断任务。

（一）故障现象确认及范围确定

1. 车辆故障现象确认

（1）启动按钮指示灯不亮，钥匙无法遥控车辆解锁，踩下制动踏板后按动启动按钮，仪表提示"未检测到钥匙"。

（2）故障现象如图1-49所示。

2. 模块通信状态及故障码检查

（1）故障码文字描述。

根据故障现象显示，连接诊断仪无法与Keyless ECU模块通信，无法进入需诊断模块。初步判定Keyless ECU模块系统相关线路以及元件存在故障，故障诊断仪显示的故障信息如图1-50所示。

（2）相关数据流文字描述：无法读取数据流。

(a)　　　　　　　　　　　(b)

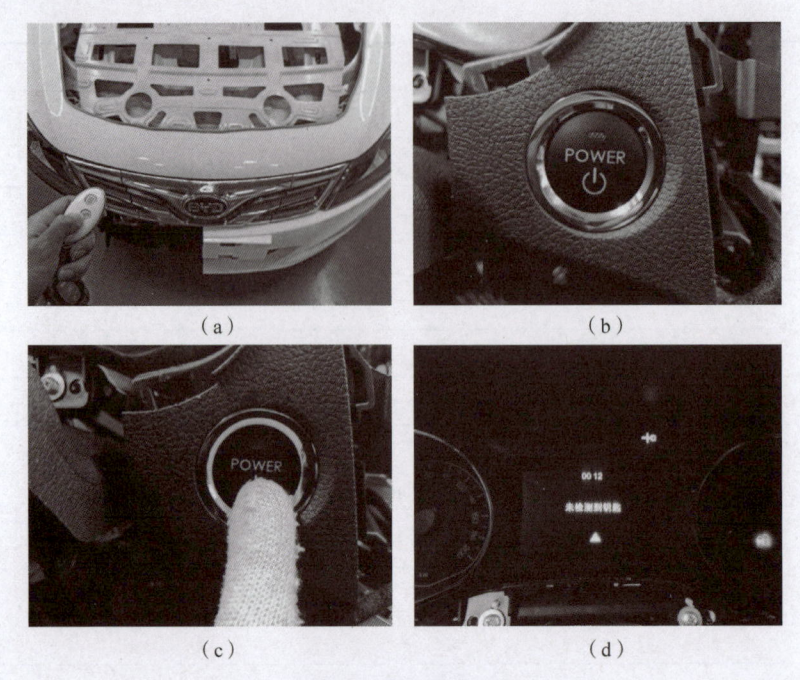

(c)　　　　　　　　　　　(d)

图1-49　故障现象

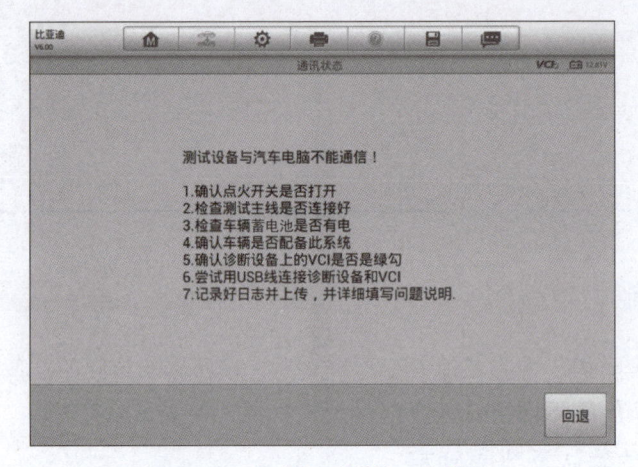

图1-50　智能钥匙模块无法进入

（3）相关故障诊断仪数据流显示：无。

3. 确认故障范围

Keyless ECU 模块供电、搭铁、通信、频接收模块 4 个部分相关线路以及线路元件。

（二）故障的具体诊断与维修

故障诊断与排除准备工作完毕之后，具体诊断过程如下。

1. 故障点的初步检测

初步检测情况如图 1-51 所示。

2. 详细故障点检测

详细故障点检测过程如图 1-52~图 1-57 所示。

（a） （b） （c）

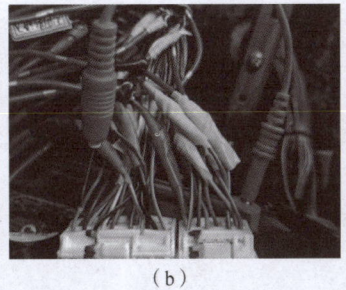

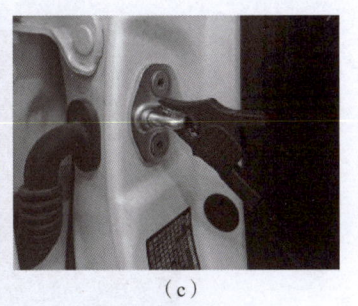

图1-51 背插测量Keyless ECU模块G25(A)-1号线电压值（不正常，正常值为12 V）

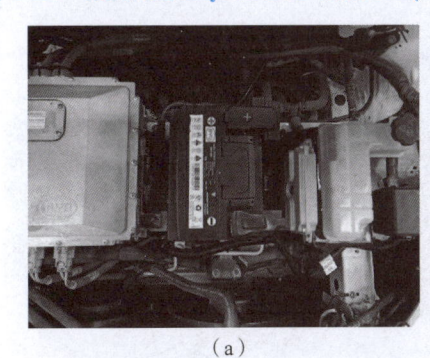

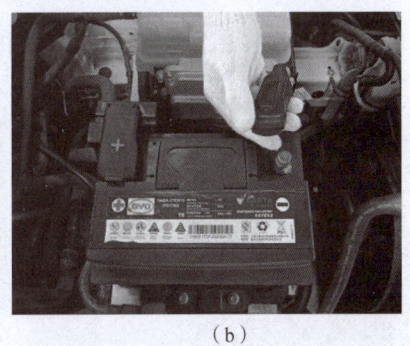

（a） （b）

图1-52 车辆下电，断开低压电源负极

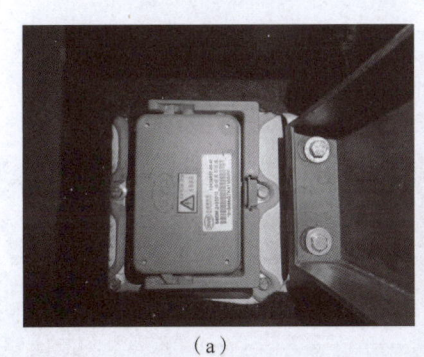

（a） （b）

图1-53 断开维修开关，置于收纳盒中，车辆静置5 min

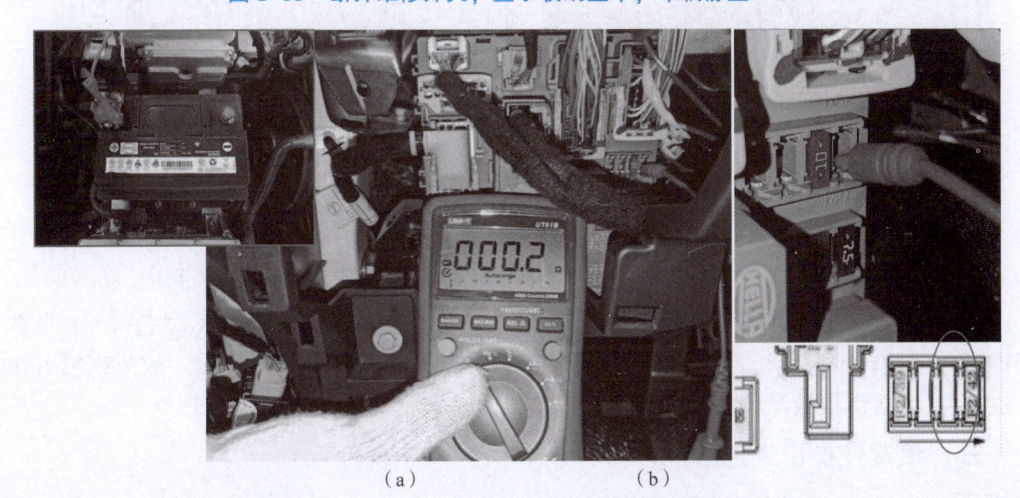

（a） （b）

图1-54 测量F2-46号熔断丝输入端电阻值（正常）

(a)   (b)

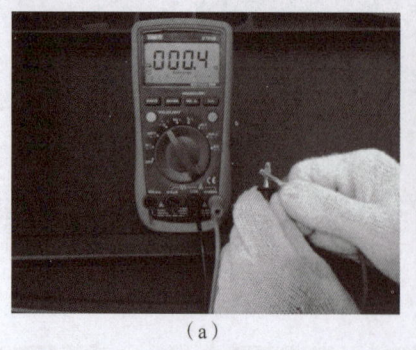

图 1-55　校验万用表确认万用表能够正常使用，并目测熔断丝外观

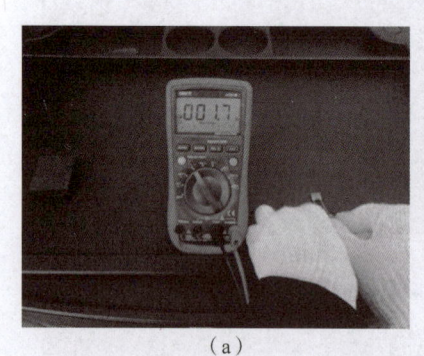

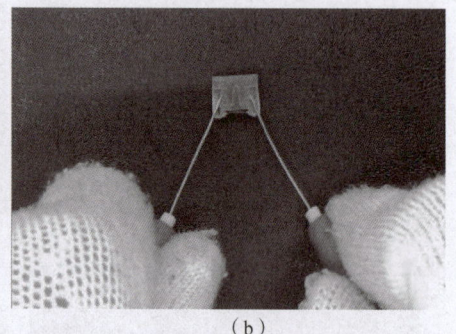

(a)   (b)

图 1-56　测量 F2-46 号熔断丝阻值（正常）

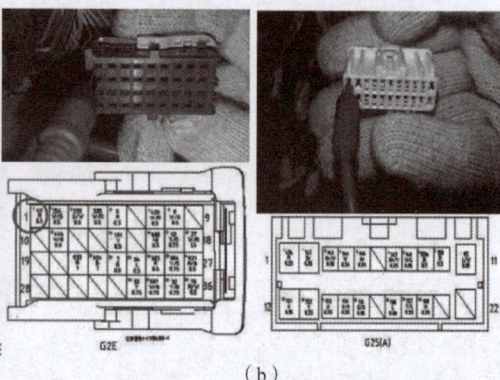

(a)   (b)

图 1-57　测量 G2E-1 号线到 G25（A）-1 号线间电阻值（不正常，正常值<1 Ω）

3. 故障点确定及恢复

在排查过程中，尤其注意检测线路过程中，故障点要锁定在最小的区间内。

按照以上检测步骤对供电线路进行测量时发现 Keyless ECU 模块 G25（A）-1 号线至 BCMG2E-1 号线间电阻无穷大，处于断路状态，其故障点如图 1-58 所示，故障恢复并上电清码之后，再次读取故障码，显示车辆无故障。

（三）填写任务记录工单

填写如表 1-11 所示任务记录工单。

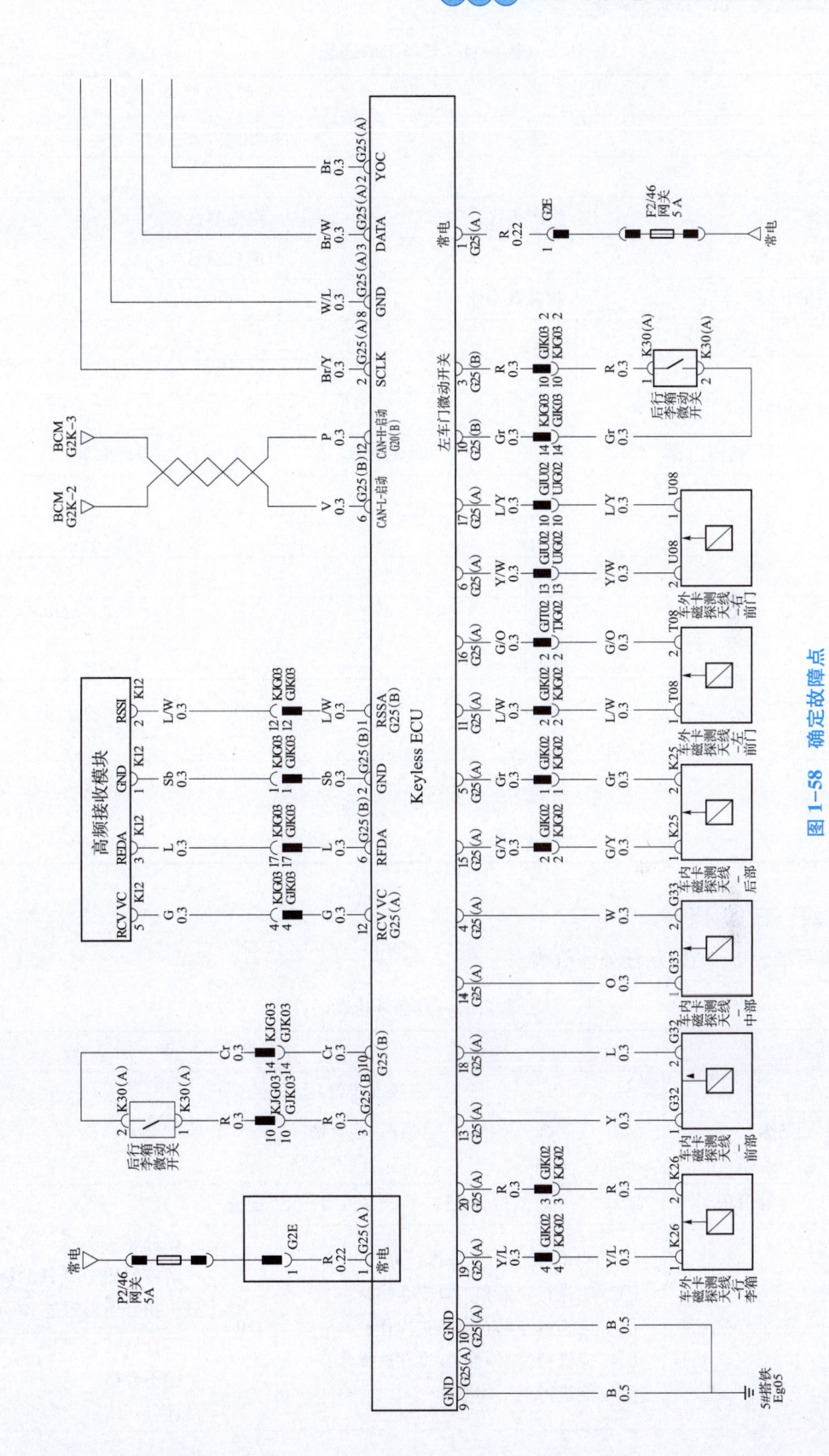

项目一 无钥匙进入模块典型线路故障诊断与排除

图 1-58 确定故障点

表 1-11　任务工单记录

工作任务：				日期：	年　月　日
姓名		学号		班级（小组）	
车辆信息					
品牌		生产年代		电池容量	
VIN				电机型号	
读取故障代码		相关数据流			
故障诊断流程					
检测内容		检测数据		检测结果	
故障点确定					

（四）任务评价

填写如表 1-12 所示任务评价表。

表 1-12　任务评价表

工作任务：				日期：	年　月　日
姓名：		学号：		班级（小组）：	
自评：□熟练　□不熟练		互评：□熟练　□不熟练		师评：□合格　□不合格	导师签字：
序号	评分项	得分条件		配分	师评
1	安全/7S/态度	□1. 能进行工位 7S 操作； □2. 能进行设备和工具安全测量； □3. 能进行车辆安全防护操作； □4. 能进行工具清洁校准存放操作； □5. 能进行三不落操作		10	评分要求： 　请按照得分条件酌情给分，扣分不得超过 10 分 □合格 □不合格 评分：

续表

序号	评分项	得分条件	配分	师评
2	作业准备	□1. 能规范设置隔离栏； □2. 能规范设置安全警示牌； □3. 能正确检查灭火器压力值（水基、干粉）； □4. 能正确检查消防桶内是否有灭火沙； □5. 能规范安装车辆挡块； □6. 能规范安装车外三件套； □7. 能规范安装车内多件套（方向盘、座椅、脚垫、换挡杆等）； □8. 能完全落下驾驶员侧车窗	16	评分要求： 请按照得分条件酌情给分，扣分不得超过16分 □合格 □不合格 评分：
3	工具及设备的使用能力	□1. 能规范使用数字绝缘测试仪进行开路和短路检测； □2. 能规范检测绝缘垫的绝缘性且佩戴绝缘手套与护目镜； □3. 能规范使用数字万用表	8	评分要求： 请按照得分条件酌情给分，扣分不得超过8分 □合格 □不合格 评分：
4	专业技能能力	□1. 能正确连接诊断仪与车辆诊断口； □2. 能正确查阅维修手册或电路图并保持在检测页； □3. 能正确使用专用连接线； □4. 能规范测量低压部分线路并佩戴耐磨手套； □5. 能规范测量高压部分线路并佩戴绝缘手套、护目镜； □6. 能规范断开连接器插头； □7. 能规范断开蓄电池负极； □8. 能规范使用万用表测量数据	40	评分要求： 请按照得分条件酌情给分，扣分不得超过40分 □合格 □不合格 评分：
5	资料、信息查询能力	□1. 能正确使用电路图； □2. 能正确使用维修手册； □3. 能在规定时间内查询所需资料； □4. 能正确记录所查询资料章节页码； □5. 能正确记录所需维修资料	10	评分要求： 请按照得分条件酌情给分，扣分不得超过10分 □合格 □不合格 评分：

续表

序号	评分项	得分条件	配分	师评
6	数据判读与分析能力	□1. 能通过测量结果分析判断电气电路状态是否良好； □2. 能通过测量结果分析模块工作状态是否良好	6	评分要求： 请按照得分条件酌情给分，扣分不得超过6分 □合格 □不合格 评分：
7	工单撰写能力	□1. 字迹清晰； □2. 语句通顺； □3. 无错别字； □4. 无涂改； □5. 无抄袭	10	评分要求： 请按照得分条件酌情给分，扣分不得超过10分 □合格 □不合格 评分：
8	现场恢复能力	□1. 能关闭驾驶员侧车窗； □2. 能规范拆卸翼子板布、格栅布； □3. 能规范拆卸车内多件套并丢弃到垃圾桶； □4. 能规范移除高压警示标识等并放到指定位置； □5. 能规范恢复工位到原标准工位布置状态	10	评分要求： 请按照得分条件酌情给分，扣分不得超过10分 □合格 □不合格 评分：
	总分		110	得分：
教师评语：				

七、任务拓展

在针对 Keyless ECU 模块其他故障的诊断与维修任务实施过程中，依据具体的故障现象，初步判定故障范围，按照供电线路、接地线（图1-59）、CAN 通信线路（图1-60）、其他线路的顺序依次排查，直到找到故障点并排除。若通过故障初步判定故障范围，可直接排除掉具体线路（如供电线路、搭铁线路）不需要排查，则按照顺序排查后续（从CAN通信线路开始排查）其他线路、元件。

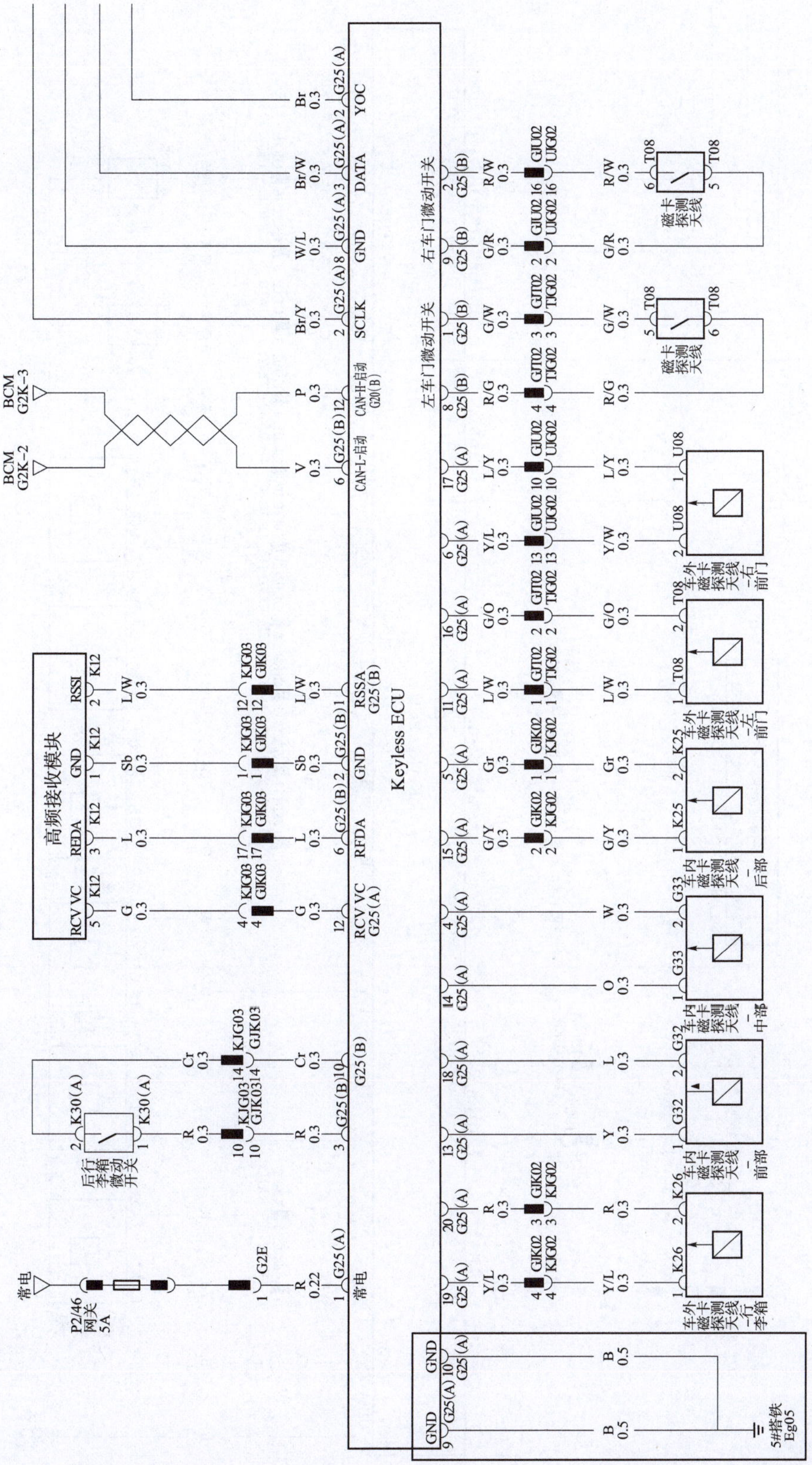

项目一 无钥匙进入模块典型线路故障诊断与排除

图 1-59 智能钥匙模块搭铁线路

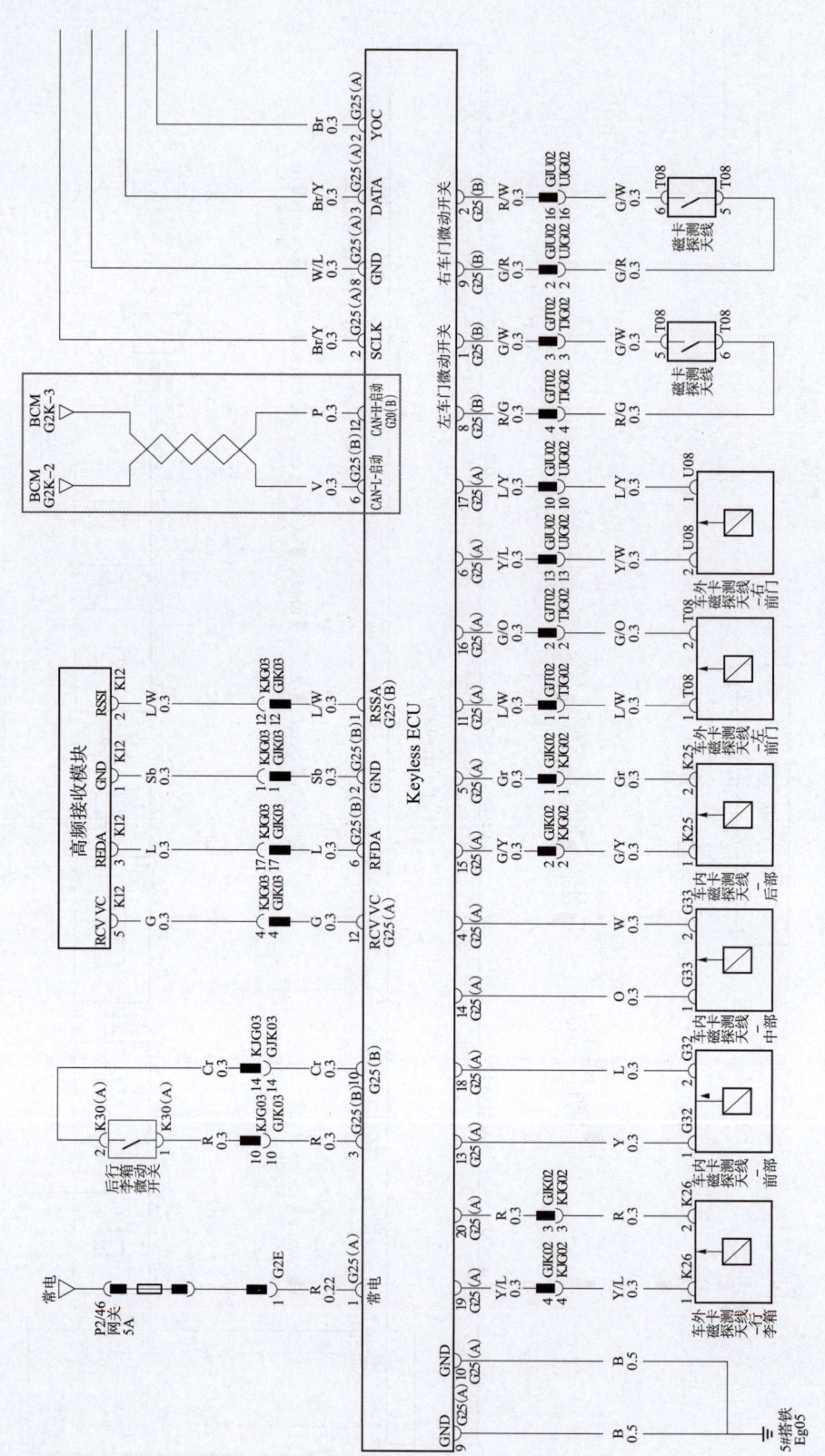

图 1-60 智能钥匙模块 CAN 通信线路

项目二

整车控制器（VCU）故障诊断与排除

任务一　VCU 电源线故障排除

一、任务描述

针对 2019 款比亚迪 e5 出现"高压不上电,起车时高速风扇自启,仪表显示多个故障灯"的故障现象,作为维修技师,对故障现象进行确定,并分析该车型 VCU(整车控制器)模块的特点、组成和电路图。按照维修手册中的标准与规范,对故障进行维修检测,依据检测结果确认故障点,完成该故障的系统性诊断并填写任务工单。

二、任务目标要求

(一) 知识目标

(1) 掌握找到 VCU 模块、插接器端子位置的方法。
(2) 掌握找到所需测量的线束或插接器端子位置的方法。
(3) 熟悉并掌握 VCU 模块的电路图和维修手册。

(二) 能力目标

(1) 能规范使用工具和设备。
(2) 能按照维修规范要求实施对 VCU 模块线路、元件的检测与维修。
(3) 能按照安全作业标准完成 VCU 模块的实训作业并填写工单。

(三) 素质目标

(1) 能与他人合作查询维修手册、电路图资料,养成团队合作的精神。
(2) 能在完成操作过程中,具有工作区的 7S 工作管理能力。
(3) 能绘制 VCU 模块典型线路故障诊断流程图并展示学习成果。

对标"1+X"智能新能源汽车职业技能等级标准如表 2-1 所示。

表 2-1　对标"1+X"智能新能源汽车职业技能等级标准

序号	等级	职业等级名称	工作领域	工作任务	涉及:职业技能要求点
1	高级	新能源汽车动力驱动电机电池技术职业技能等级	1. 新能源汽车工作安全与作业准备	1. 计算机诊断技术	涉及:全部技术技能点
				2. 维修资料查询	涉及:全部技术技能点
2	初级	新能源汽车悬架转向制动安全技术职业技能等级	5. 新能源汽车安全系统检测维修	4. 防盗系统检测维修	涉及:全部技术技能点

续表

序号	等级	职业等级名称	工作领域	工作任务	涉及：职业技能要求点
3	中级	新能源汽车悬架转向制动安全技术职业技能等级	1. 新能源汽车工作安全与作业准备	1. 维修注意事项	涉及：全部技术技能点（包含 1.1.4）
				2. 安全注意事项	涉及：全部技术技能点
			5. 新能源汽车安全系统检测维修	4. 防盗系统检测维修	涉及：全部技术技能点
4	高级	新能源汽车悬架转向制动安全技术职业技能等级要求	1. 新能源汽车工作安全与作业准备	1. 维修注意事项	涉及：全部技术技能点（包含 1.1.4）
				2. 安全注意事项	涉及：全部技术技能点
			5. 新能源汽车安全系统诊断分析	4. 防盗系统诊断分析	涉及：全部技术技能点
5	初级	新能源汽车电子电气空调舒适技术职业技能等级	2. 新能源汽车电子电气系统检查保养	1. 电子电气系统一般维修	涉及：全部技术技能点
				2. 蓄电池检查保养	涉及：全部技术技能点
				7. 起动系统检查保养	涉及：全部技术技能点
				8. 新能源汽车电路识别	涉及：全部技术技能点
6	中级	新能源汽车电子电气空调舒适技术职业技能等级	2. 新能源汽车电子电气系统检测维修	14. 车身附件检测维修	涉及：2.14.5
7	高级	新能源汽车电子电气空调舒适技术职业技能等级	2. 新能源汽车电子电气系统诊断分析	12. 车身附件诊断分析	涉及：2.12.5
				14. 新能源汽车电路诊断分析	涉及：全部技术技能点
				15. 控制模块检测分析	涉及：2.15.1~2.15.3
				17. 执行器的检测与分析	涉及：2.17.1、2.17.2、2.17.6
8	中级	新能源汽车网关控制娱乐系统技术职业技能等级要求	5. 新能源汽车舒适电子控制网络系统检测维修	5. 防盗控制模块检测维修	涉及：5.5.1~5.5.6
9	高级	新能源汽车网关控制娱乐系统技术职业技能等级要求	5. 新能源汽车舒适电子控制网络系统检测维修	5. 防盗控制模块检测维修	涉及：5.5.1~5.5.6
10	其他职业技能等级证书的相关要求，与上述三个不同证书初、中、高的相关要求近乎一致，不再详述；与教材其他项目雷同的技术技能点不再赘述				

三、任务资讯与知识准备

(一) 工作原理与功能

1. VCU 的工作原理

对于纯电动汽车来说，能量的控制管理由 BMS 完成，能量的转化（电能至机械能）由 Inverter（电机控制器）来控制，而其余的综合协调控制就需要由 VCU 来实现。因此 VCU 是电动汽车的核心部件，车辆的驾驶平顺性、能耗经济性以及运行可靠性都与 VCU 的有效控制息息相关。VCU 的工作原理如图 2-1 所示。

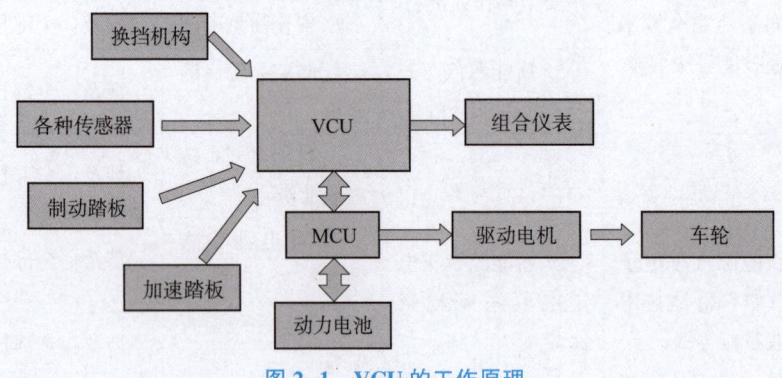

图 2-1　VCU 的工作原理

(1) 获取驾驶意图：VCU 需要通过加速踏板、制动踏板、挡位状态等驾驶输入信号判断驾驶意图。

(2) 获取车辆实际状态：VCU 需要通过传感器或控制器获取车速、姿态等运行信息判断车辆当前实际状态。

(3) Powertrain（动力系统）控制：VCU 需要匹配驾驶需求和动力总成响应能力，制定合理的功率输出和能量回收策略。

(4) HMI（人机界面）信息反馈：VCU 需要将关键信息反馈至 HMI，从而告知驾驶人员车辆状态。

2. VCU 的功能

VCU 是电动汽车的核心控制器件，是电动汽车的"神经中枢"，承担了各系统的数据交换、信息传递、故障诊断、安全监控、驾驶员意图分析、动力电池能量管理等作用，对电动汽车的动力性、经济性、安全性和舒适性等有很大影响。VCU 的主要功能可以分为以下几方面：

(1) 网络管理。VCU 是 Powertrain 总线网络中的核心节点，BMS、Inverter、DCDC、OBC 之间的信息交互需要 VCU 从中监控，并实现网络故障的诊断和处理。

(2) 驾驶意图分析。车辆行驶过程中的驾驶意图主要通过 VCU 来识别，此前驾驶意图一般通过油门和制动踏板来感知，但随着车辆不断智能化，定速巡航、自适应巡航（ACC）、自动制动（AEB）等新形式的驾驶意图会输入 VCU。

(3) 动力管理。车辆行驶过程中加速和减速的需求通过加速踏板和制动踏板被感知，VCU 需要结合电机实际扭矩输出能力或电池能量回收能力来计算更为适合的扭矩功率策略。例如需要根据制动踏板的急迫程度，计算出刹车盘制动和电机能量回收的比例，一方面确保满足车辆减速要求和较好的平顺性，另一方面使更多能量被回收。在市区工况中，合理的能量回收策略可增加 20% 以上的车辆续航，因此 VCU 的扭矩功率管理策略非常关键。

（4）能量流管理。对于 BEV 来说，整车的能量唯一来源就是电池组系统。电池组系统一方面需要提供驱动车辆的动力，另一方面还需要为低压电池、车载附件、空调等提供能量。VCU 合理地分配有限的能量能最大限度地发挥车辆续航能力，延长动力电池系统寿命。

（5）充电控制。在充电过程中，VCU 需要完成 BMS 和 OBC 之间的监控和管理。例如进行预约充电时，需要提前将车辆与充电桩完成物理连接，再在车辆上设置晚上 10 点后利用便宜的谷电进行充电。期间就需要通过 VCU 来协调 BMS 和 OBC 从握手到充电再停止的过程。

3. VCU 的硬件配置

（1）数字和模拟输入：钥匙信号、挡位信号、加速踏板信号、制动踏板信号，以及车速等信号的采集。

（2）数字输出：控制接触器、PTC 等部件。

（3）功率输出：如传感器供电输出。

（4）诊断：高低边驱动诊断、芯片故障诊断等。

（5）沟通：一般通过 CAN 总线与 BMS、逆变器、OBC、DCDC 等动力系统控制器通信，部分情况下可能需要通过 LIN 总线与车身控制单元通信。

（二）VCU 模块的位置及端子识别

1. VCU 模块在整车中的位置

2019 款比亚迪 e5 的 VCU 模块在整车中的位置位于副驾驶座椅下方右侧，如图 2-2 和图 2-3 所示。

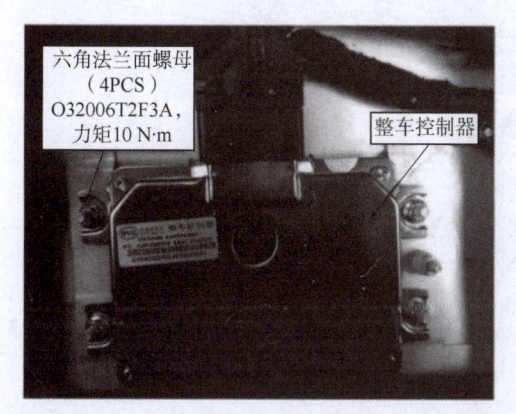

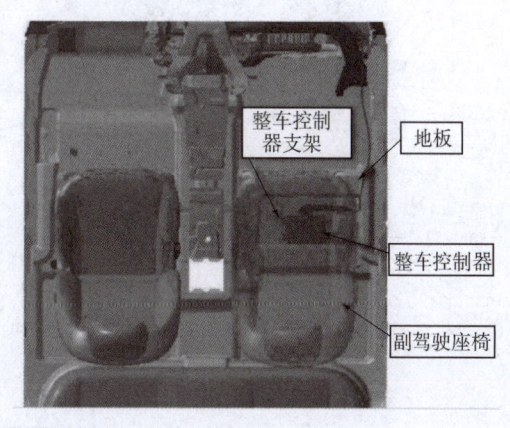

图 2-2 VCU 的位置

2. VCU 线束端子识别

VCU 线束分布在前机舱，线束包含前机舱的多个元器件线路，线束最终汇总到 VCU，如图 2-4 所示。

VCU 线束端子为 BK49，插接件外形如图 2-5 所示。

（三）VCU 模块涉及电路图识别

VCU 模块电路图如图 2-6 所示。

1. VCU 模块的供电线、搭铁线识别

图中 IG3 的输出端与 F1/18 熔断丝连接，F1/18 与 BK49/1、BK49/3 相连接，为整车控

制器（VCU）模块供电；BK49/5、BK49/7 为 VCU 模块的接地线（也称为模块的搭铁线），与车身搭铁。

图 2-3 VCU 实物

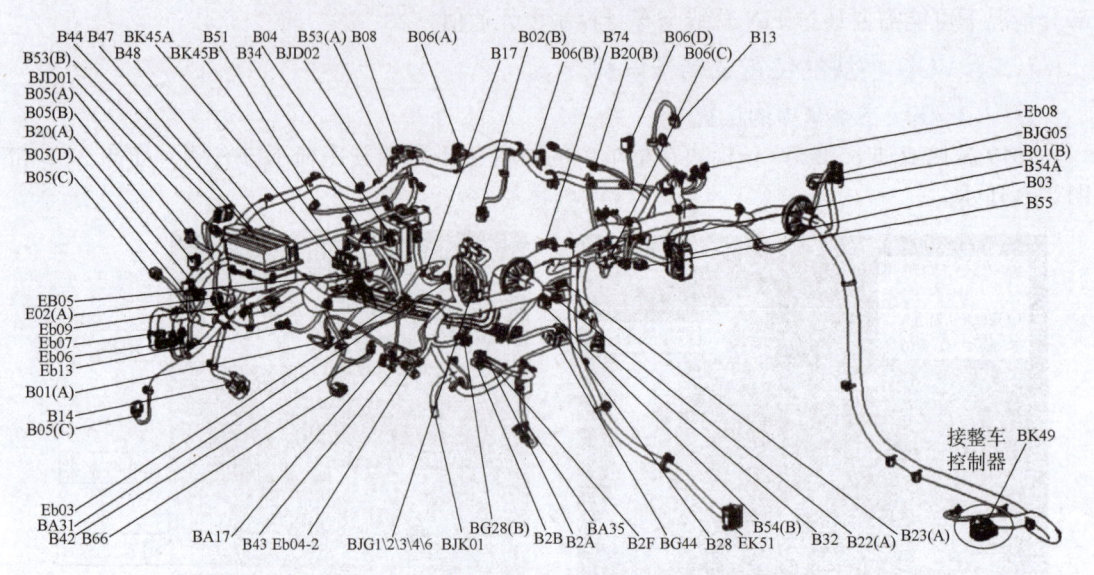

图 2-4 VCU 线束

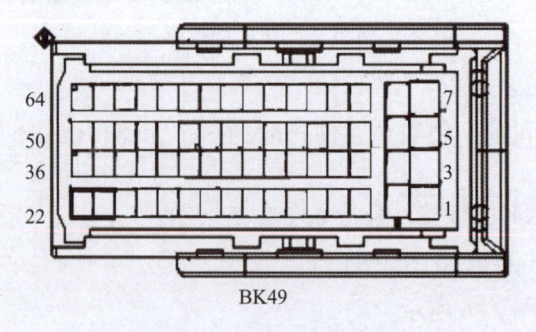

图 2-5 BK49 插接件外形

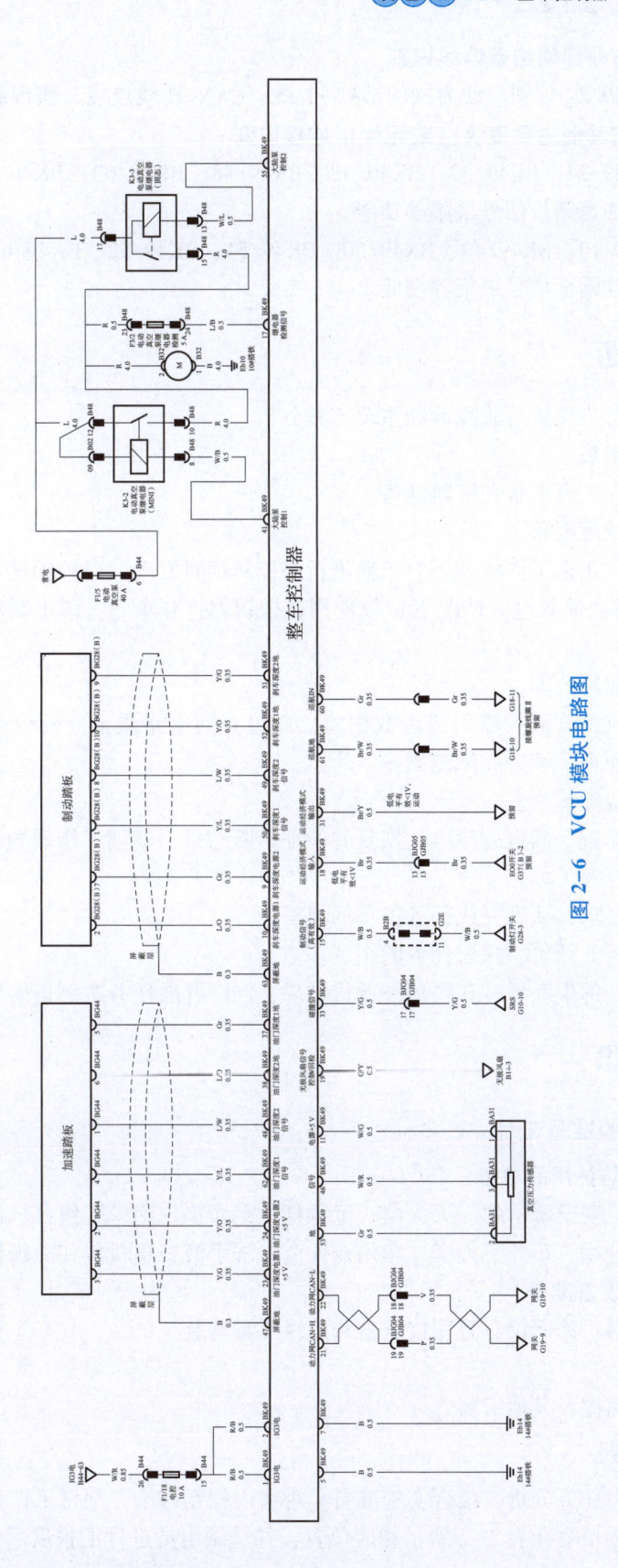

图 2-6　VCU 模块电路图

2. VCU 模块与外部网络通信线识别

BK49/21、BK49/22 分别与动力网的 CAN-L 线、CAN-H 线连接，实现通信信息交换。

3. VCU 模块与其他主要模块（或元件）连接识别

BK49/23、BK49/24、BK49/37、BK49/38、BK49/48、BK49/62、BK49/47 分别与加速踏板连接，实现对加速踏板信号采集等功能。

BK49/9、BK49/10、BK49/49、BK49/50、BK49/51、BK49/52、BK49/62 分别与制动踏板连接，实现对制动踏板信号采集等功能。

四、任务分析

根据故障现象分步骤进行故障诊断主要流程分析。

第一步：任务组织。

各类防护准备、工具准备和资料准备。

第二步：确认故障现象。

在确保智能钥匙正常工作状态下对车辆进行遥控解锁时发现，遥控钥匙无法对车辆进行解锁，（确保低压蓄电池有电的情况下）仅使用机械钥匙打开车门，踩下制动踏板，查看故障现象。

第三步：确定故障范围。

连接故障诊断仪，读取故障码或者数据流，通过查阅电路图，分析线束连接、端子连接、具体电路工作原理，锁定故障范围。

第四步：实施故障诊断。

进行有序诊断排查，确定故障点，恢复并验证诊断结果，整理工作现场。

第五步：完成任务工单。

按照规范操作要求，认真完成任务工单的填写。

第六步：开展任务评价，探讨任务的拓展。

开展任务评价，师生互评，获得最终评价结果，同时开展任务案例拓展分析。

五、任务组织

（一）实施前的准备工作

1. 所需的各种防护用品准备

工位、隔离带、安全警示牌、灭火器、绝缘杆、绝缘垫、绝缘工作台、棉线手套、绝缘手套、护目镜、安全帽、车外三件套、车内四件套、洗手液、急救包和除颤仪。

2. 常用工具、设备准备

万用表、示波器、诊断仪、万用接线盒和绝缘工具套装。

3. 资料准备

维修手册、电路图及其他资料。

（二）制订计划

依据任务要求、任务分析，结合实施准备，小组内相互讨论，制订工作计划，并将工作计划步骤、注意事项填写在表 2-2 所示相应位置，并选派组员进行汇报展示。

表 2-2 计划表

1. 作业计划			
序号	作业项目	操作要点	注意事项
1			
2			
3			
4			
5			
6			
7			

2. 设备清单				
序号	设备名称	用途	规格型号	数量
1				
2				
3				
4				
5				
6				

3. 其他材料清单				
序号	材料名称	用途	规格型号	数量
1				
2				
3				
4				

审核	小组审核意见：	组长签字： 年　月　日
	教师审核意见：	签字： 年　月　日
审核	小组审核意见：	组长签字： 年　月　日
	教师审核意见：	签字： 年　月　日

六、任务实施

在做好个人安全防护、维修场地安全检查之后，按照诊断维修的准备流程，做好诊断前的各项组织工作，实施故障诊断任务。

（一）故障现象确认及范围确定

1. 车辆故障现象确认

（1）仪表显示 P 挡闪烁，检查电子驻车系统、动力系统、制动系统，水温故障灯亮、制动故障灯亮、警告故障灯亮、动力系统故障灯亮、充电故障灯亮、电池温度警告灯亮，车辆高速风扇自启的故障现象。

（2）故障现象如图 2-7、图 2-8 所示。

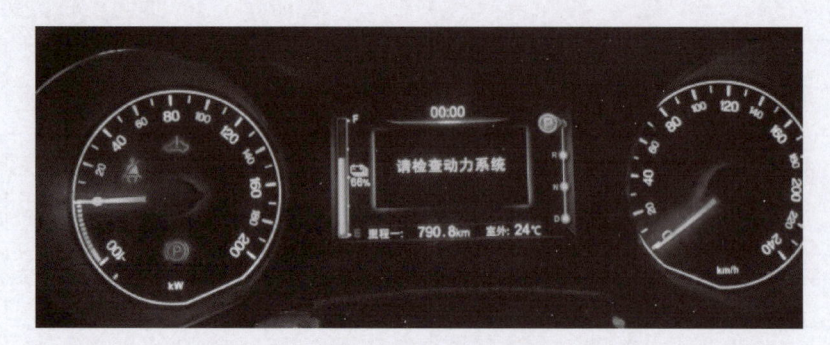

图 2-7 刚起动时故障现象

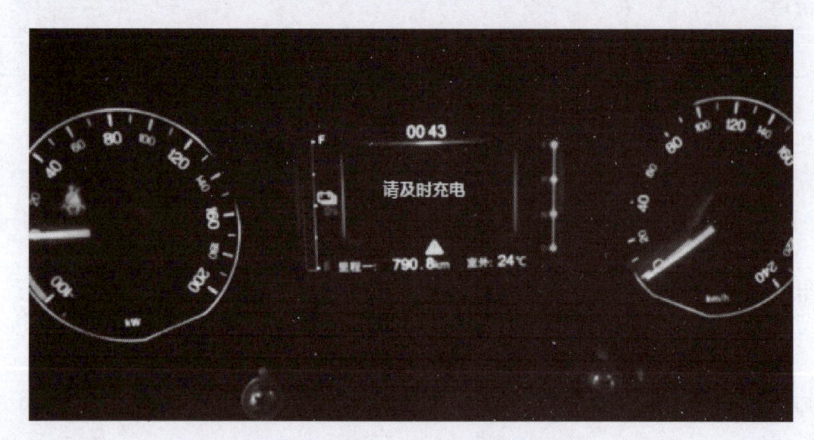

图 2-8 等待 1 min 后故障现象

2. 模块通信状态及故障码检查

（1）故障码文字描述。根据故障现象显示，连接诊断仪无法与 VCU 模块进行通信，车身控制器报制动开关及挡位故障。

（2）故障诊断仪显示的故障信息如图 2-9~图 2-11 所示。

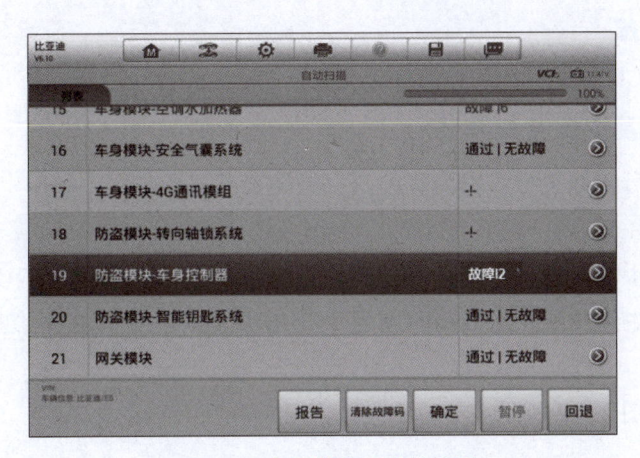

项目二 ▶▶▶ 整车控制器（VCU）故障诊断与排除

图 2-9　多个模块无法被检测

图 2-10　车身控制器报制动开关及挡位故障

图 2-11　整车控制器模块无法进入

（3）相关数据流文字描述：无法读取数据流。
（4）相关数据流故障诊断仪显示图片：无。

· 65 ·

3. 确认故障范围

VCU 模块及 VCU 相关电源、搭铁、通信。

（二）故障的具体诊断与维修

根据故障范围分步骤进行线路流程检测，具体诊断过程如下：

1. 检测分析

在对车辆进行上电时发现，高压无法正常上电，解码仪无法进入 VCU 模块，根据此车的故障现象，查阅电路图册锁定故障范围为 VCU 模块故障，进行有序诊断排查。

2. 检测电路图

检测电路图如图 2-12 所示。

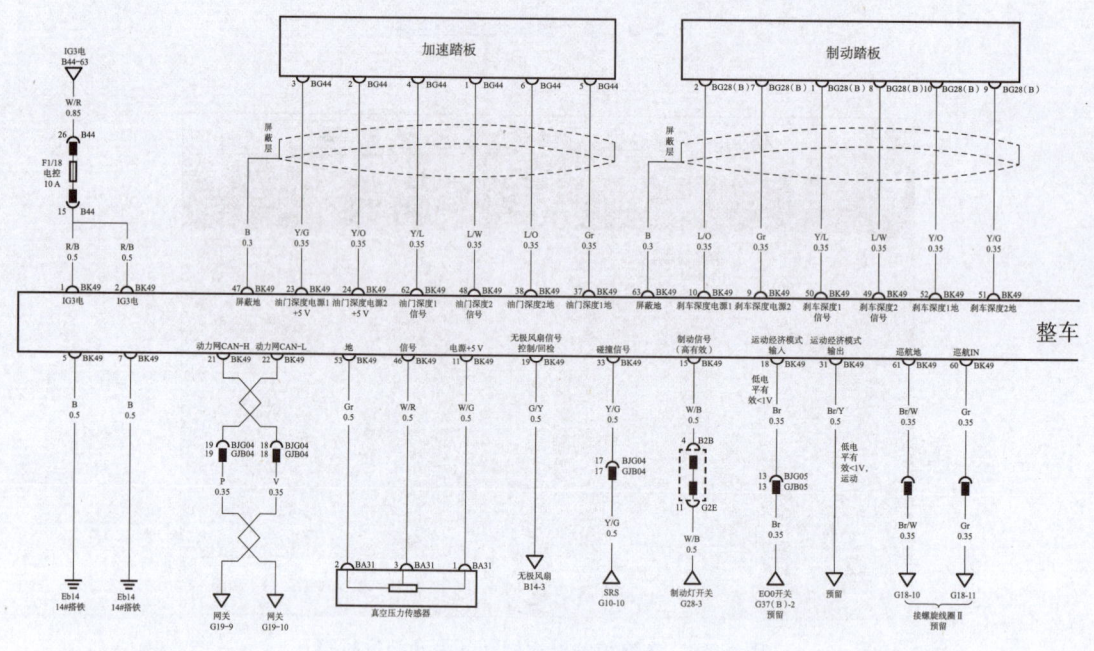

图 2-12 检测电路图

3. 具体检测过程

故障诊断与排除准备工作完毕之后，具体诊断过程如图 2-13~图 2-19 所示。

图 2-13 被插测量 VCU 模块 1 号线电压（正常为 12 V 左右）

项目二 整车控制器（VCU）故障诊断与排除

图 2-14 车辆下电，断开低压电源负极

图 2-15 断开维修开关，置于收纳盒中，车辆静置 5 min

图 2-16 测量 VCU 模块 BK49/1 号线到 IG3/63 号之间的电阻（正常为 0.1 Ω 左右）

图 2-17 测量 IG3/63 号到 F1/18 熔断丝上端的电阻（正常为 0.1 Ω 左右）

· 67 ·

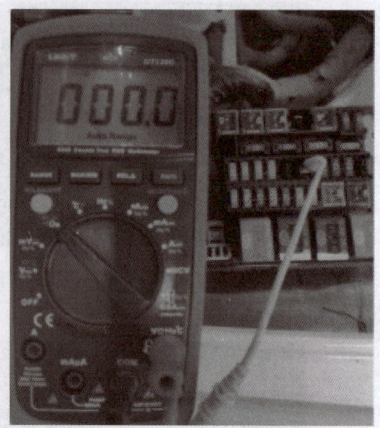

图 2-18　测量 VCU 模块 BK49/1 号线到 F1/18 熔断丝下端的电阻（正常为 0.1 Ω 左右）

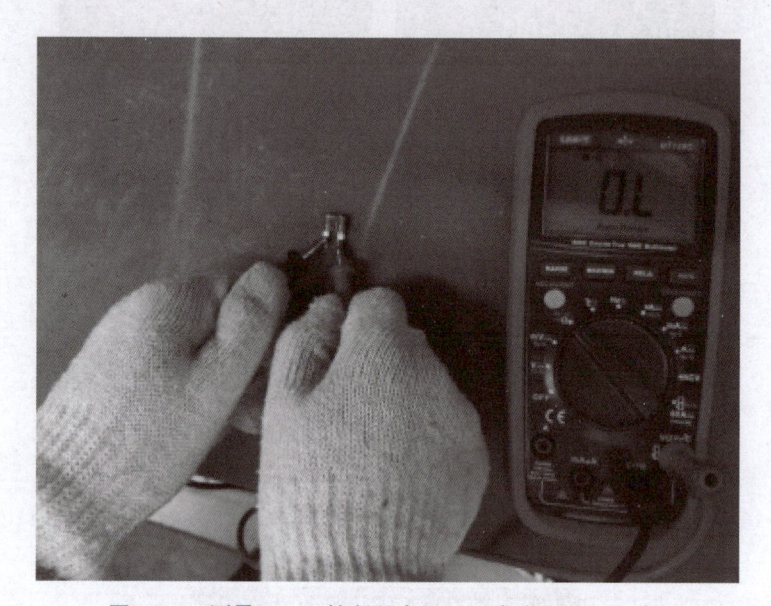

图 2-19　测量 F1/18 熔断丝电阻（正常为 0.1 Ω 左右）

在排查过程中，尤其注意检测线路过程中，故障点要锁定在最小区间内。在对车辆进行上电时发现，高压无法正常上电，解码仪无法进入 VCU 模块，其余动力模块正常进入，可判断为是 VCU 模块的故障。测量电压后显示不正常，使用万用表测量整条线路显示电阻无穷，再测量熔断丝上端电阻和下端电阻都正常，测量熔断丝电阻无穷大，所以判断为 F1/18 熔断丝断路（图 2-20）。故障恢复并上电清码之后，再次读取故障码，显示车辆无故障。

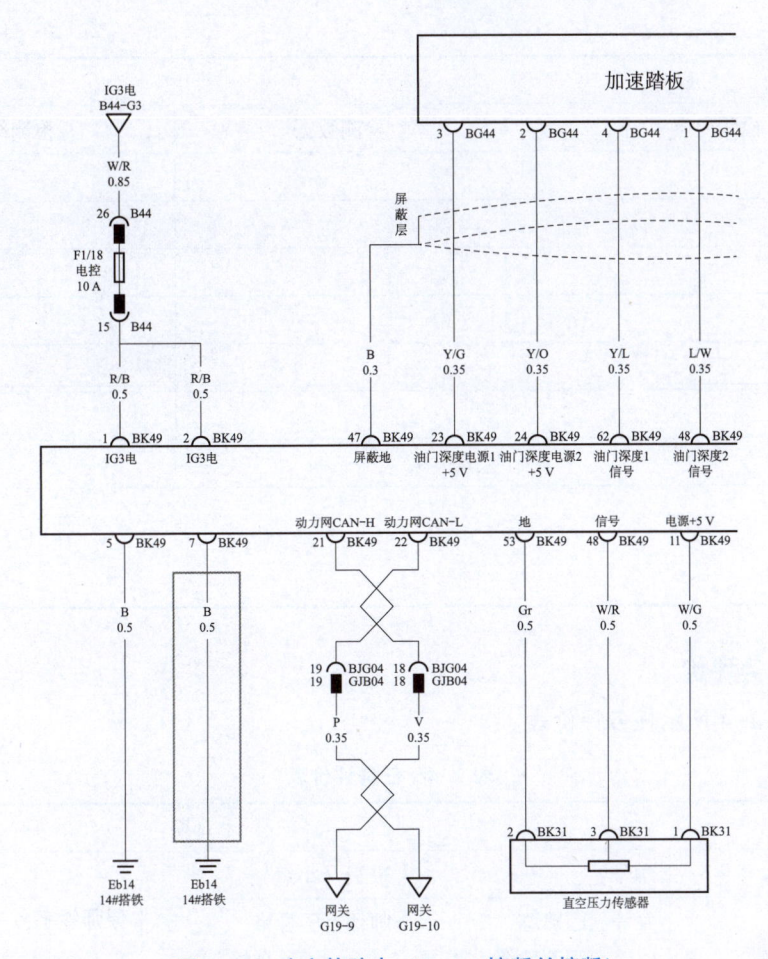

图 2-20　确定故障点（**F1/18 熔断丝熔断**）

（三）填写任务记录工单

填写如表 2-3 所示任务记录工单。

表 2-3　任务记录工单

工作任务：				日期：	年　月　日
姓名		学号		班级（小组）	
车辆信息					
品牌		生产年代		电池容量	
VIN				电机型号	
读取故障代码		相关数据流			

续表

故障诊断流程		
检测内容	检测数据	检测结果
故障点确定		

（四）任务评价

填写如表 2-4 所示任务评价表。

表 2-4 任务评价表

工作任务：			日期：　年　月　日	
姓名：	学号：	班级（小组）：		
自评：□熟练 　　　□不熟练	互评：□熟练 　　　□不熟练	师评：□合格 　　　□不合格	导师签字：	
序号	评分项	得分条件	配分	师评
1	安全/7S/态度	□1. 能进行工位 7S 操作； □2. 能进行设备和工具安全测量； □3. 能进行车辆安全防护操作； □4. 能进行工具清洁校准存放操作； □5. 能进行三不落操作	10	评分要求： 请按照得分条件酌情给分，扣分不得超过 10 分 □合格 □不合格 评分：
2	作业准备	□1. 能规范设置隔离栏； □2. 能规范设置安全警示牌； □3. 能正确检查灭火器压力值（水基、干粉）； □4. 能正确检查消防桶内是否有灭火沙； □5. 能规范安装车辆挡块； □6. 能规范安装车外三件套； □7. 能规范安装车内多件套（方向盘、座椅、脚垫、换挡杆等）； □8. 能完全落下驾驶员侧车窗	16	评分要求： 请按照得分条件酌情给分，扣分不得超过 16 分 □合格 □不合格 评分：

续表

序号	评分项	得分条件	配分	师评
3	工具及设备的使用能力	□1. 能规范使用数字绝缘测试仪进行开路和短路检测； □2. 能规范检测绝缘垫的绝缘性且佩戴绝缘手套与护目镜； □3. 能规范使用数字万用表	8	评分要求： 请按照得分条件酌情给分，扣分不得超过 8 分 □合格 □不合格 评分：
4	专业技能能力	□1. 能正确连接诊断仪与车辆诊断口； □2. 能正确查阅维修手册或电路图并保持在检测页； □3. 能正确使用专用连接线； □4. 能规范测量低压部分线路并佩戴耐磨手套； □5. 能规范测量高压部分线路并佩戴绝缘手套、护目镜； □6. 能规范断开连接器插头； □7. 能规范断开蓄电池负极； □8. 能规范使用万用表测量数据	40	评分要求： 请按照得分条件酌情给分，扣分不得超过 40 分 □合格 □不合格 评分：
5	资料、信息查询能力	□1. 能正确使用电路图； □2. 能正确使用维修手册； □3. 能在规定时间内查询所需资料； □4. 能正确记录所查询资料章节页码； □5. 能正确记录所需维修资料	10	评分要求： 请按照得分条件酌情给分，扣分不得超过 10 分 □合格 □不合格 评分：
6	数据判读与分析能力	□1. 能通过测量结果分析判断电气电路状态是否良好； □2. 能通过测量结果分析模块工作状态是否良好	6	评分要求： 请按照得分条件酌情给分，扣分不得超过 6 分 □合格 □不合格 评分：
7	工单撰写能力	□1. 字迹清晰； □2. 语句通顺； □3. 无错别字； □4. 无涂改； □5. 无抄袭	10	评分要求： 请按照得分条件酌情给分，扣分不得超过 10 分 □合格 □不合格 评分：

续表

序号	评分项	得分条件	配分	师评
8	现场恢复能力	□1. 能关闭驾驶员侧车窗； □2. 能规范拆卸翼子板布、格栅布； □3. 能规范拆卸车内多件套并丢弃到垃圾桶； □4. 能规范移除高压警示标识等并放到指定位置； □5. 能规范恢复工位到原标准工位布置状态	10	评分要求： 请按照得分条件酌情给分，扣分不得超过10分 □合格 □不合格 评分：
	总分		110	得分：
教师评语：				

七、任务拓展

在针对 VCU 模块其他故障的诊断与维修任务实施过程中，依据具体的故障现象，初步判定故障范围，按照供电线路、接地线、CAN 通信线路、其他线路的顺序依次排查，直到找到故障点并排除。若通过故障初步判定故障范围，可直接排除掉具体线路（如供电线路、搭铁线路）不需要排查，则按照顺序排查后续（从 CAN 通信线路开始排查）其他线路、元件。

此外对于怀疑熔断丝故障，可以测量上端与下端的对地电压，就能很快测出该熔断丝是否损坏。

任务二　VCU 接地线故障排除

一、任务描述

针对 2019 款比亚迪 e5 出现"高压不上电,起车时高速风扇自启,仪表显示多个故障灯"的故障现象,作为维修技师,对故障现象进行确定。分析该车型的特点、组成和电路图,按照维修手册中的标准与规范,对故障进行系统检测,依据检测结果确认故障点,并对系统故障进行维修。

二、任务目标要求

(一) 知识目标

(1) 掌握精确找到 VCU 模块、插接器端子位置的方法。
(2) 熟悉并掌握精确找到 VCU 所需测量的端子位置。
(3) 熟悉并掌握该模块的电路图和维修手册。

(二) 能力目标

(1) 能规范使用工具、设备。
(2) 能按照维修规范要求实施该车型的检测与维修。
(3) 能按照安全作业标准完成实训作业并填写工单。

(三) 素质目标

(1) 能与他人合作查询维修资料、电路图资料,养成团队合作的精神。
(2) 能在完成操作过程中,具有工作区的 7S 工作管理能力。
(3) 能积极绘制该 VCU 模块的经典电路图,分享学习心得并展示成果。

对标"1+X"智能新能源汽车职业技能等级标准如表 2-5 所示。

表 2-5　对标"1+X"智能新能源汽车职业技能等级标准

序号	等级	职业等级名称	工作领域	工作任务	涉及:职业技能要求点
1	高级	新能源汽车动力驱动电机电池技术职业技能等级	1. 新能源汽车工作安全与作业准备	1. 计算机诊断技术	涉及:全部技术技能点
				2. 维修资料查询	涉及:全部技术技能点
2	初级	新能源汽车悬架转向制动安全技术职业技能等级	5. 新能源汽车安全系统检测维修	4. 防盗系统检测维修	涉及:全部技术技能点

续表

序号	等级	职业等级名称	工作领域	工作任务	涉及职业技能要求点
3	中级	新能源汽车悬架转向制动安全技术职业技能等级	1. 新能源汽车工作安全与作业准备	1. 维修注意事项	涉及：全部技术技能点（包含1.1.4）
				2. 安全注意事项	涉及：全部技术技能点
			5. 新能源汽车安全系统检测维修	4. 防盗系统检测维修	涉及：全部技术技能点
4	高级	新能源汽车悬架转向制动安全技术职业技能等级要求	1. 新能源汽车工作安全与作业准备	1. 维修注意事项	涉及：全部技术技能点（包含1.1.4）
				2. 安全注意事项	涉及：全部技术技能点
			5. 新能源汽车安全系统诊断分析	4. 防盗系统诊断分析	涉及：全部技术技能点
5	初级	新能源汽车电子电气空调舒适技术职业技能等级	2. 新能源汽车电子电器系统检查保养	1. 电子电气系统一般维修	涉及：全部技术技能点
				2. 蓄电池检查保养	涉及：全部技术技能点
				7. 起动系统检查保养	涉及：全部技术技能点
				8. 新能源汽车电路识别	涉及：全部技术技能点
6	中级	新能源汽车电子电气空调舒适技术职业技能等级	2. 新能源汽车电子电气系统检测维修	14. 车身附件检测维修	涉及：2.14.5
7	高级	新能源汽车电子电气空调舒适技术职业技能等级	2. 新能源汽车电子电气系统诊断分析	12. 车身附件诊断分析	涉及：2.12.5
				14. 新能源汽车电路诊断分析	涉及：全部技术技能点
				15. 控制模块检测分析	涉及：2.15.1~2.15.3
				17. 执行器的检测与分析	涉及：2.17.1、2.17.2、2.17.6
8	中级	新能源汽车网关控制娱乐系统技术职业技能等级要求	5. 新能源汽车舒适电子控制网络系统检测维修	5. 防盗控制模块检测维修	涉及：5.5.1~5.5.6
9	高级	新能源汽车网关控制娱乐系统技术职业技能等级要求	5. 新能源汽车舒适电子控制网络系统检测维修	5. 防盗控制模块检测维修	涉及：5.5.1~5.5.6
10	其他职业技能等级证书的相关要求，与上述三个不同证书初、中、高的相关要求近乎一致，不再详述；与教材其他项目雷同的技术技能点不再赘述				

三、任务资讯与知识准备

（一）VCU 的工作原理及功能介绍

1. VCU 的工作原理

在对车辆进行上电时发现，高压无法正常上电，解码仪无法进入 VCU 模块，根据此车的故障现象，查阅电路图册锁定故障范围为 VCU 模块故障，进行有序诊断排查。

整车控制器（Vehicle Control Unit，VCU）是纯电动汽车不可或缺的核心控制器件，被誉为电动汽车的"神经中枢"。它的功能与燃油车中的发动机控制器（EMS）类似，在新能源车辆控制系统中发挥着"大脑级"的作用。具体来说，VCU 通过采集驾驶员的驾驶信号和车辆的各种状态信息，如加速踏板位置、制动踏板状态、车速、电机转速等，进行实时的数据处理和分析。VCU 通过控制器局域网络（Controller Area Network，CAN）总线与其他关键控制系统进行通信，对网络信息进行高效的管理、调度、分析和运算。

2. VCU 的功能介绍

整车控制系统的主要功能是根据驾驶员的操作和当前整车及零部件工作状况，在保证安全性、经济性和动力性的前提下，提供最优化的工作模式和能量分配比例，具体功能（图 2-21）如下：

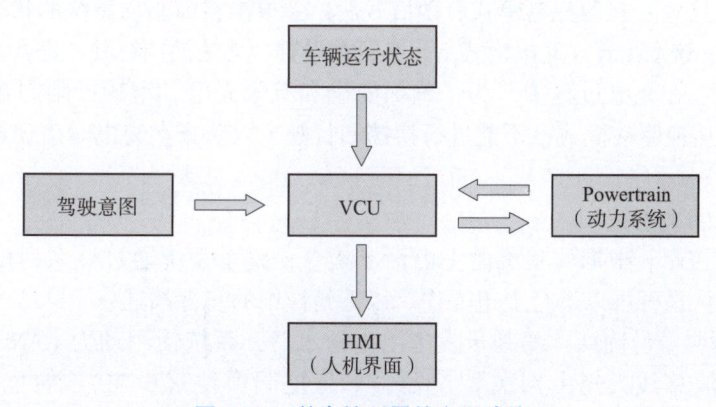

图 2-21　整车控制器的主要功能

（1）驾驶员意图解析。驾驶员意图解析是针对驾驶员的操控信息进行细致分析和处理，主要通过对挡位开关、加速踏板以及制动踏板的信号进行解读，以明确驾驶员的行驶意图，从而有效掌控车辆的运行。

（2）驱动控制。驱动控制是整车控制器根据驾驶员的驾驶操作指令、车辆状态以及周围环境状况，经过详细分析和处理后，在动力蓄电池技术状态允许的前提下，向电机控制器发送相应的指令，以调控电机的驱动转矩，实现对车辆的驱动。

（3）制动能量回收控制。电动汽车的驱动电机不仅用于提供驱动转矩，还能实现回馈制动功能。在这种情况下，驱动电机可以转换为发电机，利用电动汽车制动时产生的能量进行发电，并将其存储到能量储备装置中。当满足充电条件时，这些存储的能量将被反向输送到动力蓄电池组中。在这一过程中，整车控制器（VCU）依据加速踏板和制动踏板的开度以及动力蓄电池的电荷状态（SOC 值），判断是否适合进行制动能量回收。若判断条件允许，VCU 将向电机控制器发送指令，以在确保安全性、制动效果和驾驶舒适性的前提下回收部分制动产生的能量。这一过程涉及对车辆能量流动的智能管理,通过回收制动能量,优化了能源利用,同时提高了整车的能效。

(4) 整车能量优化管理。整车能量优化管理是通过对电动汽车各项系统的协调和管理来实现能量的有效利用,延长车辆的续航里程。这种优化涉及多个方面:

①电机驱动系统管理:优化电机的控制和功率输出,使其在不同驾驶情况下提供合适的动力输出,以满足驾驶员需求的同时尽量降低能量消耗。

②电池管理系统:通过智能充电和放电管理,维持电池的最佳工作状态,避免过度充放电,提高电池寿命,同时确保电池能够提供最大限度的能量输出。

③传动系统协调:优化车辆传动系统的工作,使其在不同速度和驾驶模式下运行更加高效,减少能量损耗。

④其他车载能源动力系统的管理:对辅助能源系统如空调、电动泵等进行智能管理,减少它们对整车能量的额外消耗。

(5) 充电过程控制。

充电过程控制是指在电动汽车启动充电模式后,各关键组件和控制单元之间的互相协调与通信。具体来说:

①启动充电模式:当充电模式启动时,整车控制器(VCU)和电机控制器被点火电源激活唤醒。充配电总成向 VCU 发送充电模式启动的信号,激活整车系统的充电模式。

②信息交互:VCU 接收充电模式启动信号后,会根据当前驱动系统的状态,向电机控制器发送禁行信息。这意味着在充电模式下,车辆被设置为无法换挡行驶,进入了禁行状态。

③禁行状态:在充电过程中,为了确保安全和有效充电,车辆被限制在禁行状态,这意味着车辆无法切换驱动模式,不能进行换挡和行驶,以防止在充电时出现意外情况或损害车辆的情况发生。

(6) 高压上、下电控制。

①高压上电控制。根据驾驶员的上电请求指令,整车系统通过一系列控制单元和模块来验证身份并确认是否可以进行上电操作。以下是详细的步骤描述:

a. 数据验证与身份确认:驾驶员发出上电请求后,系统使用动力 CAN、舒适 1-CAN、启动 CAN 等通信总线,经由网关控制器、车身控制模块(BCM)、智能钥匙控制系统(Keyless ECU)等模块进行身份验证和接收解锁信息。

b. 接收解锁信息:一旦系统接收到来自验证模块的解锁信息,将开始与其他关键模块和控制单元进行数据交换。这包括电池管理系统(Battery Management System,BMS)、电机控制器、充配电控制单元、挡位控制器等,以验证高压系统的互锁状态、电池的电荷状态(State of Charge,SOC)、当前挡位、制动开关状态以及各系统的故障信息。

c. 上电许可信息发送:确认所有信息均处于正常状态后,整车系统向 BMS 发送上电许可信息。BMS 接收并确认了上电请求信息后,依次控制主负、预充、主正继电器的吸合,开始进行整车的高压上电过程。

d. 高压系统上电:在 BMS 控制下,主负、预充、主正继电器吸合,触发整车的高压上电操作,这个过程确保高压系统能够正常运行并为车辆提供动力。

这一系列的验证和操作确保了车辆在上电过程中各个系统的安全性和稳定性,并且只有在身份验证和各项数据确认后,整车高压系统才会被激活,从而确保车辆可以安全地起动和运行。

②高压下电控制。当驾驶员再次按压启动按键后，车辆进入整车下电流程。此过程由 BCM 根据启动按键两个信号判断整车需要下电开始。具体流程如下：

a. 启动按键检测：BCM 通过监测启动按键的两个信号来判断车辆是否需要整车下电。一旦 BCM 检测到按键信号符合下电条件，便启动下电流程。

b. 整车下电请求发送：BCM 通过舒适 1-CAN、网关控制器和动力 CAN 发送整车下电请求至 VCU。VCU 在接收到该请求后，通过动力 CAN 向 BMS 发送高压下电指令。

c. 高压下电命令：BMS 接收到来自 VCU 的下电指令后，按照指令依次断开主正、主负继电器，完成整车高压下电操作。同时，BMS 将下电完成的信息发送回 VCU。

d. 高压下电确认：VCU 在接收到来自 BMS 的高压下电完成信息后，通过动力 CAN、网关控制器和舒适 1-CAN 向 BCM 发送高压下电完成的信息。

e. 低压下电操作：BCM 接收到来自 VCU 的高压下电完成信息后，触发低压下电过程。BCM 通过发送信号给相应的 IG1、IG2、IG3、IG4 继电器来断开整车的低压系统电源，完成整车的低压下电操作。

这个过程确保了在驾驶员再次按压启动按键后，车辆能够安全、有序地完成整车的下电操作，以确保车辆系统处于安全状态。

（7）上坡辅助功能控制。上坡辅助功能控制是一项车辆控制策略，旨在解决汽车在坡道上起步和行驶过程中可能出现的向后溜车现象。这个功能的设计目的是在驾驶员从松开制动踏板到踩下加速踏板的过程中，以及在坡道行驶时，防止车辆出现后溜的情况。

（8）电动化辅助系统管理。电动化辅助系统管理涉及多个系统，其中包括电子稳定系统（ESC）及其相关附属装置、电动助力转向系统（EPS）、电子驻车控制系统（EPB）等。这些系统分布在 ESC-CAN 系统中，整车控制器（VCU）依据动力 CAN 上的动力蓄电池状态信息和电机控制器的需求，对整车系统进行智能管理和策略控制。

（9）车辆状态的实时监测和显示。VCU 负责对车辆状态进行实时监测，并将各系统的数据信息通过控制器局域网络（CAN）总线发送到车载信息显示系统，以便在车辆仪表盘或显示屏上显示状态信息和故障诊断信息。

（10）行车控制模式。

①正常模式：在这种模式下，根据驾驶员的意愿、车辆当前负载、路况以及气候环境等因素，系统会动态调整车辆的动力输出、能源利用和行驶方式，以保障驾驶的动力性、经济性和舒适性。

②跛行模式：当某个车辆系统出现中度故障时，系统进入跛行模式。在这种模式下，车辆将限制驾驶员的加速请求，最高车速限制在 9 km/h，以确保车辆的安全性和系统的保护。

③停机保护模式：如果车辆的某个系统出现严重故障，VCU 会停止向车辆发出指令，将车辆置于禁止行驶状态。这种模式下，车辆不会继续运行，以防止进一步的损坏或危险情况的发生。

（11）故障诊断与处理。故障诊断与处理是整车控制系统的重要功能，包括以下几个步骤：

①实时故障判断：整车控制系统通过动态检测车辆各系统信息，不断监视传感器输入和 CAN 总线通信得到的各个部件（如电机、动力蓄电池、充电机等）的信息。这有助于对车辆的运行状态进行连续监测和实时判断，及时发现故障和异常。

②历史故障记录：控制系统会记录历史故障，使得在需要时可以追溯和分析之前发生的故障情况。这样的记录对于诊断当前故障、了解车辆性能变化以及未来预防性维护都非常

有用。

③故障诊断与报警：VCU 根据传感器和 CAN 总线的信息，对检测到的故障进行判断、分类和报警显示。根据故障的不同严重程度，系统可以发出不同级别的报警，提醒驾驶员或者相关维护人员注意。

④处理故障：一旦故障被检测出来，系统会尝试进行故障诊断。它可以自动或提示驾驶员采取适当的应对措施。对于一些可以由车辆系统自行解决的故障，可能通过自动调整或重新配置系统来解决问题。对于较为严重或需要人工修复的故障，则需要进行人工检查和维修。

这个流程使得车辆控制系统能够不断监测车辆状态，及时发现并处理各种可能出现的故障，以保障车辆的安全性和稳定性。

（二）系统部件位置及端子识别

VCU 线束分布在前机舱，线束包含前机舱的多个元器件线路。线束最终汇总到 VCU，如图 2-22 所示。位置在右侧副驾驶座椅下面。VCU 线束端子为 BK49，插接件外形如图 2-23 所示。

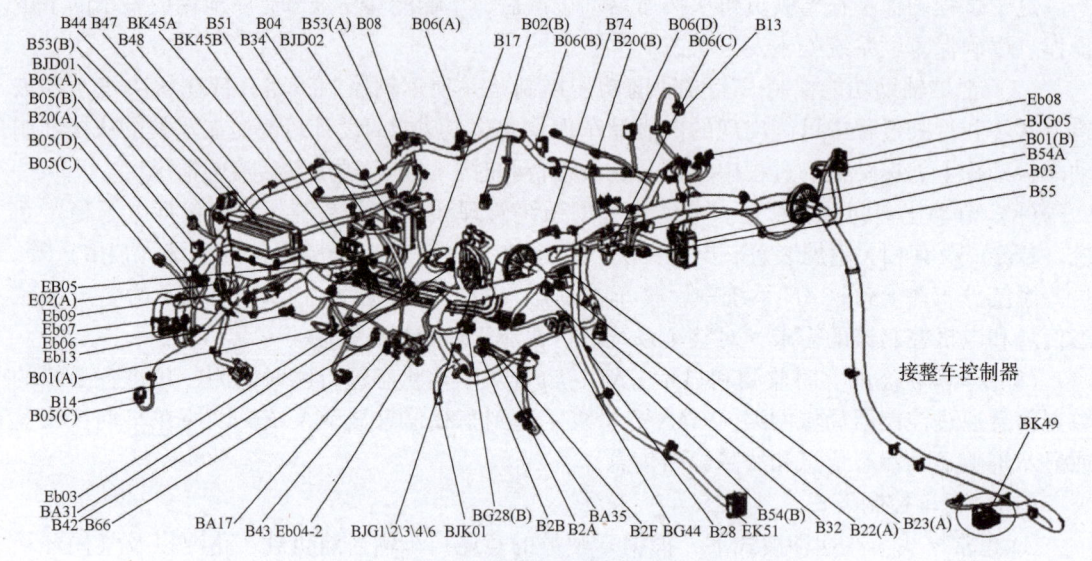

图 2-22　整车控制器线束

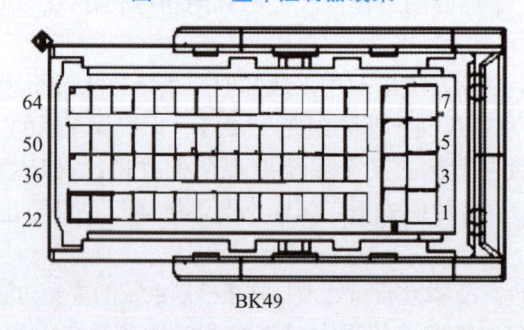

图 2-23　BK49 插接件

（三）VCU 模块涉及电路图识别

VCU 模块及相关电路图如图 2-24 所示。

图 2-24 整车控制器电路图

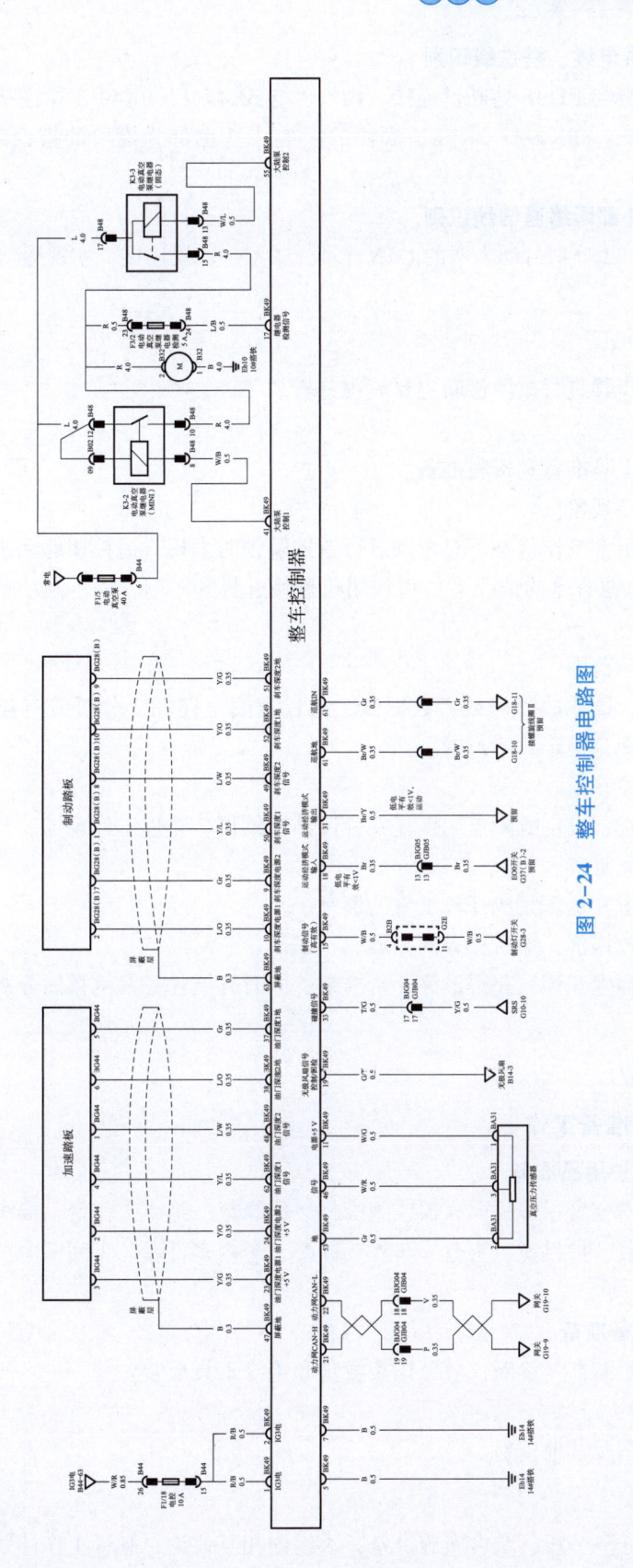

1. VCU 模块的供电线、搭铁线识别

图中 IG3 的输出端与 F1/18 熔断丝连接，F1/18 与 BK49/1、BK49/3 相连接，为整车控制器模块供电；BK49/5、BK49/7 为 VCU 模块的接地线（也称为模块的搭铁线），与车身搭铁。

2. VCU 模块与外部网络通信线识别

BK49/21、BK49/22 分别与动力网的 CAN-L 线、CAN-H 线连接，实现通信信息交换。

四、任务分析

根据故障现象分步骤进行故障诊断主要流程分析。

第一步：任务组织。

各类防护准备、工具准备和资料准备。

第二步：确认故障现象。

在确保智能钥匙正常工作状态下对车辆进行遥控解锁时发现，遥控钥匙无法对车辆进行解锁，（确保低压蓄电池有电的情况下）仅使用机械钥匙打开车门，踩下制动踏板，查看故障现象。

第三步：确定故障范围。

连接故障诊断仪，读取故障码或者数据流，通过查阅电路图，分析线束连接、端子连接、具体电路工作原理，锁定故障范围。

第四步：实施故障诊断。

进行有序诊断排查，确定故障点，恢复并验证诊断结果，整理工作现场。

第五步：完成任务工单。

按照规范操作要求，认真完成任务工单的填写。

第六步：开展任务评价，探讨任务的拓展。

开展任务评价，师生互评，获得最终评价结果，同时开展任务案例拓展分析。

五、任务组织

（一）实施前的准备工作

1. 所需的各种防护用品准备

工位、隔离带、安全警示牌、灭火器、绝缘杆、绝缘垫、绝缘工作台、棉线手套、绝缘手套、高压部件清洗液、护目镜、头盔、车外三件套、车内多件套、车间纸巾、洗手液、急救包和除颤仪。

2. 常用工具、设备准备

整车、万用表、示波器、诊断仪、万用接线盒和绝缘工具套装。

3. 资料准备

维修手册、电路图及其他资料。

（二）制订计划

依据任务要求、任务分析，结合实施准备，小组内相互讨论，制订工作计划，并将工作计划步骤、注意事项填写在表2-6所示计划表的相应位置，并选派组员进行汇报展示。

表2-6 计划表

1. 作业计划			
序号	作业项目	操作要点	注意事项
1			
2			
3			
4			
5			
6			
7			
2. 设备清单				
序号	设备名称	用途	规格型号	数量
1				
2				
3				
4				
5				
6				
3. 其他材料清单				
序号	材料名称	用途	规格型号	数量
1				
2				
3				
4				
审核	小组审核意见：		组长签字： 年　月　日	
	教师审核意见：		签字： 年　月　日	

六、任务实施

在做好个人安全防护、维修场地安全检查之后，按照诊断维修的准备流程，做好诊断前的各项组织工作，实施故障诊断任务。

（一）故障现象确认及范围确定

1. 车辆故障现象

（1）仪表显示 P 挡闪烁，检查电子驻车系统、动力系统、制动系统，水温故障灯亮、制动故障灯亮、警告故障灯亮、动力系统故障灯亮、充电故障灯亮、电池温度警告灯亮，车辆高速风扇自启的故障现象。

（2）故障现象如图 2-25、图 2-26 所示。

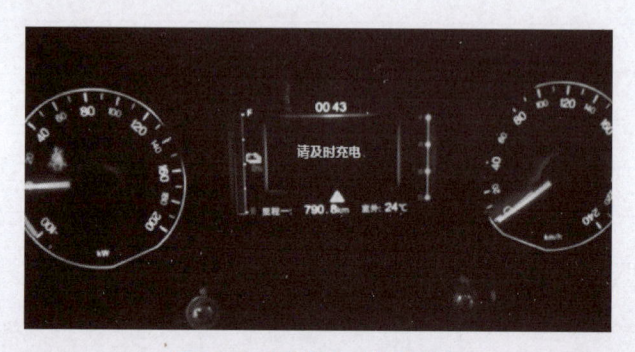

图 2-25　刚起动时故障现象

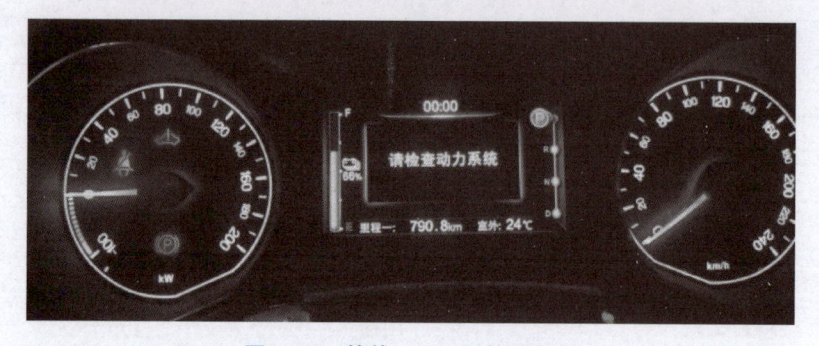

图 2-26　等待 1 min 后故障现象

2. 模块通信状态及故障码检查

（1）故障码文字描述。根据故障现象显示，连接诊断仪无法与 VCU 模块进行通信，车身控制器报制动开关及挡位故障。

（2）故障诊断仪显示的故障信息，如图 2-27~图 2-29 所示。

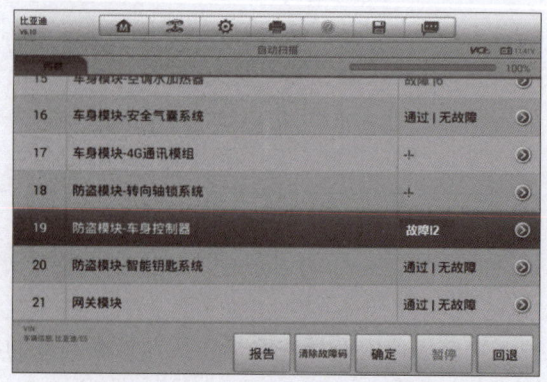

图 2-27　多个模块无法被检测

图 2-28 车身控制器报制动开关及挡位故障

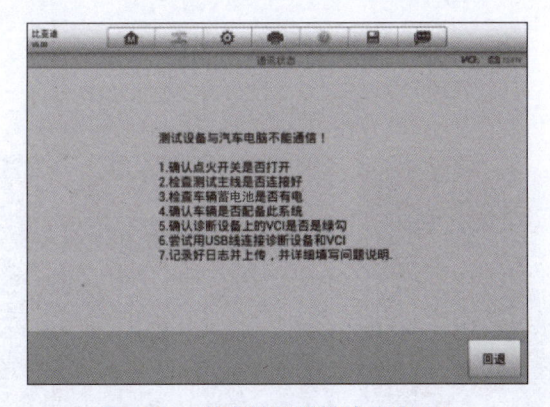

图 2-29 整车控制器模块无法进入

（3）相关数据流文字描述：无法读取数据流。
（4）相关数据流故障诊断仪显示图片：无。
3. 确认故障范围
VCU 模块及 VCU 相关电源、搭铁、通信。
（二）故障的具体诊断与维修
根据故障范围分步骤进行线路流程检测，具体诊断过程如下：
1. 检测电路图
检测电路图如图 2-30 所示。
2. 具体检测过程
故障诊断与排除准备工作完毕之后，具体诊断过程如图 2-31~图 2-36 所示。

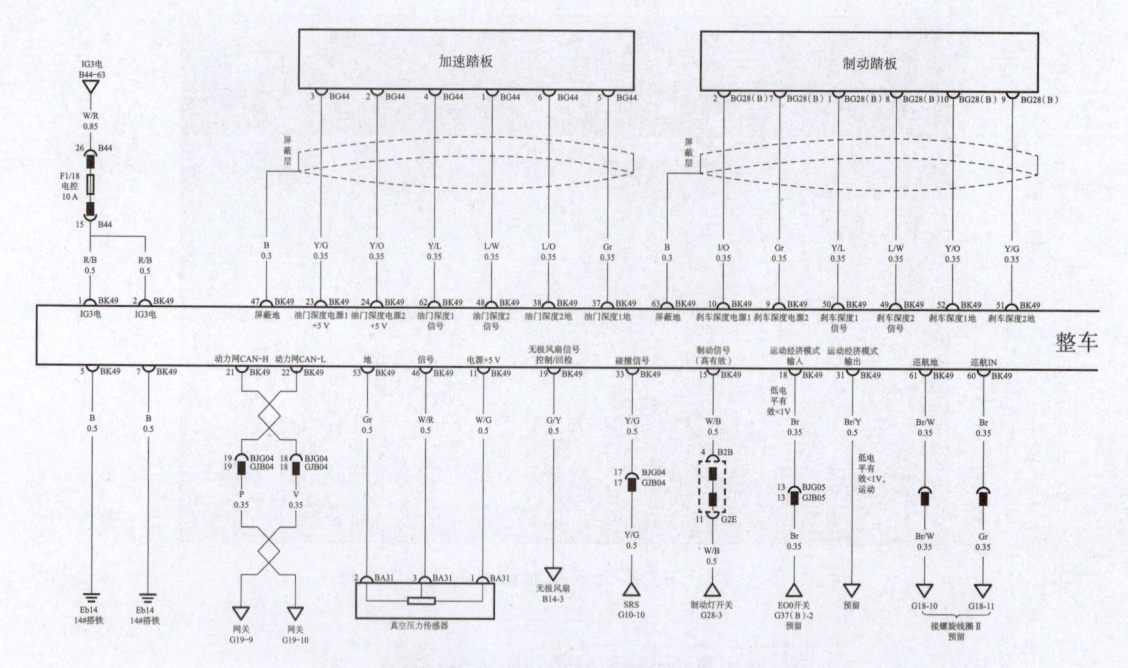

图 2-30　部分电路图

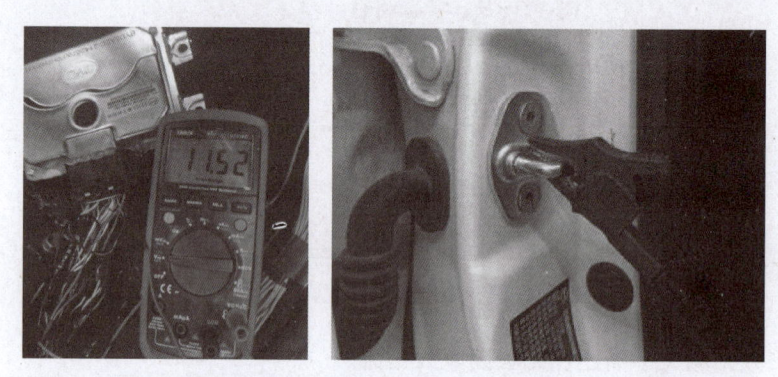

图 2-31　被插测量 VCU 模块 1 号线电压（正常为 12 V 左右）

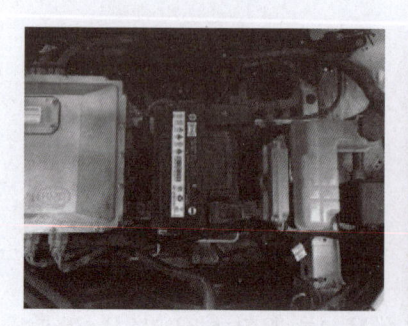

图 2-32　车辆下电，断开低压电源负极

图 2-33　断开维修开关，置于收纳盒中，车辆静置 5 min

图 2-34　测量 VCU 模块 BK49/5 号线到搭铁之间的电阻（正常为 0.1 Ω 左右）

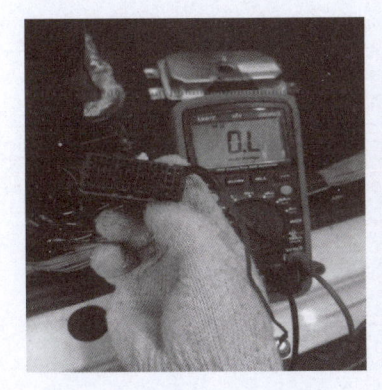

图 2-35　测量 VCU 模块 BK49/7 号线到搭铁之间的电阻（正常为 0.1 Ω 左右）

在对车辆进行上电时发现，高压无法正常上电，解码仪无法进入 VCU 模块，其余动力模块正常进入，可判断为是 VCU 模块的故障，测量电压后显示正常，排除 VCU 模块电源线的问题，使用万用表测量搭铁线，发现线路断路，所以判断为 VCU 搭铁线断路。

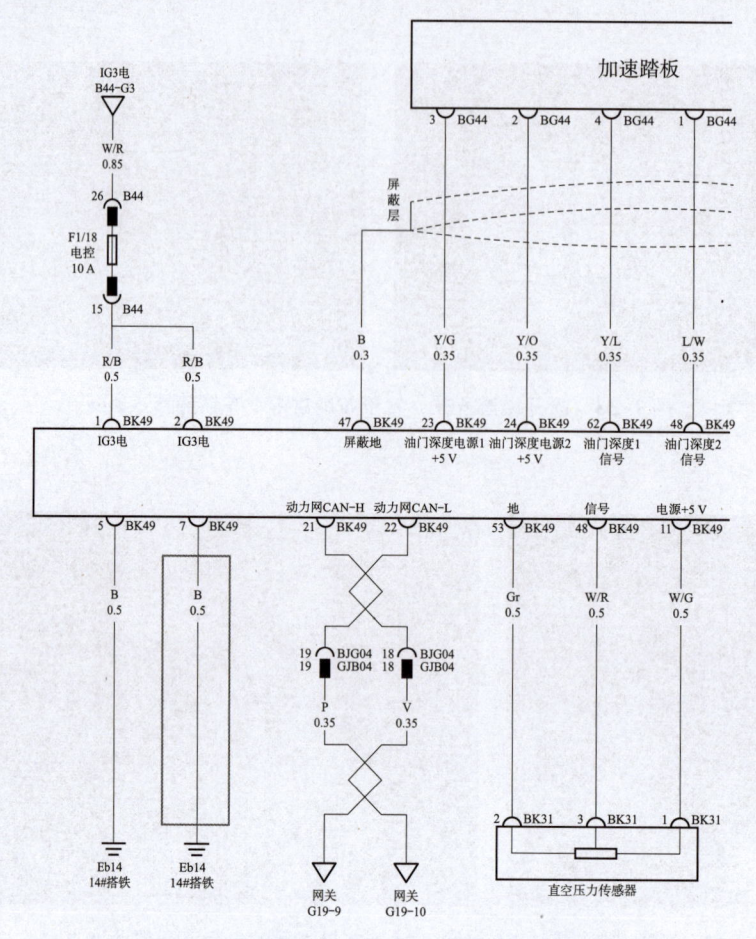

图 2-36　确定故障点（VCU 模块搭铁线断路）

（三）填写任务记录工单

填写如表 2-7 所示任务记录工单。

表 2-7　任务记录工单

工作任务：				日期：	年　月　日
姓名		学号		班级（小组）	
车辆信息					
品牌		生产年代		电池容量	
VIN				电机型号	
读取故障代码		相关数据流			

续表

故障诊断流程		
检测内容	检测数据	检测结果
故障点确定		

（四）任务评价

填写如表 2-8 所示任务评价表。

表 2-8　任务评价表

工作任务：				日期：	年　月　日
姓名：		学号：		班级（小组）：	
自评：□熟练 　　　□不熟练		互评：□熟练 　　　□不熟练		师评：□合格 　　　□不合格	导师签字：
序号	评分项	得分条件		配分	师评
1	安全/7S/态度	□1. 能进行工位 7S 操作； □2. 能进行设备和工具安全测量； □3. 能进行车辆安全防护操作； □4. 能进行工具清洁校准存放操作； □5. 能进行三不落操作		10	评分要求： 请按照得分条件酌情给分，扣分不得超过 10 分 □合格 □不合格 评分：
2	作业准备	□1. 能规范设置隔离栏； □2. 能规范设置安全警示牌； □3. 能正确检查灭火器压力值（水基、干粉）； □4. 能正确检查消防桶内是否有灭火沙； □5. 能规范安装车辆挡块； □6. 能规范安装车外三件套； □7. 能规范安装车内多件套（方向盘、座椅、脚垫、换挡杆等）； □8. 能完全落下驾驶员侧车窗		16	评分要求： 请按照得分条件酌情给分，扣分不得超过 16 分 □合格 □不合格 评分：

续表

序号	评分项	得分条件	配分	师评
3	工具及设备的使用能力	☐1. 能规范使用数字绝缘测试仪进行开路和短路检测； ☐2. 能规范检测绝缘垫的绝缘性且佩戴绝缘手套与护目镜； ☐3. 能规范使用数字万用表	8	评分要求： 请按照得分条件酌情给分，扣分不得超过8分 ☐合格 ☐不合格 评分：
4	专业技能能力	☐1. 能正确连接诊断仪与车辆诊断口； ☐2. 能正确查阅维修手册或电路图并保持在检测页； ☐3. 能正确使用专用连接线； ☐4. 能规范测量低压部分线路并佩戴耐磨手套； ☐5. 能规范测量高压部分线路并佩戴绝缘手套、护目镜； ☐6. 能规范断开连接器插头； ☐7. 能规范断开蓄电池负极； ☐8. 能规范使用万用表测量数据	40	评分要求： 请按照得分条件酌情给分，扣分不得超过40分 ☐合格 ☐不合格 评分：
5	资料、信息查询能力	☐1. 能正确使用电路图； ☐2. 能正确使用维修手册； ☐3. 能在规定时间内查询所需资料； ☐4. 能正确记录所查询资料章节页码； ☐5. 能正确记录所需维修资料	10	评分要求： 请按照得分条件酌情给分，扣分不得超过10分 ☐合格 ☐不合格 评分：
6	数据判读与分析能力	☐1. 能通过测量结果分析判断电气电路状态是否良好； ☐2. 能通过测量结果分析模块工作状态是否良好	6	评分要求： 请按照得分条件酌情给分，扣分不得超过6分 ☐合格 ☐不合格 评分：
7	工单撰写能力	☐1. 字迹清晰； ☐2. 语句通顺； ☐3. 无错别字； ☐4. 无涂改； ☐5. 无抄袭	10	评分要求： 请按照得分条件酌情给分，扣分不得超过10分 ☐合格 ☐不合格 评分：

续表

序号	评分项	得分条件	配分	师评
8	现场恢复能力	□1. 能关闭驾驶员侧车窗； □2. 能规范拆卸翼子板布、格栅布； □3. 能规范拆卸车内多件套并丢弃到垃圾桶； □4. 能规范移除高压警示标识等并放到指定位置； □5. 能规范恢复工位到原标准工位布置状态	10	评分要求： 请按照得分条件酌情给分，扣分不得超过 10 分 □合格 □不合格 评分：
总分			110	得分：

教师评语：

项目三

充配电总成故障诊断与排除

任务一　充配电总成 CP 线束故障排除

一、任务描述

现有一辆 2019 款比亚迪 e5 出现"车辆无法充电，仪表盘显示充电连接中，启动后显示请检查充电系统"，作为维修技师，分析该车型的特点、组成、电路图，并对故障进行系统检测，依据检测结果确认故障点，按照维修手册中的标准与规范对系统故障进行维修。

二、任务目标要求

（一）知识目标

（1）熟悉并掌握交流充电原理控制电路图。
（2）掌握交流充电控制的工作原理，并确定诊断方法。
（3）掌握所需检测电路的线束连接或元器件位置确定方法。

（二）能力目标

（1）能规范使用工具、设备。
（2）能规范拆装元器件插头及实施检测。
（3）能按照维修规范要求实施电路的诊断和维修。
（4）能按照安全作业标准完成系统性实训作业并填写任务工单。

（三）素质目标

（1）能与他人合作查询维修手册、电路图资料，养成团队合作的精神。
（2）能在完成操作过程中，具有工作区的 7S 工作管理能力。
（3）能绘制故障诊断流程图并展示学习成果。

对标"1+X"智能新能源汽车职业技能等级标准如表 3-1 所示。

表 3-1　对标"1+X"智能新能源汽车职业技能等级标准

序号	等级	职业等级名称	工作领域	工作任务	涉及：职业技能要求点
1	高级	新能源汽车动力驱动电机电池技术职业技能等级	1. 新能源汽车工作安全与作业准备	1. 计算机诊断技术	涉及：全部技术技能点
				2. 维修资料查询	涉及：全部技术技能点
2	初级	新能源汽车悬架转向制动安全技术职业技能等级	5. 新能源汽车安全系统检测维修	4. 防盗系统检测维修	涉及：全部技术技能点

续表

序号	等级	职业等级名称	工作领域	工作任务	涉及：职业技能要求点
3	中级	新能源汽车悬架转向制动安全技术职业技能等级	1. 新能源汽车工作安全与作业准备	1. 维修注意事项	涉及：全部技术技能点（包含1.1.4）
				2. 安全注意事项	涉及：全部技术技能点
			5. 新能源汽车安全系统检测维修	4. 防盗系统检测维修	涉及：全部技术技能点
4	高级	新能源汽车悬架转向制动安全技术职业技能等级要求	1. 新能源汽车工作安全与作业准备	1. 维修注意事项	涉及：全部技术技能点（包含1.1.4）
				2. 安全注意事项	涉及：全部技术技能点
			5. 新能源汽车安全系统诊断分析	4. 防盗系统诊断分析	涉及：全部技术技能点
5	初级	新能源汽车电子电气空调舒适技术职业技能等级	2. 新能源汽车电子电气系统检查保养	1. 电子电气系统一般维修	涉及：全部技术技能点
				2. 蓄电池检查保养	涉及：全部技术技能点
				7. 起动系统检查保养	涉及：全部技术技能点
				8. 新能源汽车电路识别	涉及：全部技术技能点
6	中级	新能源汽车电子电气空调舒适技术职业技能等级	2. 新能源汽车电子电气系统检测维修	14. 车身附件检测维修	涉及：2.14.5
7	高级	新能源汽车电子电气空调舒适技术职业技能等级	2. 新能源汽车电子电气系统诊断分析	12. 车身附件诊断分析	涉及：2.12.5
				14. 新能源汽车电路诊断分析	涉及：全部技术技能点
				15. 控制模块检测分析	涉及：2.15.1~2.15.3
				17. 执行器的检测与分析	涉及：2.17.1~2.17.2，2.17.6
8	中级	新能源汽车网关控制娱乐系统技术职业技能等级要求	5. 新能源汽车舒适电子控制网络系统检测维修	5. 防盗控制模块检测维修	涉及：5.5.1~5.5.6
9	高级	新能源汽车网关控制娱乐系统技术职业技能等级要求	5. 新能源汽车舒适电子控制网络系统检测维修	5. 防盗控制模块检测维修	涉及：5.5.1~5.5.6
10	其他职业技能等级证书的相关要求，与上述三个不同证书初、中、高的相关要求近乎一致，不再详述；与教材其他任务雷同的技术技能点不再赘述。				

三、任务资讯与知识准备

（一）充电原理与充电口识别

纯电动汽车的充电系统方式主要有两种，一是交流充电方式，即慢充；二是直流充电方式，即快充。两种充电方式的组成、电气原理和控制方式各不相同。

1. 交流充电

交流充电指电网输入给车辆的电压为交流电，可以是 220 V AC 单相电或 380 V AC 三相电。交流电通过标准充电插头和充电插座，进入车载充电机，车载充电机再把交流电转化为直流电，给动力电池充电，完成基本的交流充电，如图 3-1 所示。

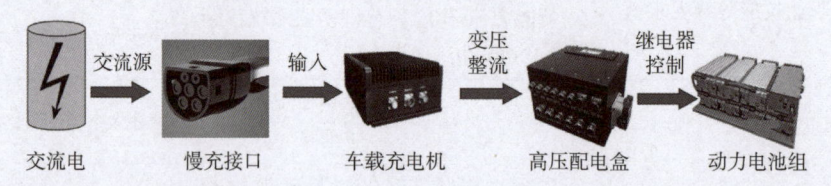

图 3-1 交流充电流程图

交流充电的部件主要由车载充电机、交流充电插座（交流充电插座线束，如图 3-2 所示）、充电线、交流充电桩或 220 V 交流电源和车辆控制器（VCU、BMS）等组成。交流慢充充电接口触头电气参数及功能定义如表 3-2 所示。

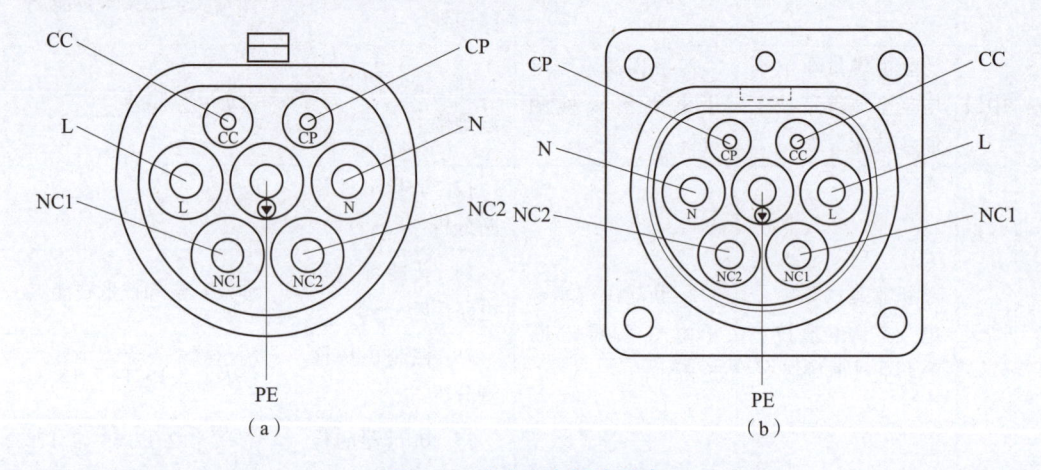

图 3-2 交流充电插座线束
（a）充电枪触头布置图；（b）充电插座触头布置图

表 3-2 交流慢充充电接口触头电气参数及功能定义

触头编号/标识	额定电压和额定电流	功能定义
1-（L）	250 V/440 V 16 A/32 A	交流电源
2-（NC1）	—	备用触头

续表

触头编号/标识	额定电压和额定电流	功能定义
3-(NC2)	—	备用触头
4-(N)	250 V/440 V 16 A/32 A	中线
5-(GND)	—	保护接地（PE），连接供电设备地线和车辆车身地线
6-(CC)	30 V 2 A	充电连接确认
7-(CP)	30 V 2 A	控制确认

2. 直流充电

直流充电是指外部电网输入给车辆的电压为直流电，即直流充电桩把 380 V AC 三相电转化为直流电，通过标准直流充电插头和充电插座输送给车辆，直接给动力电池充电，完成基本的直流充电。直流充电流程如图 3-3 所示。

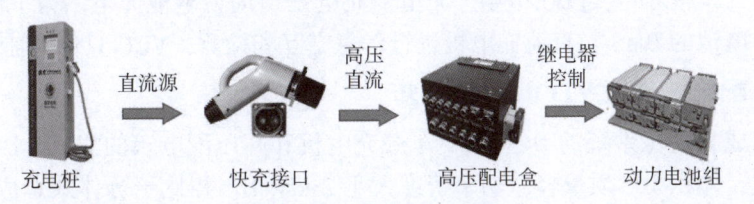

图 3-3 直流充电流程

直流充电的部件主要有直流充电插座（图 3-4）、充电线、直流充电桩和车辆控制器（VCU、BMS）等。直流慢充充电接口触头电气参数及功能定义如表 3-3 所示。

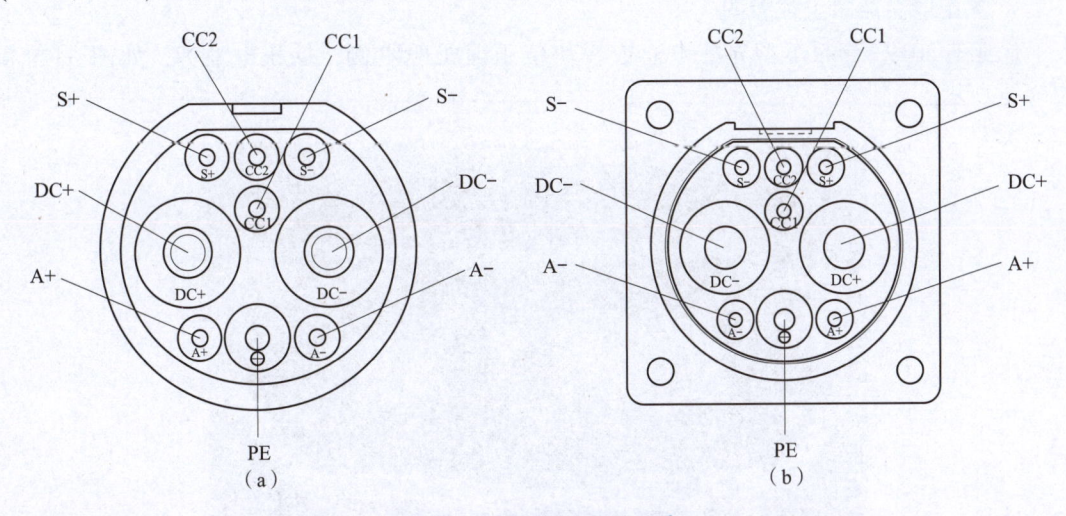

图 3-4 直流充电插座线束
(a) 充电枪触头布置图；(b) 充电插座触头布置图

表 3-3 直流慢充充电接口触头电气参数及功能定义

触头编号/标识	额定电压和额定电流	功能定义
1-（DC+）	750 V 125 A/250 A	直流电源正，连接直流电源正极与电池正极
2-（DC-）	750 V 125 A/250 A	直流电源负，连接直流电源负极与电池负极
3-（GND）	—	保护接地（PE），连接供电设备地线和车辆地线
4-（S+）	30 V 2 A	充电通信 CAN-H，连接充电机与电动汽车的通信线
5-（S-）	30 V 2 A	充电通信 CAN-L，连接充电机与电动汽车的通信线
6-（CC1）	30 V 2 A	充电连接确认 1
7-（CC2）	30 V 2 A	充电连接确认 2
8-（A+）	30 V 20 A	低压辅助电源正，连接充电机为电动汽车提供的低压辅助电源
9-（A-）	30 V 20 A	低压辅助电源负，连接充电机为电动汽车提供的低压辅助电源

直流充电的电气原理图不仅要满足标准要求，且与车辆控制器的通信协议也必须符合国标格式和内容，车辆才可实现在市场上充电。充电是给动力电池充电。为了便于执行控制，直接使用动力电池的 BMS 与直流充电桩进行信息交互和检测，VCU 只作为辅助判断。

（二）充配电总成（VTOG）的认知

充配电总成是高压系统的 DC-DC、车载充电机和高压配电箱的集成。DC+OBC 采用数字化深度集成，体积小，质量轻，功率密度大于 2 kW/L。相比于分体式总成，高压三合一可以实现成本降低 40%，功率密度增幅 25%，产品降幅 40%，质量降幅 25%。这个充配电三合一系统还拥有比亚迪首创的双向逆变充放电技术，可以将电动汽车内部的电逆变成 220 V 交流电输出供家用电器使用。

1. 充配电总成车上位置图

比亚迪 2019 款 e5 车型充配电总成模块位于前机舱右侧，低压电池旁，如图 3-5 和图 3-6 所示。

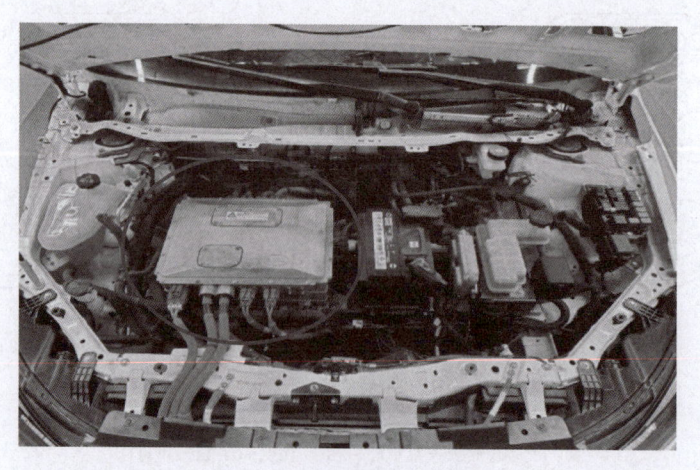

图 3-5 充配电总成位置

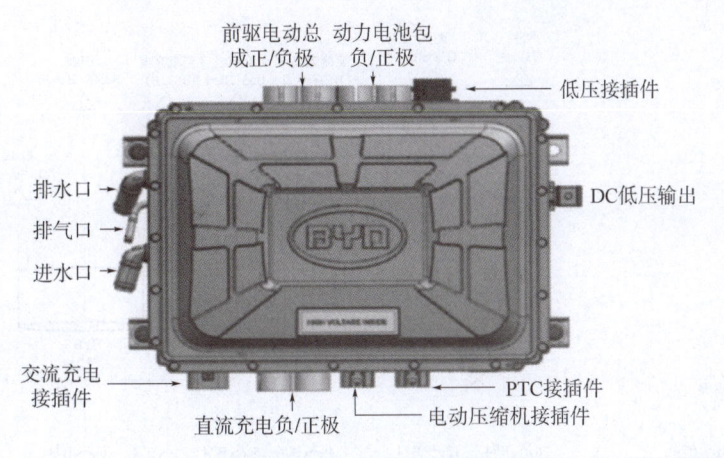

图 3-6　充配电总成实物

2. 充配电总成的基本结构及内部图

比亚迪 2019 款 e5 车型的充配电总成（三合一）中集成了高压系统的 DC-DC 直流转换装置、车载充电机和高压配电箱，三个装置称为"高压三合一"，如图 3-7 所示。

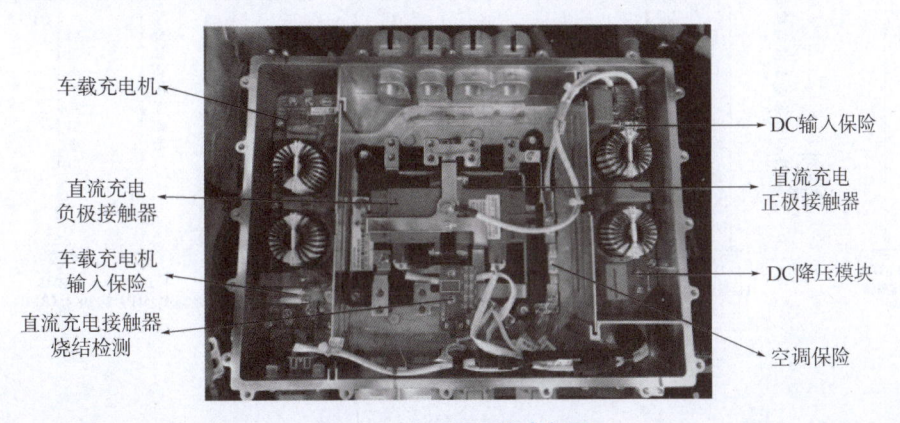

图 3-7　充配电总成内部图

（三）充配电总成电路图与端子识别

2019 款比亚迪 e5 通过充配电总成进行交流充电，因此在分析交流充电工作原理时，可参照充配电总成电路图，如图 3-8 所示。

将交流充电枪插入车端充电座，充配电总成检测插枪信号即 CC 信号 B74/4（CC 信号是充电连接信号）后，通过 CAN 线 B74/16、17 给 BCM 发出充电连接信号。BCM 控制双路电继电器吸合，BMS 获得双路电。充配电总成检测 CP 信号 B74/5（CP 信号是充电控制信号），BMS 接收到充电感应信号后自检（无故障），BMS 控制电池包内接触器和预充接触器吸合进行预充（预充完成后，吸合交流充电接触器，断开预充接触器），充配电总成检测到动力电池包的反灌电压后控制交流充电桩输出交流电（给充配电总成）进行充电。

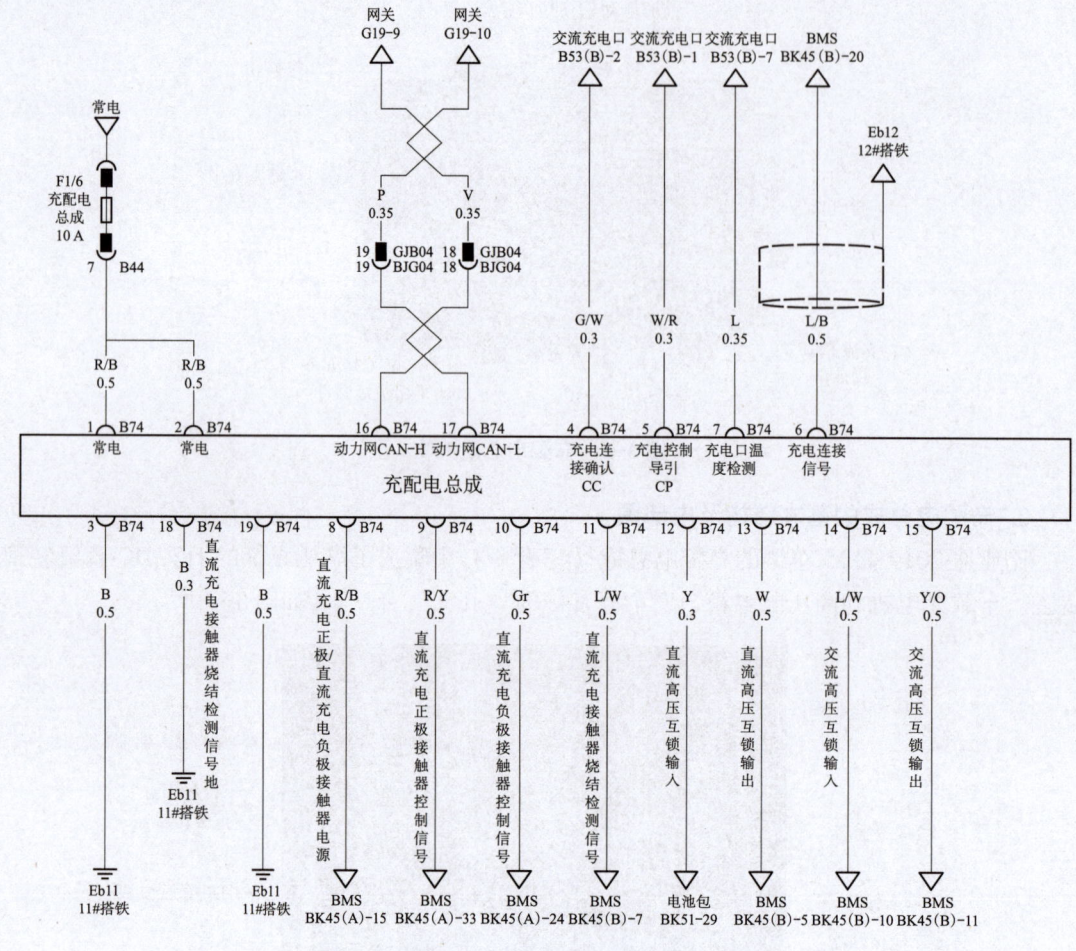

图 3-8 充配电总成电路图

四、任务分析

根据故障现象分步骤进行故障诊断、维修，其主要流程分析如下。

第一步：任务组织。

各类防护准备、工具准备、仪器仪表准备和待查阅资料准备等。

第二步：确认故障现象。

低压系统上电后，交流充电，查看实际故障现象。

第三步：确定故障范围。

连接故障诊断仪，读取故障码或者数据流，通过查阅电路图，分析线束连接、元器件连接，注意元器件端子编号和线束连接序号，针对具体电路工作原理，确定故障范围。

第四步：实施故障诊断与维修。

按照上述三个步骤确定的故障范围，进行有序诊断排查与维修，注重每个诊断环节数据的收集，确定故障点，开展维修，验证诊断结果，整理工作现场。

第五步：完成任务工单。

按照规范操作要求，依据实施过程中的步骤及数据，认真完成任务工单的填写。

第六步：开展任务评价，探讨任务的拓展。

开展任务评价，绘制诊断流程图，师生互评，获得最终评价结果，同时开展任务案例拓展分析。

五、任务组织

（一）实施前的准备工作

1. 所需的各种防护用品准备

工位、隔离带、安全警示牌、灭火器、绝缘杆、绝缘垫、绝缘工作台、棉线手套、绝缘手套、护目镜、安全帽、车外三件套和车内四件套等。

2. 常用工具、设备准备

万用表、示波器、诊断仪、万用接线盒和绝缘工具套装等。

3. 资料准备

维修手册、电路图及其他辅助资料等。

（二）制订计划

依据任务要求、任务分析，结合实施前的工作准备，小组内相互讨论，制订工作计划，并将工作计划步骤、注意事项填写在表 3-4 所示计划表的相应位置，并选派组员进行汇报展示。

表 3-4 计划表

1. 作业计划

序号	作业项目	操作要点	注意事项
1			
2			
3			
4			
5			
6			
7			

2. 设备清单

序号	设备名称	用途	规格型号	数量
1				
2				
3				
4				
5				
6				

续表

3. 其他材料清单				
序号	材料名称	用途	规格型号	数量
1				
2				
3				
4				

审核	小组审核意见：		组长签字： 年　月　日
	教师审核意见：		签字： 年　月　日

六、任务实施

在做好个人安全防护、维修场地安全检查之后，按照诊断维修制订计划表，做好诊断前的各项组织工作，开展任务实施工作。

（一）故障现象确认及范围确定

1. 车辆故障现象确认

（1）确认无线钥匙实现车辆解锁，将钥匙放入车内，按下启动按键，踩下制动踏板，显示车辆上电正常，按下启动按键，连接交流充电枪仪表显示。

（2）故障现象如图3-9所示。

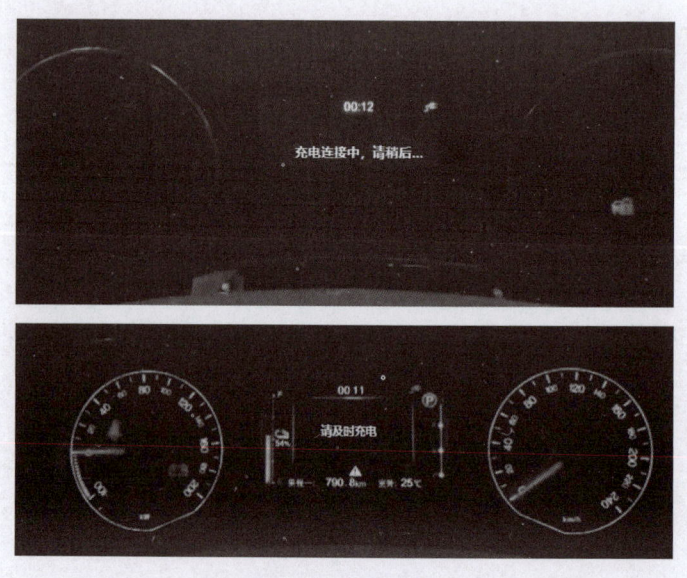

图3-9　故障现象

2. 模块通信状态及故障码检查

（1）故障码文字描述。根据故障现象显示，连接诊断仪，读取整车故障诊断码，发现并无故障码存在，如图 3-10 所示。

图 3-10　故障诊断仪显示故障码

（2）相关数据流文字描述：进入组合开关模块，查看数据流，数据流显示充电枪已连接，并处于充电状态，但是充电已暂停，其状态显示如图 3-11 所示。

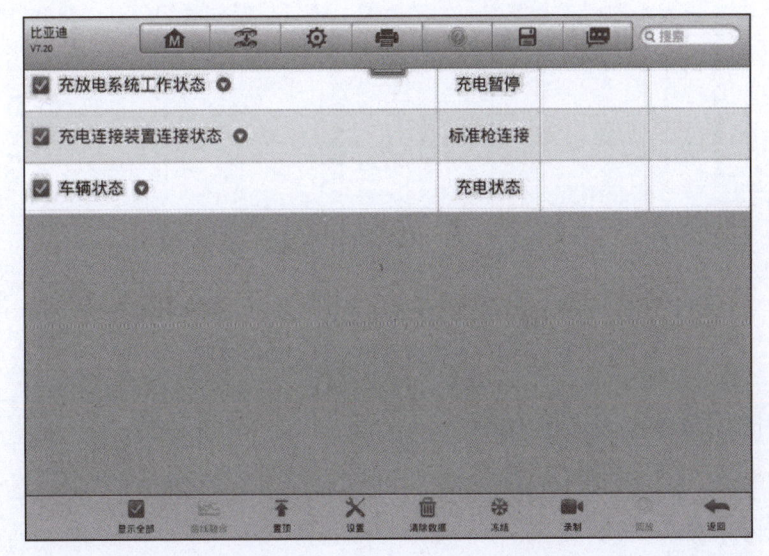

图 3-11　充配电模块显示车辆状态、充电连接装置连接状态以及充放电系统工作状态

3. 确认故障范围

连接交流充电枪后，确实无法充电，仪表显示"充电连接中，请稍候……"，这就需要查阅涉及交流充电工作的电路图，根据电路图来判断，如图 3-12 所示，通过仪表显示"充电连接信号"，表明 CC 信号（B74/4）能够通过充配电总成的充电连接线束（B7416）给 BMS 发送信号，整段线束是正常的。通过解码仪读取故障码来判断，显示无故障码，表明

充配电模块是能够正常通信的，也就说明充配电模块 CAN 线 B74/16、17 以及常电 B74/1、2 和搭铁 B74/3/18/19 也是正常的，所以故障仅限于无法检测到 CP 信号。"充电控制信号"未通过 CAN 线进行车与桩的通信控制，从而可以确定大体的故障范围包含 CP 信号 B74/5 的线束以及枪端 CP 信号和相关插接件模块元器件。

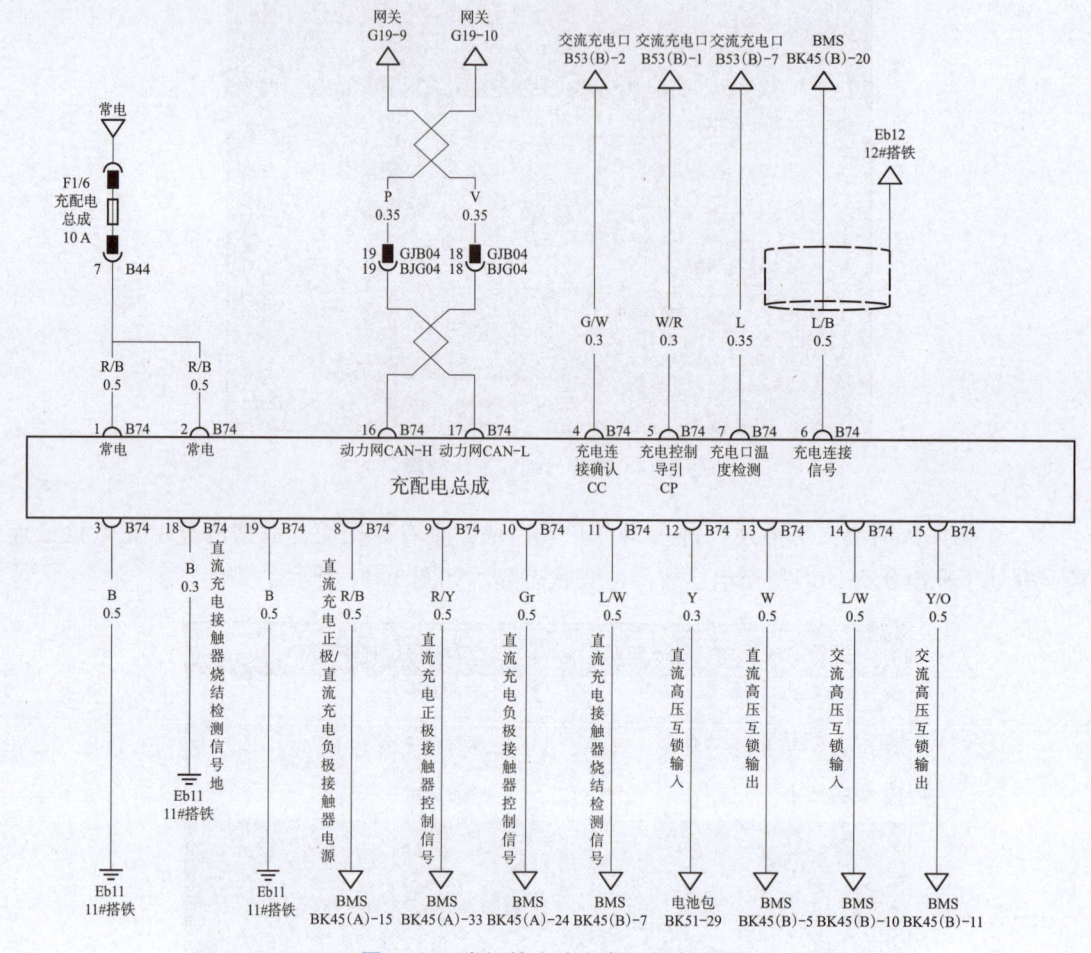

图 3-12 查阅的交流充电工作电路图

（二）故障的具体诊断与维修

故障诊断准备工作完毕之后，具体诊断过程如图 3-13~图 3-16 所示。

（三）故障点确定及恢复

按照以上检测步骤对交流充电线路进行测量时，遵循了先整体后部分的测量思路，先对分析之后的整体供电线路进行排故，发现问题之后，再采用分段测量的方式，对该段线路进行分段测量，最终确定供电线路保险元件的电阻值为无穷大，处于断路状态，其故障点如图 3-17 所示，修复该线束，车辆交流充电正常，故障诊断仪清码之后，再次读取故障码和数据流，查看故障现象消失。

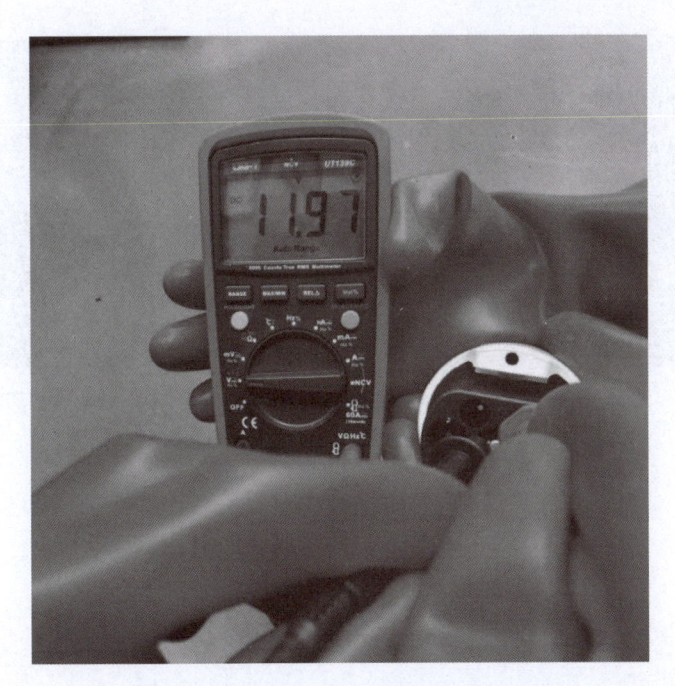

项目三 ▶▶▶ 充配电总成故障诊断与排除

图 3-13　测量充电枪 CP 与 PE 的电压值
（正常电压为 12 V 左右，测量结果显示正常）

图 3-14　车辆下电，断开低压电源负极

图 3-15　断开维修开关，置于收纳盒中，车辆静置 5 min

· 103 ·

图 3-16 测量充配电总成 B74/5 号线到交流充电口 B53（B）-1 号线之间的电阻
（正常值为 0.1 Ω 左右，测量结果显示异常）

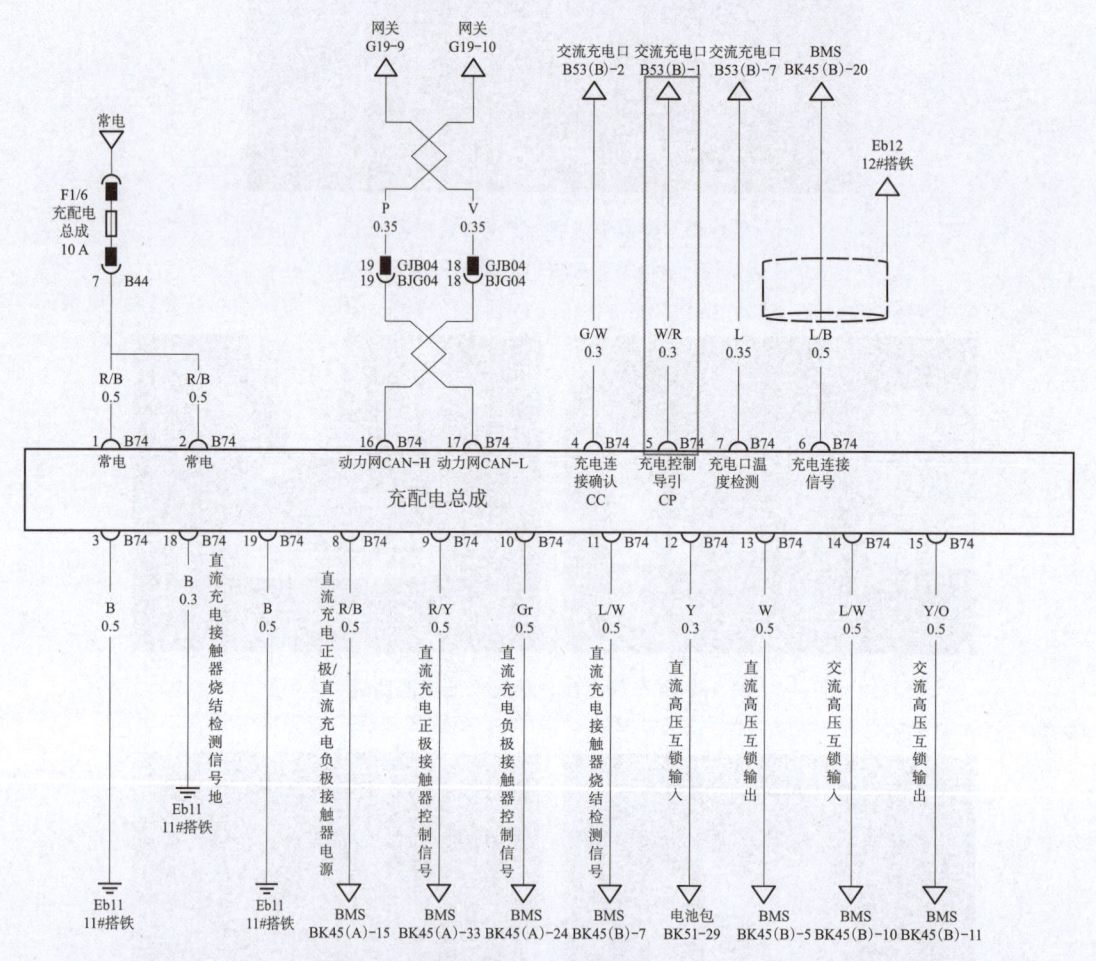

图 3-17 确定故障点

（四）填写任务记录工单

填写如表 3-5 所示任务记录工单。

表 3-5　任务记录工单

工作任务：				日期：	年　月　日
姓名		学号		班级（小组）	
车辆信息					
品牌		生产年代		电池容量	
VIN				电机型号	
读取故障代码		相关数据流			
故障诊断流程					
检测内容		检测数据		检测结果	
故障点确定					

（五）任务评价

填写如表 3-6 所示任务评价表。

表 3-6　任务评价表

工作任务：				日期：	年　月　日
姓名：		学号：		班级（小组）：	
自评：□熟练 　　　□不熟练		互评：□熟练 　　　□不熟练		师评：□合格 　　　□不合格	导师签字：

序号	评分项	得分条件	配分	师评
1	安全/7S/态度	□1. 能进行工位 7S 操作； □2. 能进行设备和工具安全测量； □3. 能进行车辆安全防护操作； □4. 能进行工具清洁校准存放操作； □5. 能进行三不落操作	10	评分要求： 　请按照得分条件酌情给分，扣分不得超过 10 分 □合格 □不合格 评分：
2	作业准备	□1. 能规范设置隔离栏； □2. 能规范设置安全警示牌； □3. 能正确检查灭火器压力值（水基、干粉）； □4. 能正确检查消防桶内是否有灭火沙； □5. 能规范安装车辆挡块； □6. 能规范安装车外三件套； □7. 能规范安装车内多件套（方向盘、座椅、脚垫、换挡杆等）； □8. 能完全落下驾驶员侧车窗	16	评分要求： 　请按照得分条件酌情给分，扣分不得超过 16 分 □合格 □不合格 评分：
3	工具及设备的使用能力	□1. 能规范使用数字绝缘测试仪进行开路和短路检测； □2. 能规范检测绝缘垫的绝缘性且佩戴绝缘手套与护目镜； □3. 能规范使用数字万用表	8	评分要求： 　请按照得分条件酌情给分，扣分不得超过 8 分 □合格 □不合格 评分：
4	专业技能能力	□1. 能正确连接诊断仪与车辆诊断口； □2. 能正确查阅维修手册或电路图并保持在检测页； □3. 能正确使用专用连接线； □4. 能规范测量低压部分线路并佩戴耐磨手套； □5. 能规范测量高压部分线路并佩戴绝缘手套； □6. 能规范断开连接器插头； □7. 能规范断开蓄电池负极； □8. 能规范使用万用表测量数据	40	评分要求： 　请按照得分条件酌情给分，扣分不得超过 40 分 □合格 □不合格 评分：

续表

序号	评分项	得分条件	配分	师评
5	资料、信息查询能力	☐1. 能正确使用电路图； ☐2. 能正确使用维修手册； ☐3. 能在规定时间内查询所需资料； ☐4. 能正确记录所查询资料章节页码； ☐5. 能正确记录所需维修资料	10	评分要求： 请按照得分条件酌情给分，扣分不得超过10分 ☐合格 ☐不合格 评分：
6	数据判读与分析能力	☐1. 能通过测量结果分析判断电气电路状态是否良好； ☐2. 能通过测量结果分析模块工作状态是否良好	6	评分要求： 请按照得分条件酌情给分，扣分不得超过6分 ☐合格 ☐不合格 评分：
7	工单撰写能力	☐1. 字迹清晰； ☐2. 语句通顺； ☐3. 无错别字； ☐4. 无涂改； ☐5. 无抄袭	10	评分要求： 请按照得分条件酌情给分，扣分不得超过10分 ☐合格 ☐不合格 评分：
8	现场恢复能力	☐1. 能关闭驾驶员侧车窗； ☐2. 能规范拆卸翼子板布、格栅布； ☐3. 能规范拆卸车内多件套并丢弃到垃圾桶； ☐4. 能规范移除高压警示标识等并放到指定位置； ☐5. 能规范恢复工位到原标准工位布置状态	10	评分要求： 请按照得分条件酌情给分，扣分不得超过10分 ☐合格 ☐不合格 评分：
	总分		110	得分：
教师评语：				

七、任务拓展

上述故障诊断与维修过程涉及 CP 充电控制信号，从电路图分析上也可以看出，若车辆交流充电仪表未显示充电连接信号指示灯，在对供电线进行检测时，则首先应考虑的是 CC 信号以及充电连接信号线束及相关线路元件，涉及的供电线路及元件检测范围如图 3-18 所示，检测的方法、步骤与该项目是类似的。

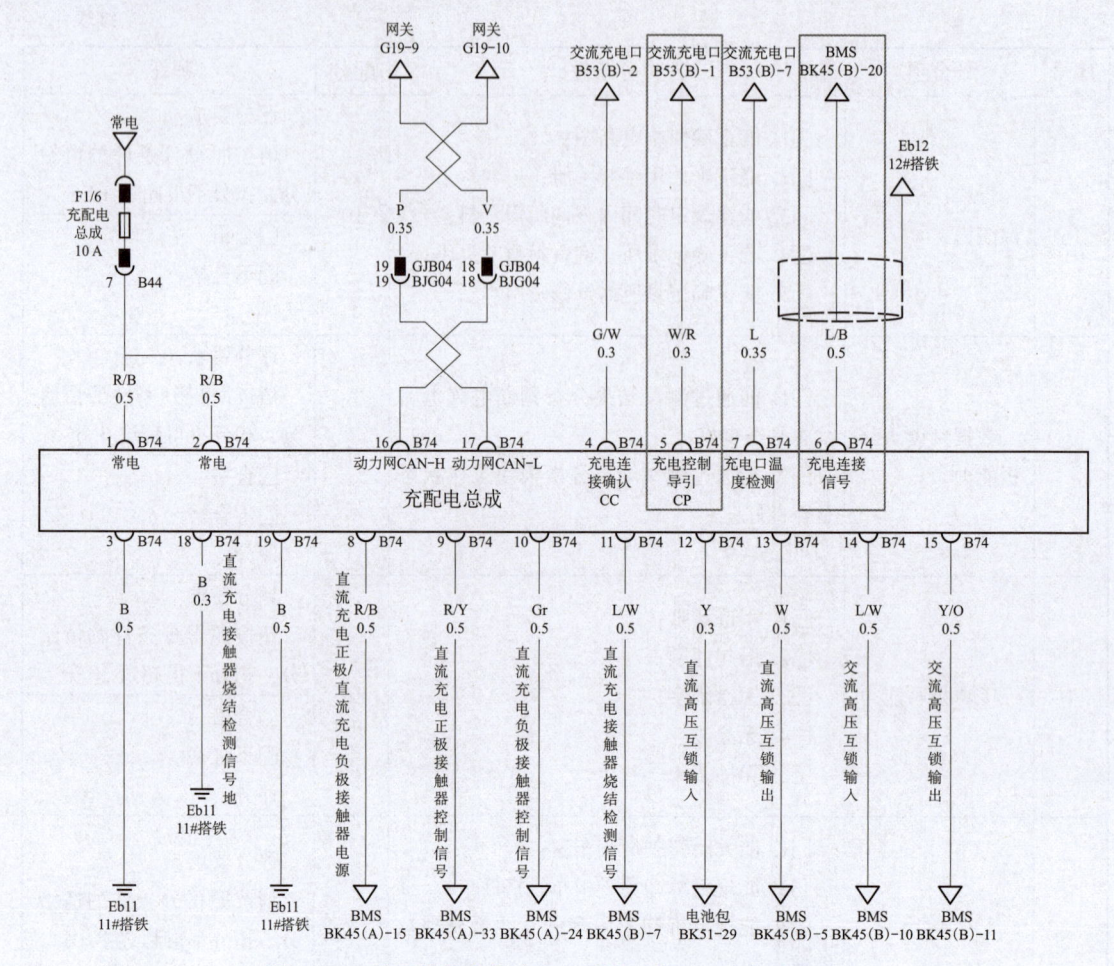

图 3-18　涉及的供电线路及元件检测范围（方框内标出）

任务二　高压互锁故障排除

一、任务描述

现有一辆 2019 款比亚迪 e5 出现"高压不上电，仪表报请检查动力系统"的故障现象，作为维修技师，分析该车型的特点、组成和电路图，并对故障进行系统检测，依据检测结果确认故障点，按照维修手册中的标准与规范对系统故障进行维修。

二、任务目标要求

（一）知识目标

（1）能精确找到高压互锁各模块、插接器端子位置。
（2）能精准找到高压互锁各模块所需测量的端子位置。
（3）熟悉并掌握高压互锁模块的电路图和维修手册。

（二）能力目标

（1）能规范使用工具、设备。
（2）能按照维修规范要求实施该车型的检测与维修。
（3）能按照安全作业标准完成实训作业并填写工单。
（4）能规范拆装高压互锁各模块插头及插接器。

（三）素质目标

（1）能与他人合作查询维修资料，养成团队合作的精神。
（2）能在完成操作过程中，具有工作区的"7S"工作管理能力。
（3）能积极分享学习心得。
（4）能进行学习总结并展示学习成果。

对标"1+X"智能新能源汽车职业技能等级标准如表 3-7 所示。

表 3-7　对标"1+X"智能新能源汽车职业技能等级标准

序号	等级	职业等级名称	工作领域	工作任务	涉及：职业技能要求点
1	高级	新能源汽车动力驱动电机电池技术职业技能等级	1. 新能源汽车工作安全与作业准备	1. 计算机诊断技术	涉及：全部技术技能点
				2. 维修资料查询	涉及：全部技术技能点
2	初级	新能源汽车悬架转向制动安全技术职业技能等级	5. 新能源汽车安全系统检测维修	4. 防盗系统检测维修	涉及：全部技术技能点

续表

序号	等级	职业等级名称	工作领域	工作任务	涉及：职业技能要求点
3	中级	新能源汽车悬架转向制动安全技术职业技能等级	1. 新能源汽车工作安全与作业准备	1. 维修注意事项	涉及：全部技术技能点（包含1.1.4）
				2. 安全注意事项	涉及：全部技术技能点
			5. 新能源汽车安全系统检测维修	4. 防盗系统检测维修	涉及：全部技术技能点
4	高级	新能源汽车悬架转向制动安全技术职业技能等级要求	1. 新能源汽车工作安全与作业准备	1. 维修注意事项	涉及：全部技术技能点（包含1.1.4）
				2. 安全注意事项	涉及：全部技术技能点
			5. 新能源汽车安全系统诊断分析	4. 防盗系统诊断分析	涉及：全部技术技能点
5	初级	新能源汽车电子电气空调舒适技术职业技能等级	2. 新能源汽车电子电气系统检查保养	1. 电子电气系统一般维修	涉及：全部技术技能点
				2. 蓄电池检查保养	涉及：全部技术技能点
				7. 起动系统检查保养	涉及：全部技术技能点
				8. 新能源汽车电路识别	涉及：全部技术技能点
6	中级	新能源汽车电子电气空调舒适技术职业技能等级	2. 新能源汽车电子电气系统检测维修	14. 车身附件检测维修	涉及：2.14.5
				12. 车身附件诊断分析	涉及：2.12.5
7	高级	新能源汽车电子电气空调舒适技术职业技能等级	2. 新能源汽车电子电气系统诊断分析	14. 新能源汽车电路诊断分析	涉及：全部技术技能点
				15. 控制模块检测分析	涉及：2.15.1~2.15.3
				17. 执行器的检测与分析	涉及：2.17.1、2.17.2、2.17.6
8	中级	新能源汽车网关控制娱乐系统技术职业技能等级要求	5. 新能源汽车舒适电子控制网络系统检测维修	5. 防盗控制模块检测维修	涉及：5.5.1~5.5.6
9	高级	新能源汽车网关控制娱乐系统技术职业技能等级要求	5. 新能源汽车舒适电子控制网络系统检测维修	5. 防盗控制模块检测维修	涉及：5.5.1~5.5.6
10	其他职业技能等级证书的相关要求，与上述三个不同证书初、中、高的相关要求近乎一致，不再详述；与教材其他项目雷同的技术技能点不再赘述				

三、任务资讯与知识准备

(一) 高压互锁系统工作原理

新能源汽车中的高压互锁系统也被称为危险电压互锁回路,主要是利用其中的小电池释放出的信号来检测以及反映高压回路的具体情况,从而了解高压回路中的完整性,一旦高压回路断开或者出现破损,有可能会导致其互锁失效。

高压回路内以动力电池包作为电源,低压回路也需要一个检测用电源,让低压信号沿着闭合的低压回路传递。一旦低压信号中断,说明某一个高压连接器有松动或者脱落。高压互锁原理体现在高压互锁信号回路基础上,按照整体策略,设计监测点或者监测回路,负责将高压互锁信号回路的状态传递给 BMS。

在起动汽车之前,一旦高压互锁并没有恢复具体效能,就很有可能使汽车难以启动高压电。一旦在行驶途中高压互锁产生失效情况,汽车将会激发警报器,汽车在出现警报提示时,将会使高压回路直接断开。新能源汽车中的高压互锁系统是不能缺少的,不同的新能源汽车应对措施是不同的,可是一旦高压互锁系统失去了其具体效应,产生了故障,就必须及时将回路恢复连接,从而避免伤害车内人员,使乘客生命财产安全得以保障。高压互锁接插件如图 3-19 所示。

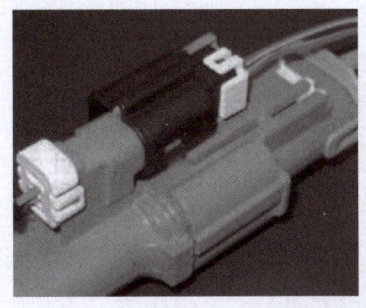

图 3-19　高压互锁接插件

(二) 高压互锁系统的类型

高压互锁系统的类型有以下三种:

1. 结构互锁控制

高压互锁连接器是一种重要的安全设备,主要用于电动汽车或其他高压电气系统中。它的主要作用是确保高压电气系统的完整性和安全性,同时防止可能的电气故障和安全隐患。一般来说,高压互锁连接器的实现方式是,在一对插拔频繁的公头和母头之间,分别固定着一对高压接插件和一对低压接插件。这些接插件都是专门设计和制造的,以实现高压和低压的互锁功能。当高压系统处于断开状态时,低压回路也会被自动切断。当高压系统处于连接状态时,低压回路的断点会被低压接插件短接,形成完整的回路。这种设计确保了当高压系统处于正常工作状态时,低压部分也可以得到正常的供电,使得整个电气系统可以正常运行。此外,高压互锁连接器的设计还考虑到了安全性和可靠性。例如,在公头和母头之间设置有防误插的装置，防止不正确的插拔操作对连接器造成损坏。同时，连接器的外壳也采用了耐高温、耐腐蚀的材料，以适应各种恶劣的工作环境。结构互锁控制如图3-20所示。

图 3-20　结构互锁控制

2. 开盖互锁监测

开盖互锁监测是一种重要的安全机制，主要用于检测电动汽车上所有高压部件的保护盖是否被非法开启。这些高压部件包括但不限于高压控制盒、电机控制器、车载充电机等。当这些部件的保护盖被非法开启时，开盖互锁监测系统就会立即发出警报，并立即切断高压回路，以防止可能的电气故障和安全隐患。开盖互锁监测的实现方式是基于电气连接的互锁原理。在正常情况下，这些高压部件的保护盖是处于关闭状态的，此时它们的电气连接是完整的。然而，一旦保护盖被非法开启，就会导致电气连接断开。这时，开盖互锁监测系统就会立即检测到这种变化，并触发警报和切断高压回路。开盖互锁监测如图3-21所示。

图 3-21　开盖互锁监测

3. 功能互锁控制

在新能源汽车的充电过程中，当插上充电枪时，车辆的高压控制系统会立即实施上电限制，以防止可能发生的线束拖拽或安全事故。这种限制是出于对安全的考虑，旨在保护驾驶员和车辆本身。

（三）高压互锁系统电路图及端子识别

高压互锁系统相关电路图如图3-22所示，前舱线束相关部件的位置如图3-23所示。

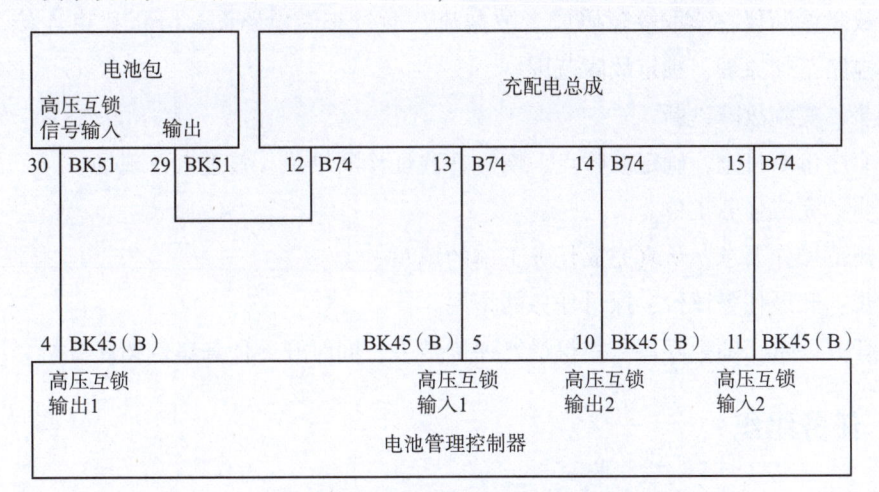

图 3-22　高压互锁系统相关电路图

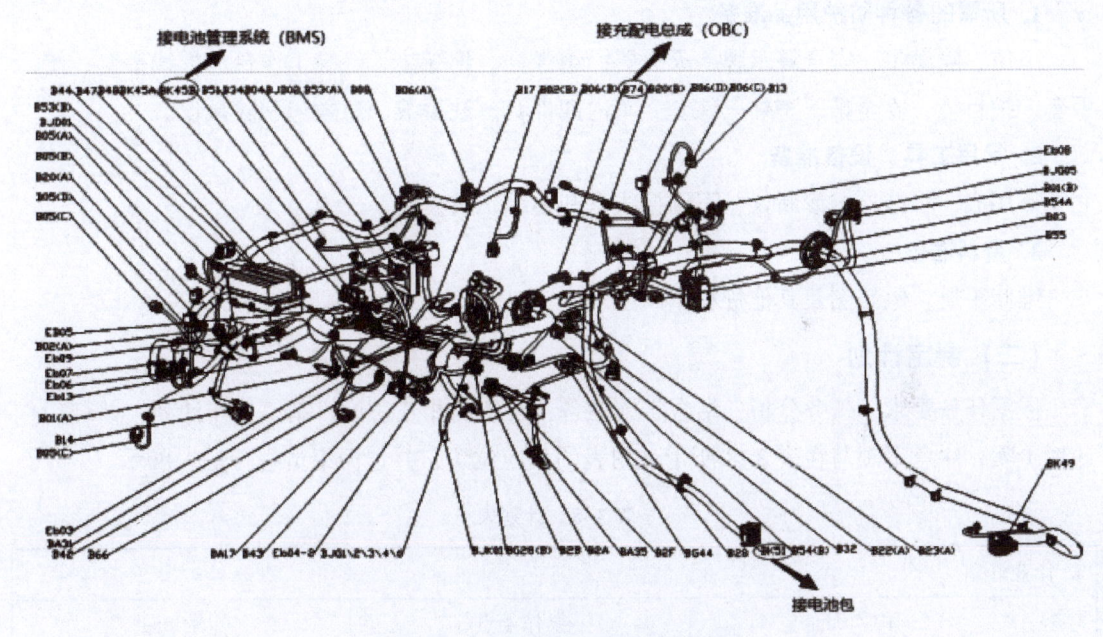

图 3-23　前舱线束相关部件的位置

四、任务分析

根据故障现象分步骤进行故障诊断主要流程分析。

第一步：任务组织。

各类防护准备、工具准备和资料准备。

第二步：确认故障现象。

在确保智能钥匙正常工作状态下对车辆进行遥控解锁（确保低压蓄电池有电的情况

下），踩下制动踏板，按下启动按钮，查看故障现象。

第三步：确定故障范围。

连接故障诊断仪，读取故障码或者数据流，通过查阅电路图，分析线束连接、端子连接、具体电路工作原理，锁定故障范围。

第四步：实施故障诊断。

进行有序诊断排查，确定故障点，恢复并验证诊断结果，整理工作现场。

第五步：完成任务工单。

按照规范操作要求，认真完成任务工单的填写。

第六步：开展任务评价，探讨任务的拓展。

开展任务评价，师生互评，获得最终评价结果，同时开展任务案例拓展分析。

五、任务组织

（一）实施前的准备工作

1. 所需的各种防护用品准备

工位、隔离带、安全警示牌、灭火器、绝缘杆、绝缘垫、绝缘工作台、棉线手套、绝缘手套、护目镜、安全帽、车外三件套、车内四件套、洗手液、急救包和除颤仪。

2. 常用工具、设备准备

万用表、示波器、诊断仪、万用接线盒和绝缘工具套装。

3. 资料准备

维修手册、电路图及其他资料。

（二）制定计划

依据任务要求、任务分析，结合实施准备，小组内相互讨论，制订工作计划，并将工作计划步骤、注意事项写在表 3-8 所示计划表的相应位置，并选派组员进行汇报展示。

表 3-8　计划表

1. 作业计划			
序号	作业项目	操作要点	注意事项
1			
2			
3			
4			
5			
6			
7			

续表

2. 设备清单

序号	设备名称	用途	规格型号	数量
1				
2				
3				
4				
5				
6				

3. 其他材料清单

序号	材料名称	用途	规格型号	数量
1				
2				
3				
4				

审核	小组审核意见： 组长签字： 年 月 日
	教师审核意见： 签字： 年 月 日

六、任务实施

在做好个人安全防护、维修场地安全检查之后，按照诊断维修的准备流程，做好诊断前的各项组织工作，实施故障诊断任务。

（一）故障现象确认及范围确定

1. 车辆故障现象确认

1）车辆故障现象

（1）仪表显示"请检查动力系统"。

（2）故障现象如图 3-24 所示。

2）模块通信状态及故障码检查

（1）故障码文字描述。根据故障现象显示，连接诊断仪 BMS 模块报高压互锁 1 故障。

（2）故障诊断仪显示的故障信息，如图 3-25、图 3-26 所示。

（3）相关数据流文字描述：无法读取数据流。

（4）相关数据流故障诊断仪显示图片：无。

图 3-24　故障现象

图 3-25　BMS 模块显示有故障

图 3-26　BMS 模块报高压互锁 1 故障

3）确认故障范围

高压互锁及线路故障。

2. 故障检测与排除流程

根据故障范围分步骤进行线路流程检测。

1）检测分析

在对车辆进行上电时发现，车辆无法正常上电，仪表报请检查动力系统，解码仪读 BMS 模块报高压互锁 1 断路，根据此车原理，查阅电路图册，锁定故障范围为底盘系统网络故障，进行有序诊断排查。

2）检测电路图

检测电路图，如图 3-27 所示。

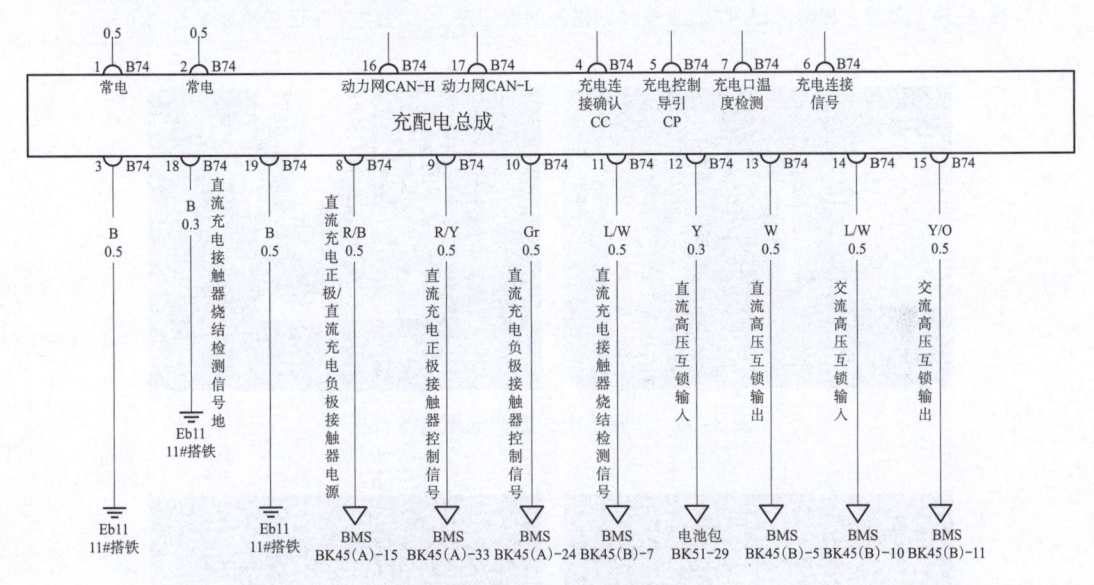

图 3-27 检测电路图

（二）故障的具体诊断与维修

故障诊断与排除准备工作完毕之后，具体诊断过程如图 3-28～图 3-33 所示。

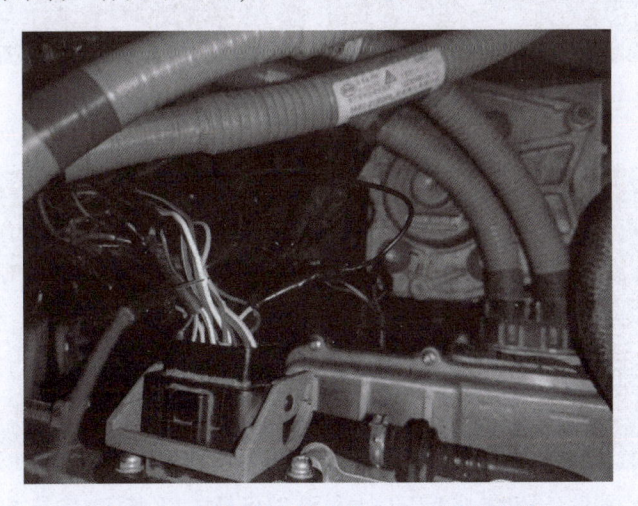

图 3-28 测量充配电总成 B74/13 号线电压

图 3-29　测量充配电总成 B74/13 号线到搭铁的电压在 1.2~1.7 V（正常值在 1.5~2.0 V）

图 3-30　车辆下电，断开低压电源负极

图 3-31　断开维修开关，置于收纳盒中，车辆静置 5 min

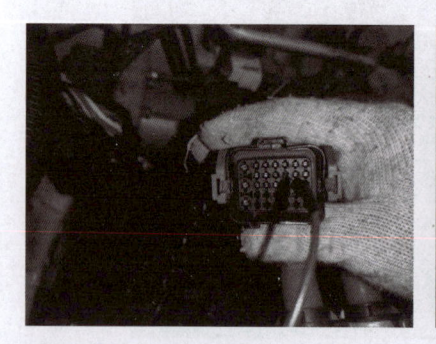

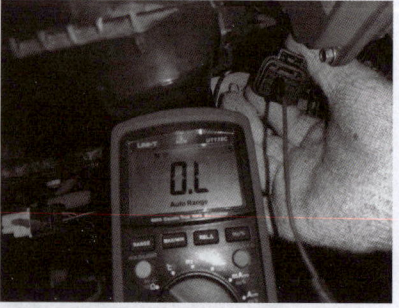

图 3-32　测量充配电总成 B74/13 号线到 BMS 模块 BK45(B)/5 号之间的电阻

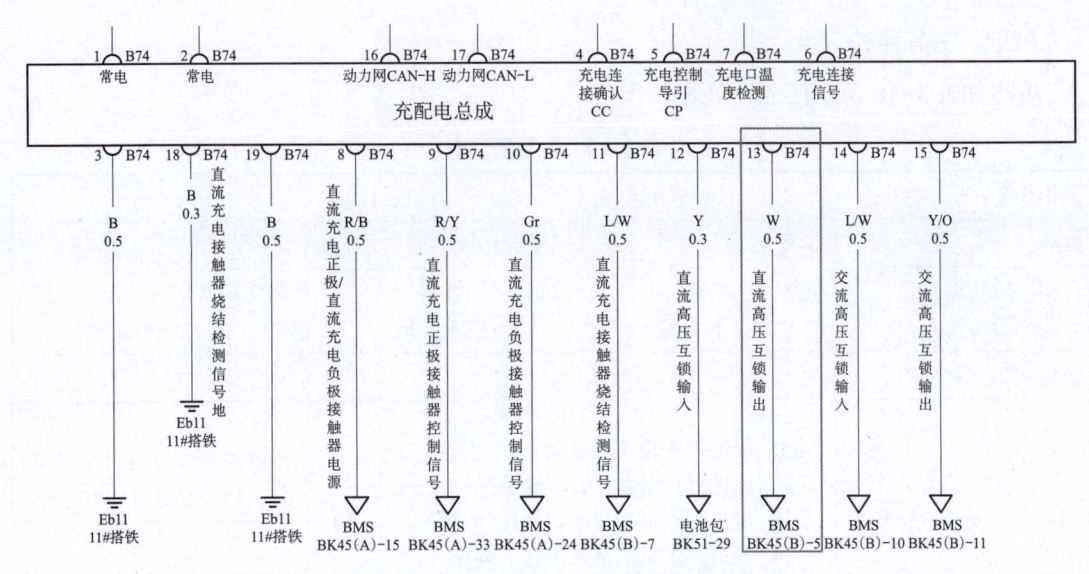

图 3-33　确定故障点（高压互锁断路）

（三）填写任务记录工单

填写如表 3-9 所示任务记录工单。

表 3-9　任务记录工单

工作任务：				日期：	年　月　日
姓名		学号		班级（小组）	
车辆信息					
品牌		生产年代		电池容量	
VIN				电机型号	
读取故障代码		相关数据流			
故障诊断流程					
检测内容		检测数据		检测结果	
故障点确认					

（四）任务评价

填写如表 3-10 所示任务评价表。

表 3-10　任务评价表

工作任务：				日期：	年　月　日
姓名：		学号：		班级（小组）：	
自评：□熟练 　　　□不熟练		互评：□熟练 　　　□不熟练		师评：□合格 　　　□不合格	导师签字：

序号	评分项	得分条件	配分	师评
1	安全/7S/态度	□1. 能进行工位 7S 操作； □2. 能进行设备和工具安全测量； □3. 能进行车辆安全防护操作； □4. 能进行工具清洁校准存放操作； □5. 能进行三不落操作	10	评分要求： 请按照得分条件酌情给分，扣分不得超过 10 分 □合格 □不合格 评分：
2	作业准备	□1. 能规范设置隔离栏； □2. 能规范设置安全警示牌； □3. 能正确检查灭火器压力值（水基、干粉）； □4. 能正确检查消防桶内是否有灭火沙； □5. 能规范安装车辆挡块； □6. 能规范安装车外三件套； □7. 能规范安装车内多件套（方向盘、座椅、脚垫、换挡杆等）； □8. 能完全落下驾驶员侧车窗	16	评分要求： 请按照得分条件酌情给分，扣分不得超过 16 分 □合格 □不合格 评分：
3	工具及设备的使用能力	□1. 能规范使用数字绝缘测试仪进行开路和短路检测； □2. 能规范检测绝缘垫的绝缘性且佩戴绝缘手套与护目镜； □3. 能规范使用数字万用表	8	评分要求： 请按照得分条件酌情给分，扣分不得超过 8 分 □合格 □不合格 评分：
4	专业技能能力	□1. 能正确连接诊断仪与车辆诊断口； □2. 能正确查阅维修手册或电路图并保持在检测页； □3. 能正确使用专用连接线； □4. 能规范测量低压部分线路并佩戴耐磨手套； □5. 能规范测量高压部分线路并佩戴绝缘手套、护目镜； □6. 能规范断开连接器插头； □7. 能规范断开蓄电池负极； □8. 能规范使用万用表测量数据	40	评分要求： 请按照得分条件酌情给分，扣分不得超过 40 分 □合格 □不合格 评分：

续表

序号	评分项	得分条件	配分	师评
5	资料、信息查询能力	☐1. 能正确使用电路图； ☐2. 能正确使用维修手册； ☐3. 能在规定时间内查询所需资料； ☐4. 能正确记录所查询资料章节页码； ☐5. 能正确记录所需维修资料	10	评分要求： 请按照得分条件酌情给分，扣分不得超过 10 分 ☐合格 ☐不合格 评分：
6	数据判读与分析能力	☐1. 能通过测量结果分析判断电气电路状态是否良好； ☐2. 能通过测量结果分析模块工作状态是否良好	6	评分要求： 请按照得分条件酌情给分，扣分不得超过 6 分 ☐合格 ☐不合格 评分：
7	工单撰写能力	☐1. 字迹清晰； ☐2. 语句通顺； ☐3. 无错别字； ☐4. 无涂改； ☐5. 无抄袭	10	评分要求： 请按照得分条件酌情给分，扣分不得超过 10 分 ☐合格 ☐不合格 评分：
8	现场恢复能力	☐1. 能关闭驾驶员侧车窗； ☐2. 能规范拆卸翼子板布、格栅布； ☐3. 能规范拆卸车内多件套并丢弃到垃圾桶； ☐4. 能规范移除高压警示标识等放到指定位置； ☐5. 能规范恢复工位到原标准工位布置状态	10	评分要求： 请按照得分条件酌情给分，扣分不得超过 10 分 ☐合格 ☐不合格 评分：
总分			110	得分：

教师评语：

七、任务拓展

高压互锁的目的是，用于确认整个高压系统的完整性，当高压系统回路断开或者完整性受到破坏时，就需要启动安全措施了。

高压回路内以动力电池包作为电源，低压回路也需要一个检测用电源，让低压信号沿着闭合的低压回路传递。一旦低压信号中断，说明某一个高压连接器有松动或者脱落。高压互锁原理体现在高压互锁信号回路基础上，按照整体策略，设计监测点或者监测回路，负责将高压互锁信号回路的状态传递给 BMS。

项目四

动力电池与电池管理系统（BMS）故障诊断与排除

任务一　BMS 电源线故障排除

一、任务描述

现有一辆 2019 款比亚迪 e5 出现"高压不上电，仪表显示动力电池电量为零，仪表显示多个故障灯"的故障现象，作为维修技师，分析该车型的特点、组成和电路图，并对故障进行系统检测，依据检测结果确认故障点，按照维修手册中的标准与规范对系统故障进行维修。

二、任务目标要求

（一）知识目标

（1）能精确找到模块、插接器端子位置。
（2）能精准找到所需测量的端子位置。
（3）熟悉并掌握该模块的电路图和维修手册。

（二）技能目标

（1）能规范使用工具、设备。
（2）能按照维修规范要求实施该车型的检测与维修。
（3）能按照安全作业标准完成实训作业并填写工单。
（4）能规范拆装模块插头及插接器。

（三）素质目标

（1）能与他人合作查询维修资料，养成团队合作的精神。
（2）能在完成操作过程中，具有工作区的 7S 工作管理能力。
（3）能积极分享学习心得。
（4）能进行学习总结并展示学习成果。

对标"1+X"智能新能源汽车职业技能等级标准如表 4-1 所示。

表 4-1　对标"1+X"智能新能源汽车职业技能等级标准

序号	等级	职业等级名称	工作领域	工作任务	涉及：职业技能要求点
1	高级	新能源汽车动力驱动电机电池技术职业技能等级	1. 新能源汽车工作安全与作业准备	1. 计算机诊断技术	涉及：全部技术技能点
				2. 维修资料查询	涉及：全部技术技能点

续表

序号	等级	职业等级名称	工作领域	工作任务	涉及：职业技能要求点
2	初级	新能源汽车悬架转向制动安全技术职业技能等级	5. 新能源汽车安全系统检测维修	4. 防盗系统检测维修	涉及：全部技术技能点
3	中级	新能源汽车悬架转向制动安全技术职业技能等级	1. 新能源汽车工作安全与作业准备	1. 维修注意事项	涉及：全部技术技能点（包含1.1.4）
				2. 安全注意事项	涉及：全部技术技能点
			5. 新能源汽车安全系统检测维修	4. 防盗系统检测维修	涉及：全部技术技能点
4	高级	新能源汽车悬架转向制动安全技术职业技能等级要求	1. 新能源汽车工作安全与作业准备	1. 维修注意事项	涉及：全部技术技能点（包含1.1.4）
				2. 安全注意事项	涉及：全部技术技能点
			5. 新能源汽车安全系统诊断分析	4. 防盗系统诊断分析	涉及：全部技术技能点
5	初级	新能源汽车电子电气空调舒适技术职业技能等级	2. 新能源汽车电子电气系统检查保养	1. 电子电气系统一般维修	涉及：全部技术技能点
				2. 蓄电池检查保养	涉及：全部技术技能点
				7. 起动系统检查保养	涉及：全部技术技能点
				8. 新能源汽车电路识别	涉及：全部技术技能点
6	中级	新能源汽车电子电气空调舒适技术职业技能等级	2. 新能源汽车电子电气系统检测维修	14. 车身附件检测维修	涉及：2.14.5
7	高级	新能源汽车电子电气空调舒适技术职业技能等级	2. 新能源汽车电子电气系统诊断分析	12. 车身附件诊断分析	涉及：2.12.5
				14. 新能源汽车电路诊断分析	涉及：全部技术技能点
				15. 控制模块检测分析	涉及：2.15.1~2.15.3
				17. 执行器的检测与分析	涉及：2.17.1、2.17.2、2.17.6
8	中级	新能源汽车网关控制娱乐系统技术职业技能等级要求	5. 新能源汽车舒适电子控制网络系统检测维修	5. 防盗控制模块检测维修	涉及：5.5.1~5.5.6

续表

序号	等级	职业等级名称	工作领域	工作任务	涉及：职业技能要求点
9	高级	新能源汽车网关控制娱乐系统技术职业技能等级要求	5. 新能源汽车舒适电子控制网络系统检测维修	5. 防盗控制模块检测维修	涉及：5.5.1~5.5.6
10		其他职业技能等级证书的相关要求，与上述三个不同证书初、中、高的相关要求近乎一致，不再详述；与教材其他项目雷同的技术技能点不再赘述			

三、任务资讯与知识准备

（一）工作原理

电池管理系统（BMS）通过检测动力电池组中各单体电池的状态来确定整个电池系统的状态，并根据它们的状态对动力电池系统进行对应的控制调整和策略实施，实现对动力电池系统及各单体的充放电管理以保证动力电池系统安全稳定地运行。

典型电池管理系统拓扑图结构主要分为主控模块和从控模块两大块。具体来说，电池管理系统由中央处理单元（主控模块）、数据采集模块、数据检测模块、显示单元模块、控制部件（熔断装置、继电器）等构成。一般通过采用内部 CAN 总线技术实现模块之间的数据信息通信。基于各个模块的功能，BMS 能实时检测动力电池的电压、电流、温度等参数，实现对动力电池进行热管理、均衡管理、高压及绝缘检测等，并且能够计算动力电池剩余容量、充放电功率以及 SOC、SOH 状态。

（二）系统部件位置及端子识别

系统部件位置如图 4-1 所示。

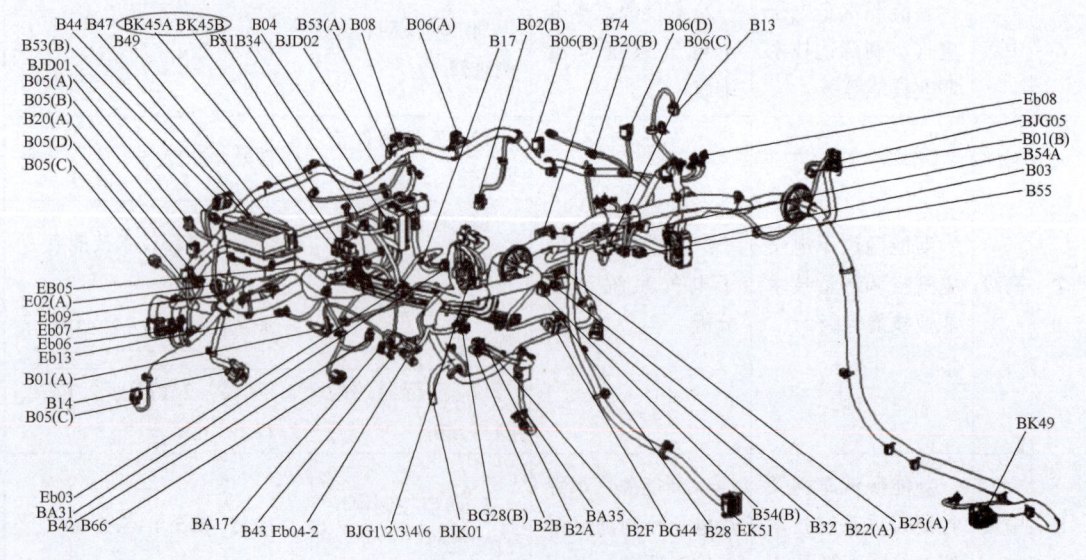

图 4-1 系统部件位置

电池管理控制模块位于前机舱左侧，低压电池旁，如图4-2所示。

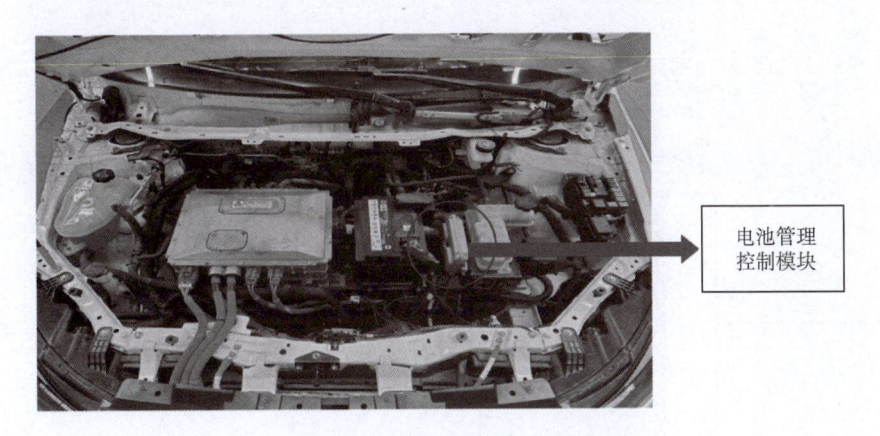

图4-2 电池管理控制模块分布图

BMS相关的低压线束端子信号为BMS端子1 BK45(A)和BMS端子2 BK45(B)。BMS端子1 BK45(A)接插件外形如图4-3所示。BMS端子2 BK45(B)接插件外形如图4-4所示。

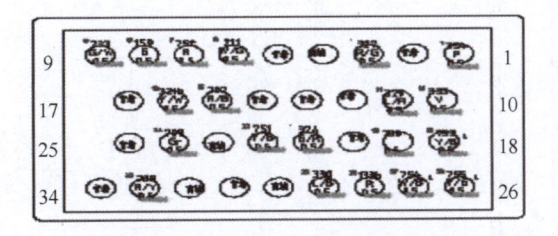

图4-3 BK45(A)接插件外形

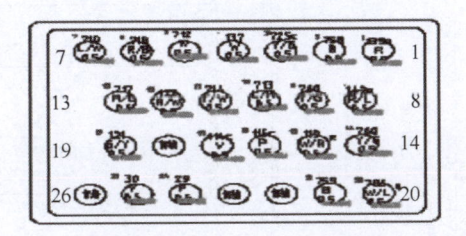

图4-4 BK45(B)接插件外形

（三）BMS模块涉及电路图识别

BMS模块部分电路图如图4-5所示。

（1）电池管理器BK45(A)插接件是一个34 pin插接件，其上一共接有21根信号线，如表4-2所示。

（2）电池管理器BK45(B)插接件是一个26 pin插接件，其上一共接有23根信号线，如表4-3所示。

图 4-5 BMS 模块部分电路图

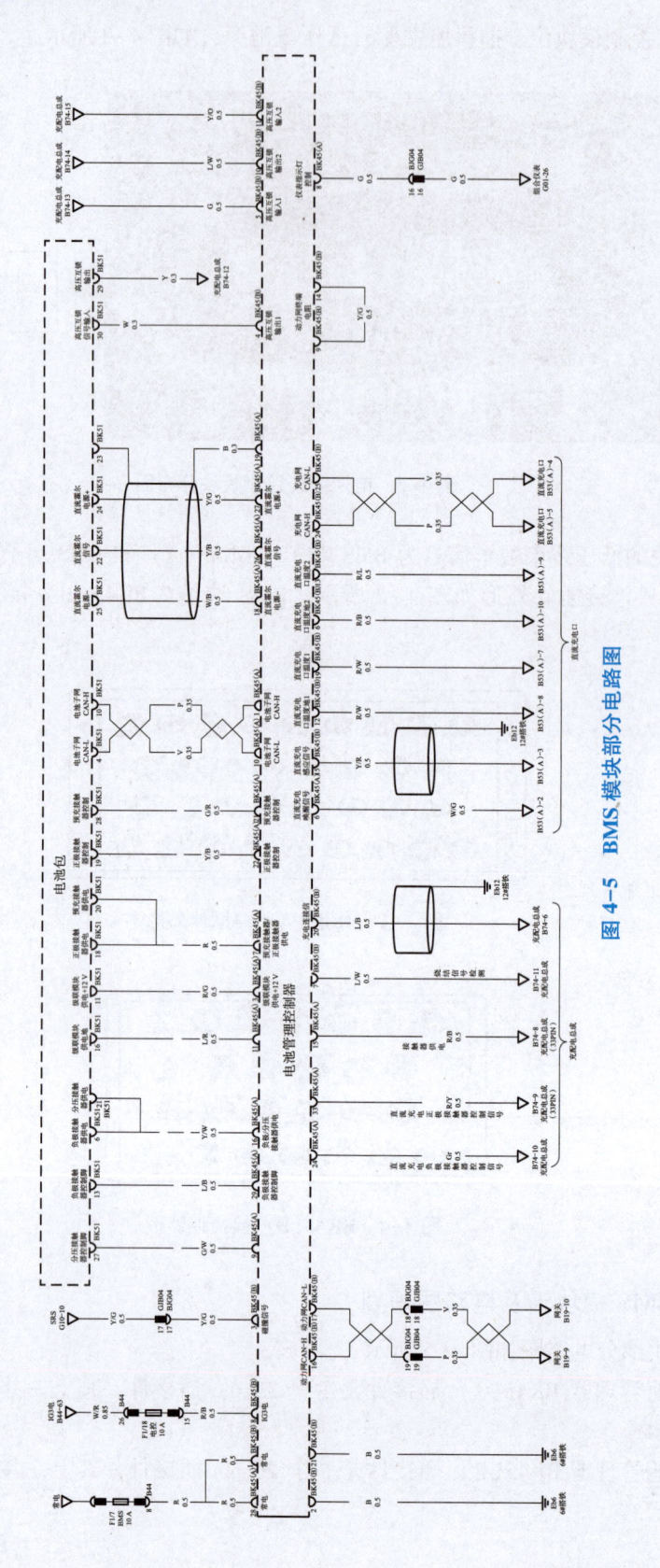

表 4-2　电池管理器 BK45（A）插接件

引脚号	端口名称	信号类型	线束接法	引脚号	端口名称	信号类型	线束接法	信号类型
1	电池子网 CANH	CAN 信号	接电池包 33 pin-10	17	NC			
2	电池子网 CAN 屏蔽地	接地	接电池包 33 pin-5	18	电流霍尔传感器负极电源-15 V	电压	接电池包 33 pin-25	
3	BMS 通信转换模块电源+12 V	电压	接电池包 33 pin-11	19	电流霍尔传感器屏蔽地	接地	接电池包 33 pin-23	
4	NC			20	NC			
5	NC			21	预充接触器控制信号	电平信号	接电池包 33 pin-28	电平信号
6	直流充电唤醒信号	电平信号	接直流充电口 12 pin-2	22	主接触器控制信号	电平信号	接电池包 33 pin-19	电平信号
7	预充接触器电源+12 V/主接触器电源+12 V	电压	接电池包 33 pin-20	23	NC			电平信号
8	充电仪表指示灯信号	电平信号	仪表	24	直流充电负极接触器控制信号	模拟信号	接充配电总成 33 pin-10	模拟信号
9	分压接触器控制信号	电平信号	接电池包 33 pin-27	25	直流霍尔信号	电压	接电池包 33 pin-22	电压
10	电池子网 CANL	CAN 信号	接电池包 33 pin-4	26	电流霍尔传感器正极电源+15 V	电压	接电池包 33 pin-24	电压
11	通信转换模块电源 GND	接地	接电池包 33 pin-16	27	常电		整车低压线束	
12	NC			28	负极接触器控制信号	电平信号	接电池包 33 pin-13	电平信号
13	NC			29	NC			
14	NC			30	NC			
15	直流充电正、负极接触器电源+12 V	电压	接充配电总成 33 pin-8	31	NC			
16	负极接触器电源+12 V/分压接触器电源+12 V	电压	接电池包 33 pin-21	32	直流充电正极接触器控制信号	电平信号	接充配电总成 33 pin-9	电平信号
				33	NC			
				34	NC			

表 4-3 电池管理器 BK45（B）插接件

引脚号	端口名称	信号类型	线束接法	引脚号	端口名称	信号类型	线束接法
1	12 V 常电	电压	整车低压线束	14	动力网 CAN 终端电阻并入 2	CAN 信号	BMC02-09
2	车身地	接地	整车低压线束	15	快充电信号	模拟信号	接直流充电口 12 pin-3
3	碰撞信号	PWM 信号	接碰撞 ECU	16	动力网 CANH	CAN 信号	整车低压线束动力网
4	PWM 输出 1	PWM 信号	接电池包 33 pin-30	17	动力网 CANL	CAN 信号	整车低压线束动力网
5	PWM 输入 1	PWM 信号	接充配电总成 33 pin-13	18	NC		
6	直流充电口温度传感器 GND2	接地	接直流充电口 12 pin-10	19	直流充电口温度信号 1	模拟信号	接直流充电口 12 pin-7
7	直流充电接触器烧结检测信号	电平信号	接充配电总成 33 pin-11	20	车载充电感应信号	模拟信号	接充配电总成 33 pin-6
8	12 V DC	电压	整车低压线束	21	车身地	接地	整车低压线束
9	动力网 CAN 终端电阻并入 1	CAN 信号	BMC02-14	22	NC		
10	PWM 输出 2	PWM 信号	接充配电总成 33 pin-14	23	整车 CAN 屏蔽地	接地	接直流充电口 12 pin-5
11	PWM 输入 2	PWM 信号	接充配电总成 33 pin-15	24	直流充电子网 CANH	CAN 信号	接直流充电口 12 pin-5
12	直流充电口温度传感器 GND1	接地	接直流充电口 12 pin-8	25	直流充电子网 CANL	CAN 信号	接直流充电口 12 pin-4
13	直流充电口温度信号 2	模拟信号	接直流充电口 12 pin-9	26	NC		

四、任务分析

根据故障现象分步骤进行故障诊断主要流程分析。

第一步：项目组织。

各类防护准备、工具准备和资料准备。

第二步：确认故障现象。

在确保智能钥匙正常工作状态下对车辆进行遥控解锁时发现，遥控钥匙无法对车辆进行解锁，（确保低压蓄电池有电的情况下）仅使用机械钥匙打开车门，踩下制动踏板，查看故障现象。

第三步：确定故障范围。

连接故障诊断仪，读取故障码或者数据流，通过查阅电路图，分析线束连接、端子连接、具体电路工作原理，锁定故障范围。

第四步：实施故障诊断。

进行有序诊断排查，确定故障点，恢复并验证诊断结果，整理工作现场。

第五步：完成任务工单。

按照规范操作要求，认真完成任务工单的填写。

第六步：开展任务评价，探讨项目的拓展。

开展任务评价，师生互评，获得最终评价结果，同时开展项目案例拓展分析。

五、任务组织

（一）实施前的准备工作

1. 所需的各种防护用品准备

工位、隔离带、安全警示牌、灭火器、绝缘杆、绝缘垫、绝缘工作台、棉线手套、绝缘手套、护目镜、安全帽、车外三件套、车内四件套、洗手液、急救包和除颤仪。

2. 常用工具、设备准备

万用表、示波器、诊断仪、万用接线盒和绝缘工具套装。

3. 资料准备

维修手册、电路图及其他资料。

（二）制订计划

依据任务要求、任务分析，结合实施准备，小组内相互讨论，制订工作计划，并将工作计划步骤、注意事项写在表4-4所示计划表的相应位置，并选派组员进行汇报展示。

表4-4 计划表

1. 作业计划

序号	作业项目	操作要点	注意事项
1			
2			

续表

序号	作业项目	操作要点	注意事项
3			
4			
5			
6			
7			

2. 设备清单

序号	设备名称	用途	规格型号	数量
1				
2				
3				
4				
5				
6				

3. 其他材料清单

序号	材料名称	用途	规格型号	数量
1				
2				
3				
4				

审核	小组审核意见： 教师审核意见：	组长签字： 年　月　日 签字： 年　月　日

六、任务实施

在做好个人安全防护、维修场地安全检查之后，按照诊断维修的准备流程，做好诊断前的各项组织工作，实施故障诊断任务。

（一）故障现象确认及范围确定

1. 车辆故障现象确认

（1）高压无法上电，动力系统故障灯点亮，仪表显示"请检查动力系统""请及时充电"，仪表显示动力电池电量为零的故障现象。

(2)故障现象如图 4-6 所示。

图 4-6　车辆起动时的故障现象

2. 模块通信状态及故障码检查

(1)故障码文字描述。

根据故障现象显示，连接诊断仪 VCU 和电机控制器报与 BMS 通信失败故障。

(2)故障诊断仪显示的故障信息，如图 4-7~图 4-10 所示。

图 4-7　VCU 模块显示有故障

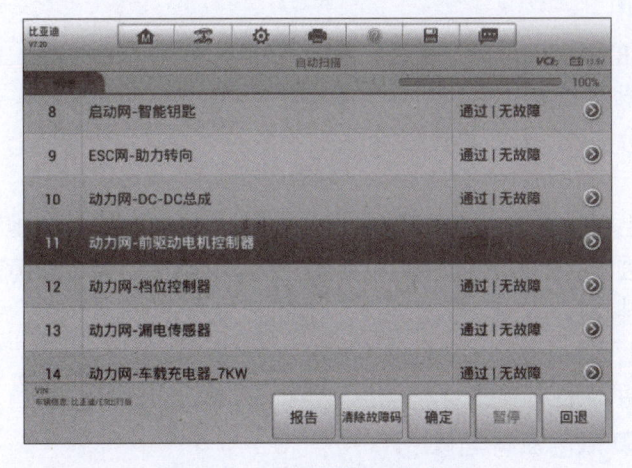

图 4-8　PEU 模块显示有故障

图 4-9　VCU 模块和 PEU 模块报与 BMS 通信丢失故障

图 4-10　BMS 模块无法进入

(3) 相关数据流文字描述：无法读取数据流。
(4) 相关数据流故障诊断仪显示图片：无。

3. 确认故障范围

BMS 模块及配 BMS 相关电源、搭铁、通信。

4. 故障检测与排除流程

根据故障范围分步骤进行线路流程检测。

1) 检测分析

在对车辆进行上电时发现，高压无法正常上电，VCU 和 PEU 报电池管理系统通信失败，电池管理系统无法进入，根据此车的故障现象，查阅电路图册锁定故障范围为 BMS 模块故障，进行有序诊断排查。

2) 检测电路图

检测电路图如图 4-11 所示。

（二）故障的具体诊断与维修

故障诊断与排除准备工作完毕之后，具体诊断过程如下。

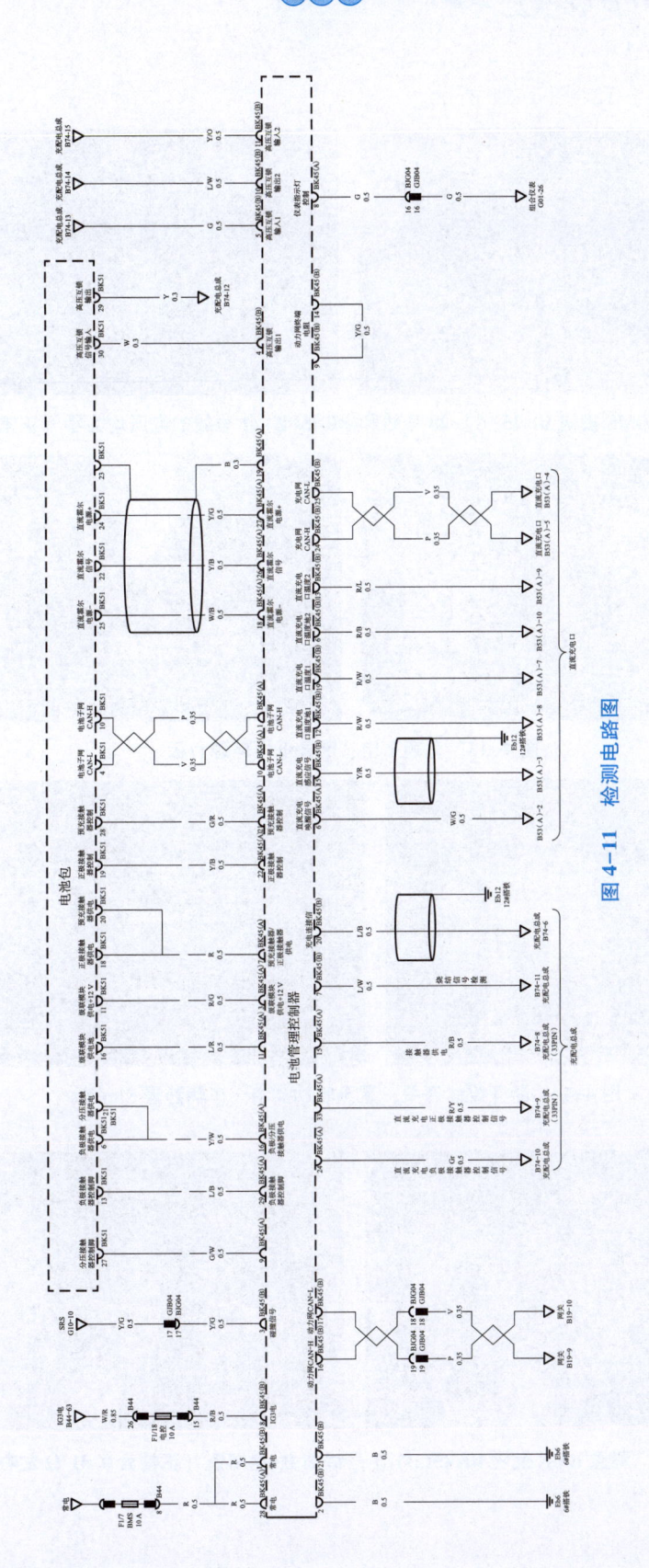

项目四 动力电池与电池管理系统（BMS）故障诊断与排除

图 4-11 检测电路图

1. 诊断过程

诊断过程如图 4-12~图 4-21 所示。

图 4-12　被插测量 BMS 模块 BK45(A)/28 号线和 BK45(B)/1 号线的电压均为零（正常为 12 V 左右）

图 4-13　车辆下电，断开低压电源负极

图 4-14　断开维修开关，置于收纳盒中，车辆静置 5 min

图 4-15　测量 BMS 模块 BK45(B)/1 号线到 B+电阻值（正常为 0.01 Ω 左右）

图 4-16　测量 BMS 模块 BK45(A)/28 号线到 B+电阻值（正常为 0.01 Ω 左右）

图 4-17　测量 BMS 熔断丝 F1/7 上端到 B+之间电阻（正常为 0.1 Ω 左右）

图 4-18　测量 BMS 熔断丝 F1/7 下端到 BK45(B)/1 号线之间电阻（正常为 0.1 Ω 左右）

图 4-19　测量 BMS 熔断丝 F1/7 下端到 BK45(A)/28 号线之间电阻（正常为 0.1 Ω 左右）

图 4-20　测量 BMS 熔断丝 F1/7 的电阻（正常为 0.1 Ω 左右）

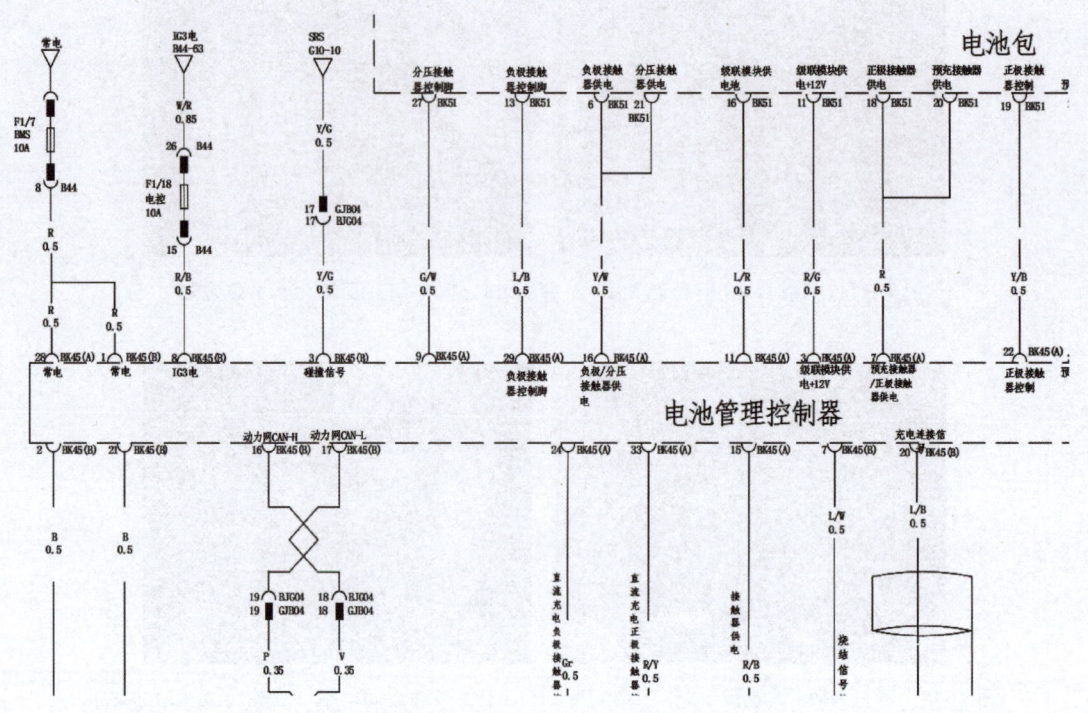

图 4-21　确定故障点（BMS 模块保险丝 F1-7 断路）

2. 故障点确定及恢复

在对车辆进行上电时发现，高压无法正常上电，动力电池电量为零，VCU 模块报电池管理系统通信失败，电池管理系统无法进入，可判断是 BMS 模块的故障，测量电压后显示正常，进一步测量导通值，发现 BMS 模块供电线熔断丝电阻无穷大，所以为 BMS 供电线熔断丝断路故障。故障恢复并上电清码之后，再次读取故障码，显示车辆无故障。

（三）填写任务记录工单

填写如表 4-5 所示任务记录工单。

表 4-5 任务记录工单

工作任务：				日期：	年 月 日
姓名		学号		班级（小组）	
车辆信息					
品牌		生产年代		电池容量	
VIN				电机型号	
读取故障代码		相关数据流			

故障诊断流程

检测内容	检测数据	检测结果

故障点确定

（四）任务评价

填写如表 4-6 所示任务评价表。

表 4-6 任务评价表

工作任务：				日期： 年 月 日	
姓名：		学号：		班级（小组）：	
自评：□熟练 　　　□不熟练		互评：□熟练 　　　□不熟练		师评：□合格 　　　□不合格	导师签字：
序号	评分项	得分条件		配分	师评
1	安全/7S/态度	□1. 能进行工位 7S 操作； □2. 能进行设备和工具安全测量； □3. 能进行车辆安全防护操作； □4. 能进行工具清洁校准存放操作； □5. 能进行三不落操作		10	评分要求： 请按照得分条件酌情给分，扣分不得超过 10 分 □合格 □不合格 评分：
2	作业准备	□1. 能规范设置隔离栏； □2. 能规范设置安全警示牌； □3. 能正确检查灭火器压力值（水基、干粉）； □4. 能正确检查消防桶内是否有灭火沙； □5. 能规范安装车辆挡块； □6. 能规范安装车外三件套； □7. 能规范安装车内多件套（方向盘、座椅、脚垫、换挡杆等）； □8. 能完全落下驾驶员侧车窗		16	评分要求： 请按照得分条件酌情给分，扣分不得超过 16 分 □合格 □不合格 评分：
3	工具及设备的使用能力	□1. 能规范使用数字绝缘测试仪进行开路和短路检测； □2. 能规范检测绝缘垫的绝缘性且佩戴绝缘手套与护目镜； □3. 能规范使用数字万用表		8	评分要求： 请按照得分条件酌情给分，扣分不得超过 8 分 □合格 □不合格 评分：
4	专业技能能力	□1. 能正确连接诊断仪与车辆诊断口； □2. 能正确查阅维修手册或电路图并保持在检测页； □3. 能正确使用专用连接线； □4. 能规范测量低压部分线路未佩戴耐磨手套； □5. 能规范测量高压部分线路并佩戴绝缘手套、护目镜； □6. 能规范断开连接器插头； □7. 能规范断开蓄电池负极； □8. 能规范使用万用表测量数据		40	评分要求： 请按照得分条件酌情给分，扣分不得超过 40 分 □合格 □不合格 评分：

续表

序号	评分项	得分条件	配分	师评
5	资料、信息查询能力	□1. 能正确使用电路图； □2. 能正确使用维修手册； □3. 能在规定时间内查询所需资料； □4. 能正确记录所查询资料章节页码； □5. 能正确记录所需维修资料	10	评分要求： 请按照得分条件酌情给分，扣分不得超过10分 □合格 □不合格 评分：
6	数据判读与分析能力	□1. 能通过测量结果分析判断电气电路状态是否良好； □2. 能通过测量结果分析模块工作状态是否良好	6	评分要求： 请按照得分条件酌情给分，扣分不得超过6分 □合格 □不合格 评分：
7	工单撰写能力	□1. 字迹清晰； □2. 语句通顺； □3. 无错别字； □4. 无涂改； □5. 无抄袭	10	评分要求： 请按照得分条件酌情给分，扣分不得超过10分 □合格 □不合格 评分：
8	现场恢复能力	□1. 能关闭驾驶员侧车窗； □2. 能规范拆卸翼子板布、格栅布； □3. 能规范拆卸车内多件套并丢弃到垃圾桶； □4. 能规范移除高压警示标识等并放到指定位置； □5. 能规范恢复工位到原标准工位布置状态	10	评分要求： 请按照得分条件酌情给分，扣分不得超过10分 □合格 □不合格 评分：
	总分		110	得分：

教师评语：

七、任务拓展

在针对BMS模块其他故障的诊断与维修任务实施过程中，依据具体的故障现象，初步判定故障范围，按照供电线路、接地线（图4-22）、CAN通信线路（图4-23）、其他线路的顺序依次排查，直到找到故障点并排除。若通过故障初步判定故障范围，可直接排除掉具体线路（如供电线路、搭铁线路）不需要排查，则按照顺序排查后续（从CAN通信线路开始排查）其他线路、元件。

图 4-22 供电、搭铁线路故障

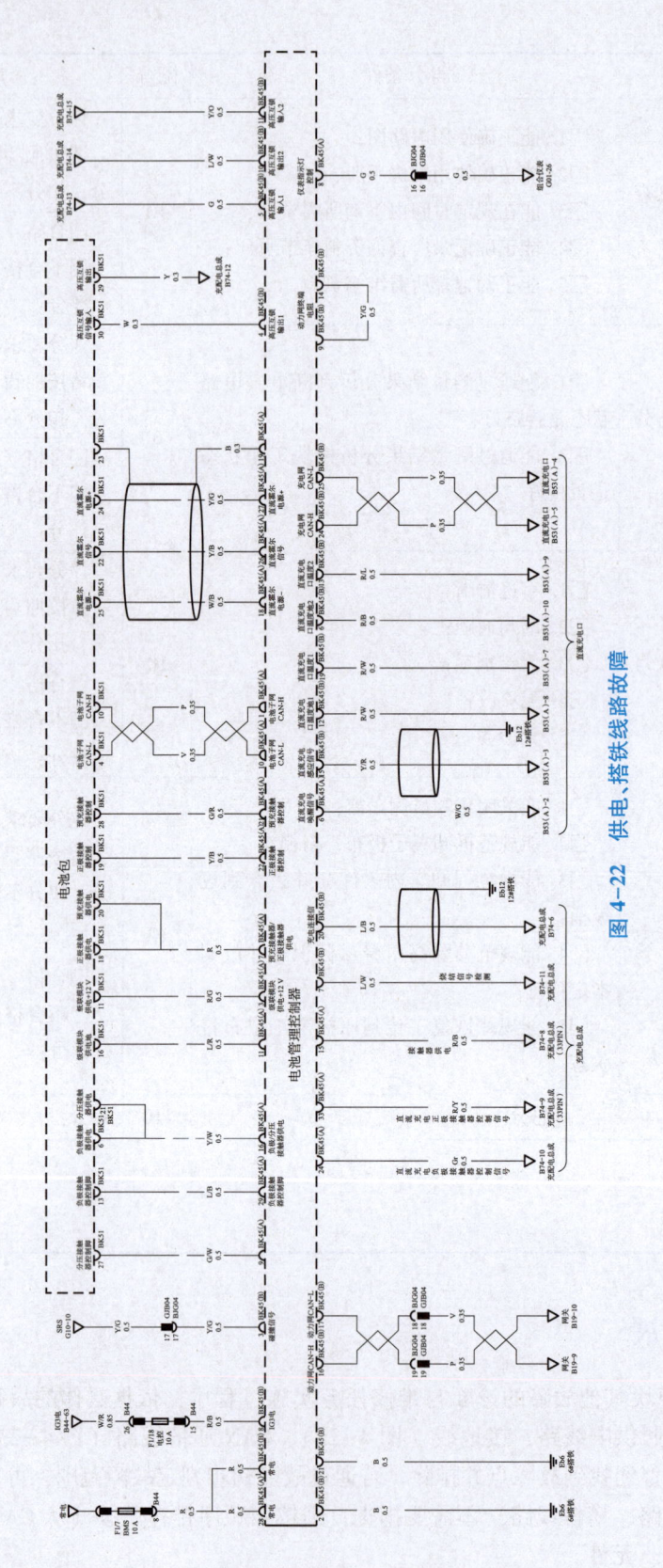

图 4-23 CAN 网线路故障

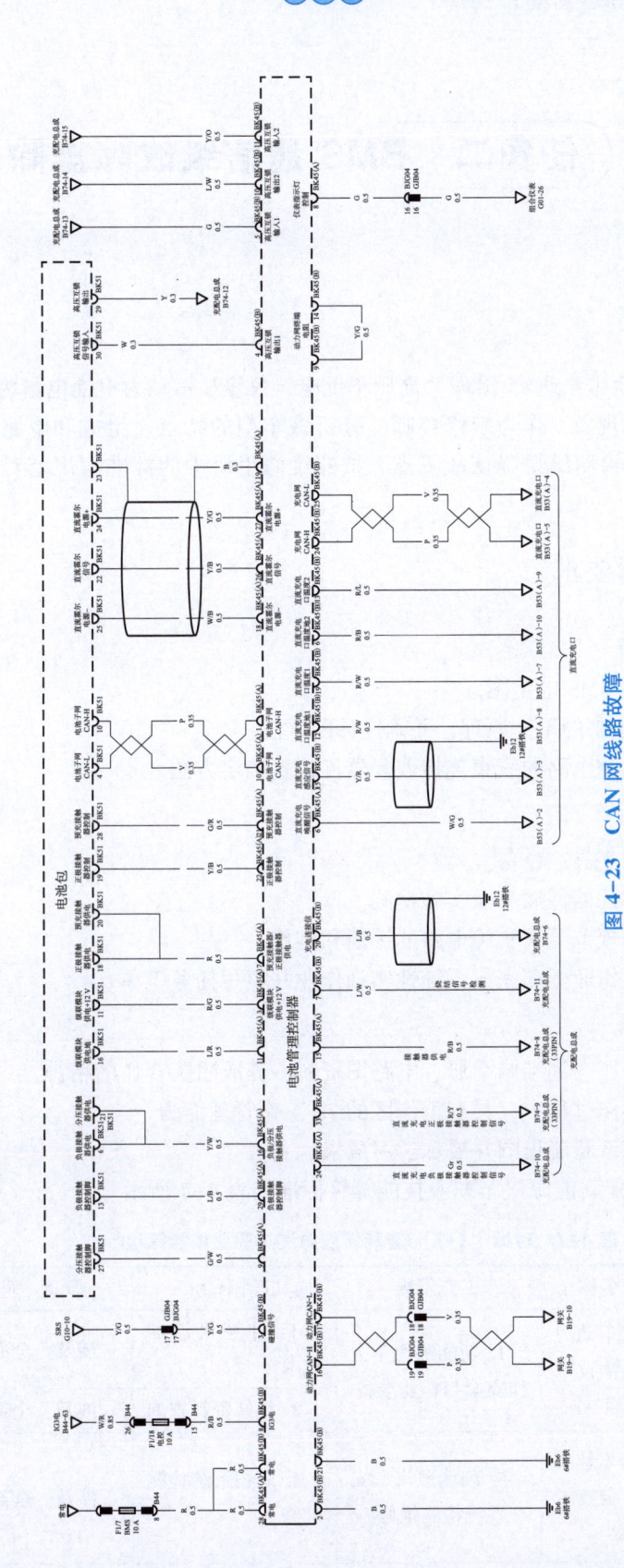

任务二　BMS 通信线故障排除

一、任务描述

现有一辆 2019 款比亚迪 e5 出现"高压不上电，仪表显示动力电池电量为零，仪表显示多个故障灯"的故障现象，作为维修技师，分析该车型的特点、组成和电路图，并对故障进行系统检测，依据检测结果确认故障点，按照维修手册中的标准与规范对系统故障进行维修。

二、任务目标要求

（一）知识目标

（1）熟悉并掌握 BMS 电路图。
（2）掌握 BMS 控制的工作原理，并确定诊断方法。
（3）掌握所需检测电路的线束连接或元器件位置确定方法。

（二）能力目标

（1）能规范使用工具、设备。
（2）能规范拆装元器件插头及实施检测。
（3）能按照维修规范要求实施电路的诊断和维修。
（4）能按照安全作业标准完成系统性实训作业并填写任务工单。

（三）素质目标

（1）能与他人合作查询维修手册、电路图资料，养成团队合作的精神。
（2）能在完成操作过程中，具有工作区的 7S 工作管理能力。
（3）能绘制故障诊断流程图并展示学习成果。

对标"1+X"智能新能源汽车职业技能等级标准如表 4-7 所示。

表 4-7　对标"1+X"智能新能源汽车职业技能等级标准

序号	等级	职业等级名称	工作领域	工作任务	涉及：职业技能要求点
1	高级	新能源汽车动力驱动电机电池技术职业技能等级	1. 新能源汽车工作安全与作业准备	1. 计算机诊断技术	涉及：全部技术技能点
				2. 维修资料查询	涉及：全部技术技能点
2	初级	新能源汽车悬架转向制动安全技术职业技能等级	5. 新能源汽车安全系统检测维修	4. 防盗系统检测维修	涉及：全部技术技能点

续表

序号	等级	职业等级名称	工作领域	工作任务	涉及：职业技能要求点
3	中级	新能源汽车悬架转向制动安全技术职业技能等级	1. 新能源汽车工作安全与作业准备	1. 维修注意事项	涉及：全部技术技能点（包含1.1.4）
				2. 安全注意事项	涉及：全部技术技能点
			5. 新能源汽车安全系统检测维修	4. 防盗系统检测维修	涉及：全部技术技能点
4	高级	新能源汽车悬架转向制动安全技术职业技能等级要求	1. 新能源汽车工作安全与作业准备	1. 维修注意事项	涉及：全部技术技能点（包含1.1.4）
				2. 安全注意事项	涉及：全部技术技能点
			5. 新能源汽车安全系统诊断分析	4. 防盗系统诊断分析	涉及：全部技术技能点
5	初级	新能源汽车电子电气空调舒适技术职业技能等级	2. 新能源汽车电子电气系统检查保养	1. 电子电气系统一般维修	涉及：全部技术技能点
				2. 蓄电池检查保养	涉及：全部技术技能点
				7. 起动系统检查保养	涉及：全部技术技能点
				8. 新能源汽车电路识别	涉及：全部技术技能点
6	中级	新能源汽车电子电气空调舒适技术职业技能等级	2. 新能源汽车电子电气系统检测维修	14. 车身附件检测维修	涉及：2.14.5
7	高级	新能源汽车电子电气空调舒适技术职业技能等级	2. 新能源汽车电子电气系统诊断分析	12. 车身附件诊断分析	涉及：2.12.5
				14. 新能源汽车电路诊断分析	涉及：全部技术技能点
				15. 控制模块检测分析	涉及：2.15.1~2.15.3
				17. 执行器的检测与分析	涉及：2.17.1、2.17.2、2.17.6
8	中级	新能源汽车网关控制娱乐系统技术职业技能等级要求	5. 新能源汽车舒适电子控制网络系统检测维修	5. 防盗控制模块检测维修	涉及：5.5.1~5.5.6
9	高级	新能源汽车网关控制娱乐系统技术职业技能等级要求	5. 新能源汽车舒适电子控制网络系统检测维修	5. 防盗控制模块检测维修	涉及：5.5.1~5.5.6
10	其他职业技能等级证书的相关要求，与上述三个不同证书初、中、高的相关要求近乎一致，不再详述；与教材其他项目雷同的技术技能点不再赘述				

三、任务资讯与知识准备

电池管理系统（BMS）通过检测动力电池组中各单体电池的状态来确定整个电池系统的状态，并根据它们的状态对动力电池系统进行对应的控制调整和策略实施，实现对动力电池系统及各单体的充放电管理以保证动力电池系统安全稳定地运行。

典型电池管理系统拓展图结构主要分为主控模块和从控模块两大块。具体来说，电池管理系统由中央处理单元（主控模块）、数据采集模块、数据检测模块、显示单元模块、控制部件（熔断装置、继电器）等构成。一般通过采集内部CAN总线技术实现模块之间的数据信息通信。

（一）系统部件位置及端子识别

1. BMS模块位置

电池管理控制模块位于前机舱左侧，低压电池旁，如图4-24所示。

图4-24　电池管理控制模块分布图

2. BMS相关的低压线束及端子识别

从前舱线束图4-25来看，BK45 A和BK45 B为电池管理系统低压线束。

从前舱保险图（图4-26）来看，F1/7为BMS模块常电，F1/18为BMS IG3电。

电池管理系统低压线束端子BK45（A）和BK45（B）低压插头外形如图4-27所示。

（二）BMS模块涉及电路图识别

BMS模块及相关电路图如图4-28所示。

BMS电路图识别：通过电路图可以看出，在针对BMS模块其他故障的诊断与维修任务实施过程中，依据具体故障现象，初步判定故障范围，按照供电线路、接地线、CAN通信线路、其他线路的顺序依次排查，直到找到故障点并排除。若通过故障初步判断故障范围，可直接排除掉具体线路（如供电线路、搭铁线路）不需要排查，则按照顺序排查后续（从CAN通信线路开始排查）其他线路、元件。

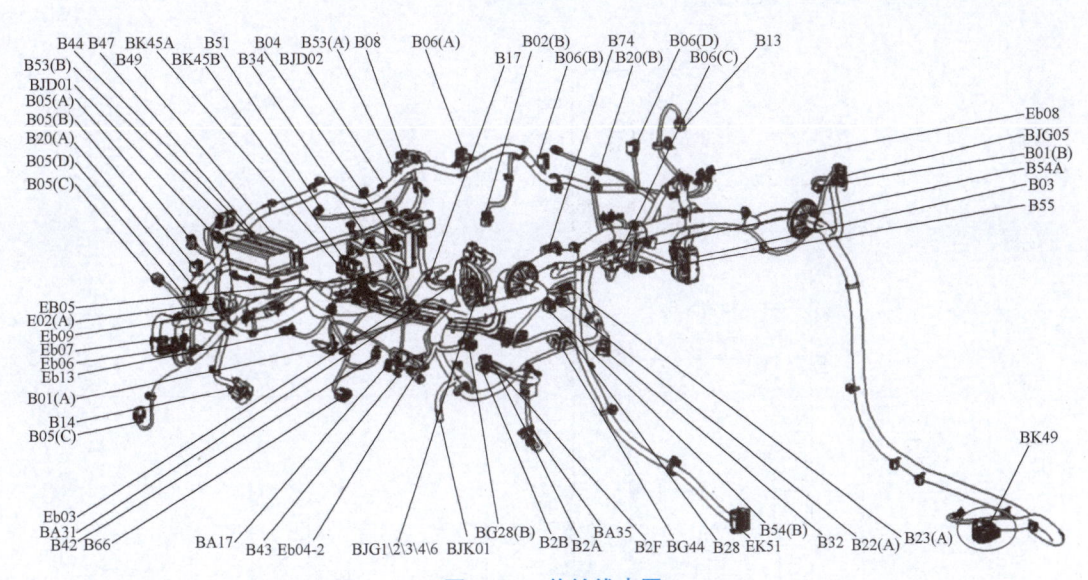

项目四 ▶▶▶ 动力电池与电池管理系统（BMS）故障诊断与排除

图 4-25 前舱线束图

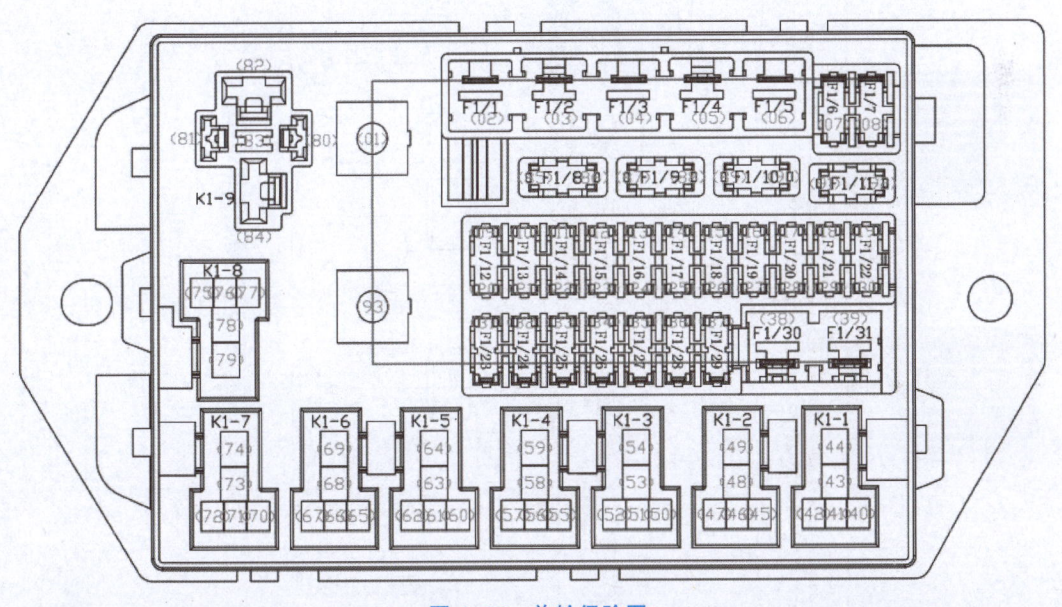

图 4-26 前舱保险图

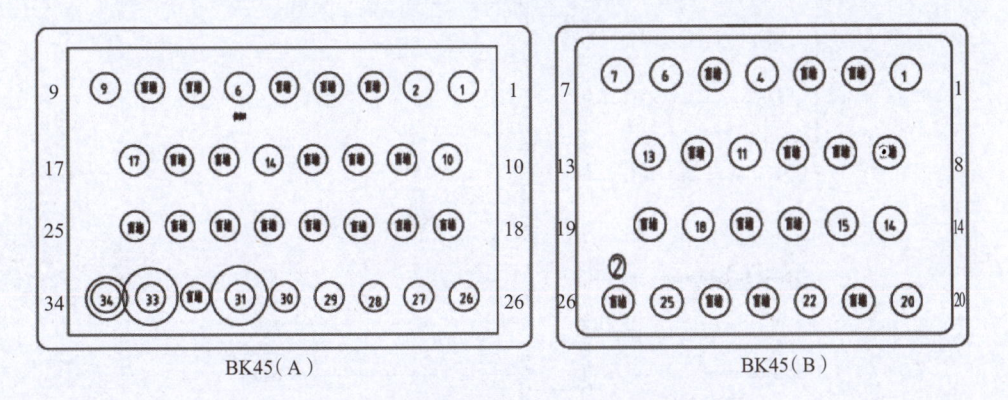

图 4-27 BK45(A) 和 BK45(B) 接插件外形

· 147 ·

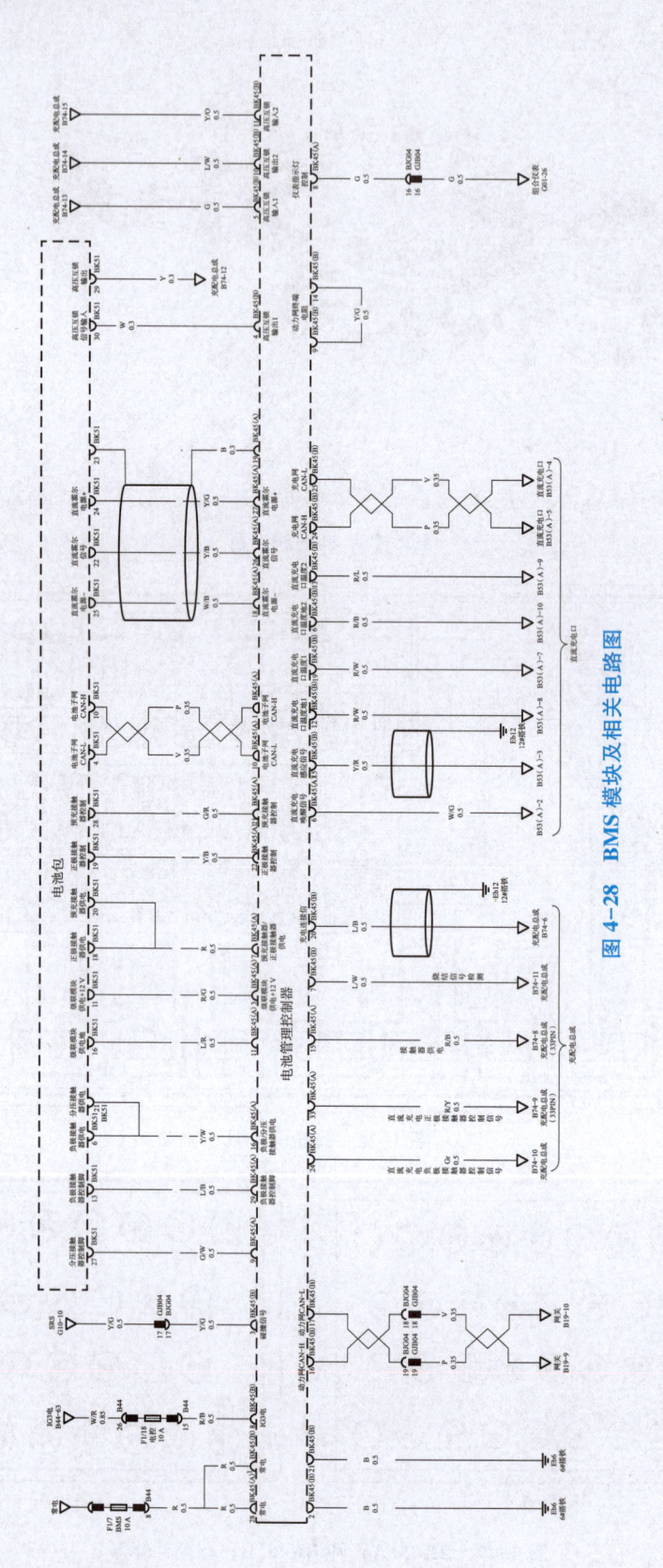

图 4-28 BMS 模块及相关电路图

四、任务分析

根据故障现象分步骤进行故障诊断主要流程分析。

第一步：项目组织。

各类防护准备、工具准备和资料准备。

第二步：确认故障现象。

低压系统上电后，通过仪表现象，查看实际故障现象。

第三步：确定故障范围。

连接故障诊断仪，读取故障码或者数据流，通过查阅电路图，分析线束连接、端子连接、具体电路工作原理，锁定故障范围。

第四步：实施故障诊断。

进行有序诊断排查，确定故障点，恢复并验证诊断结果，整理工作现场。

第五步：完成任务工单。

按照规范操作要求，认真完成任务工单的填写。

第六步：开展任务评价，探讨项目的拓展。

开展任务评价，师生互评，获得最终评价结果，同时开展项目案例拓展分析。

五、任务组织

（一）实施前的准备工作

1. 所需的各种防护用品准备

工位、隔离带、安全警示牌、灭火器、绝缘杆、绝缘垫、绝缘工作台、棉线手套、绝缘手套、护目镜、安全帽、车外三件套、车内四件套、洗手液、急救包和除颤仪。

2. 常用工具、设备准备

万用表、示波器、诊断仪、万用接线盒和绝缘工具套装。

3. 资料准备

维修手册、电路图及其他资料。

（二）制订计划

依据任务要求、任务分析，结合实施准备，小组内相互讨论，制订工作计划，并将工作计划步骤、注意事项写在表 4-8 所示计划表的相应位置，并选派组员进行汇报展示。

表 4-8 计划表

1. 作业计划			
序号	作业项目	操作要点	注意事项
1			
2			
3			
4			

续表

5				
6				
7				

2. 设备清单

序号	设备名称	用途	规格型号	数量
1				
2				
3				
4				
5				
6				

3. 其他材料清单

序号	材料名称	用途	规格型号	数量
1				
2				
3				
4				

审核	小组审核意见:	组长签字: 年　月　日
	教师审核意见:	签字: 年　月　日

六、任务实施

在做好个人安全防护、维修场地安全检查之后，按照诊断维修的准备流程，做好诊断前的各项组织工作，实施故障诊断任务。

（一）故障现象确认及范围确定

1. 车辆故障现象确认

（1）高压无法上电，动力系统故障灯点亮，仪表显示"请检查动力系统""请及时充电"，仪表显示动力电池电量为零的故障现象。

（2）故障现象如图 4-29 所示。

项目四 ▶▶▶▶ 动力电池与电池管理系统（BMS）故障诊断与排除

图 4-29 故障现象

2. 模块通信状态及故障码检查

（1）故障码文字描述。根据故障现象显示，连接诊断仪 VCU 和电机控制器报与 BMS 通信失败故障，如图 4-30~图 4-32 所示。

（2）相关数据流文字描述：无法读取数据流。

图 4-30 VCU 模块显示故障

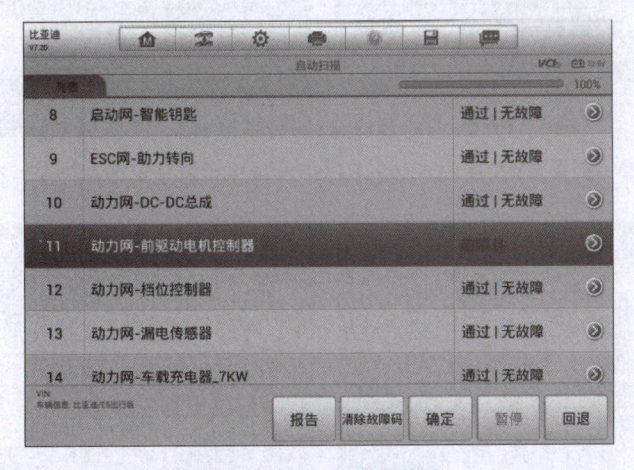

图 4-31 PEU 显示故障

· 151 ·

图 4-32 VCU 及 PEU 报与 BMS 失去通信

3. 确认故障范围

在对车辆进行上电时发现，高压无法正常上电，VCU 和 PEU 报电池管理系统通信失败，电池管理系统无法进入，根据此车的故障现象，查阅电路图册锁定故障范围为 BMS 模块故障，进行有序诊断排查。

（二）故障的具体诊断与维修

故障诊断与排除准备工作完毕之后，具体诊断过程如下。

1. 故障点的初步检测

故障点的初步检测如图 4-33、图 4-34 所示。

图 4-33 测量 BMS 模块 BK45（B）/17 号线电压值（正常为 2.3 V 左右）

图 4-34 测量 BMS 模块 BK45（B）/16 号线电压值（正常为 2.7 V 左右）

2. 详细故障点检测

详细故障点检测如图 4-35~图 4-37 所示。

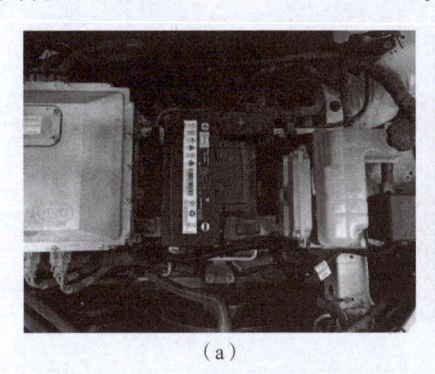

（a）　　　　　　　　（b）

图 4-35　车辆下电，断开低压电源负极

图 4-36　断开维修开关，置于收纳盒中，车辆静置 5 min

图 4-37　测量 BMS 模块 BK49（B）17 号线到网关模块 G19/10 号线之间的电阻（正常为 0.1 Ω 左右）

3. 故障点确定及恢复

在排查过程中，尤其注意检测线路过程中，故障点要锁定在最小的区间内。

按照以上检测步骤进行测量时发现 BK45（B）17 CAN-L 线束阻值间电阻无穷大，处于断路状态，其故障点如图 4-38 所示，故障恢复并上电清码之后，再次读取故障码，显示车辆无故障。

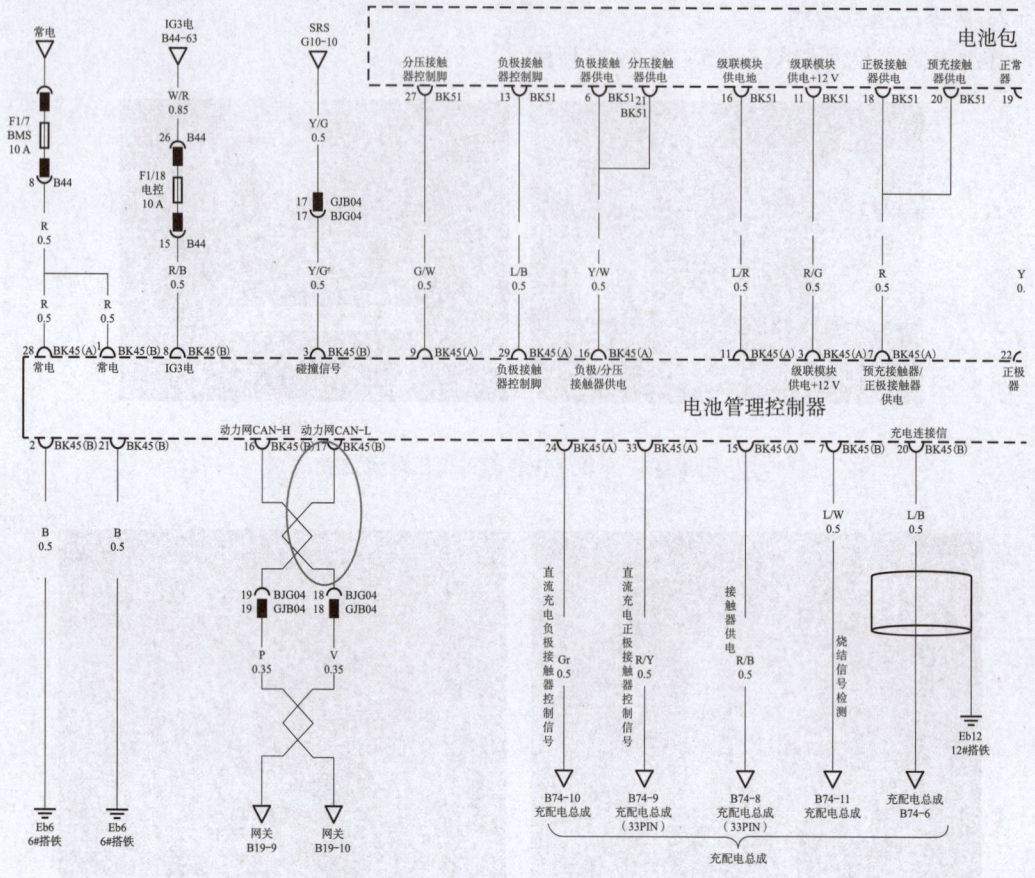

图4-38 确定故障点

（三）填写任务记录工单

填写如表4-9所示任务记录工单。

表4-9 任务记录工单

工作任务：				日期：	年 月 日
姓名		学号		班级（小组）	
车辆信息					
品牌		生产年代		电池容量	
VIN				电机型号	
读取故障代码		相关数据流			

续表

故障诊断流程		
检测内容	检测数据	检测结果
故障点确定		

（四）任务评价

填写如表4-10所示任务评价表。

表4-10 任务评价表

工作任务：				日期： 年 月 日
姓名：	学号：	班级（小组）：		导师签字：
自评：□熟练 □不熟练	互评：□熟练 □不熟练	师评：□合格 □不合格		
序号	评分项	得分条件	配分	师评
1	安全/7S/态度	□1. 能进行工位7S操作； □2. 能进行设备和工具安全测量； □3. 能进行车辆安全防护操作； □4. 能进行工具清洁校准存放操作； □5. 能进行三不落操作	10	评分要求： 请按照得分条件酌情给分，扣分不得超过10分 □合格 □不合格 评分：
2	作业准备	□1. 能规范设置隔离栏； □2. 能规范设置安全警示牌； □3. 能正确检查灭火器压力值（水基、干粉）； □4. 能正确检查消防桶内是否有灭火沙； □5. 能规范安装车辆挡块； □6. 能规范安装车外三件套； □7. 能规范安装车内多件套（方向盘、座椅、脚垫、换挡杆等）； □8. 能完全落下驾驶员侧车窗	16	评分要求： 请按照得分条件酌情给分，扣分不得超过16分 □合格 □不合格 评分：

续表

序号	评分项	得分条件	配分	师评
3	工具及设备的使用能力	□1. 能规范使用数字绝缘测试仪进行开路和短路检测； □2. 能规范检测绝缘垫的绝缘性且佩戴绝缘手套与护目镜； □3. 能规范使用数字万用表	8	评分要求： 请按照得分条件酌情给分，扣分不得超过8分 □合格 □不合格 评分：
4	专业技能能力	□1. 能正确连接诊断仪与车辆诊断口； □2. 能正确查阅维修手册或电路图并保持在检测页； □3. 能正确使用专用连接线； □4. 能规范测量低压部分线路并佩戴耐磨手套； □5. 能规范测量高压部分线路并佩戴绝缘手套、护目镜； □6. 能规范断开连接器插头； □7. 能规范断开蓄电池负极； □8. 能规范使用万用表测量数据	40	评分要求： 请按照得分条件酌情给分，扣分不得超过40分 □合格 □不合格 评分：
5	资料、信息查询能力	□1. 能正确使用电路图； □2. 能正确使用维修手册； □3. 能在规定时间内查询所需资料； □4. 能正确记录所查询资料章节页码； □5. 能正确记录所需维修资料	10	评分要求： 请按照得分条件酌情给分，扣分不得超过10分 □合格 □不合格 评分：
6	数据判读与分析能力	□1. 能通过测量结果分析判断电气电路状态是否良好； □2. 能通过测量结果分析模块工作状态是否良好	6	评分要求： 请按照得分条件酌情给分，扣分不得超过6分 □合格 □不合格 评分：
7	工单撰写能力	□1. 字迹清晰； □2. 语句通顺； □3. 无错别字； □4. 无涂改； □5. 无抄袭	10	评分要求： 请按照得分条件酌情给分，扣分不得超过10分 □合格 □不合格 评分：

续表

序号	评分项	得分条件	配分	师评
8	现场恢复能力	□1. 能关闭驾驶员侧车窗； □2. 能规范拆卸翼子板布、格栅布； □3. 能规范拆卸车内多件套并丢弃到垃圾桶； □4. 能规范移除高压警示标识等并放到指定位置； □5. 能规范恢复工位到原标准工位布置状态	10	评分要求： 请按照得分条件酌情给分，扣分不得超过 10 分 □合格 □不合格 评分：
总分			110	得分：
教师评语：				

七、任务拓展

通过电路图可以看出，在针对 BMS 模块其他故障的诊断与维修任务实施过程中，依据具体故障现象，初步判定故障范围，按照供电线路、接地线、CAN 通信线路、其他线路的顺序依次排查，直到找到故障点并排除。若通过故障初步判断故障范围，可直接排除掉具体线路（如供电线路、搭铁线路）不需要排查，则按照顺序排查后续（从 CAN 通信线路开始排查）其他线路、元件。

项目五

电机与控制系统（PEU）故障诊断与排除

任务一　PEU 电源线故障排除

一、任务描述

针对 2019 款比亚迪 e5 出现"高压不上电，起车时高速风扇自启，仪表显示多个故障灯"的故障现象，作为维修技师，对故障现象进行确定，尝试分析 PEU 电机控制器模块的特点、组成和电路图，按照维修手册中的标准与规范，实施对故障进行维修检测，确认具体故障点，完成该故障的系统性诊断并填写任务工单。

二、任务目标要求

（一）知识目标

(1) 熟悉并掌握电机控制器 PEU 模块、插接器端子位置。
(2) 能精准找到电机控制器 PEU 所需测量的端子位置。
(3) 掌握电机控制器 EPU 模块的电路图和维修手册。

（二）能力目标

(1) 能规范使用工具、设备。
(2) 能按照维修规范要求实施电机控制器 PEU 检测与维修。
(3) 能按照安全作业标准完成实训作业并填写工单。
(4) 能规范拆装电机控制器 PEU 模块插头及插接器。

（三）素质目标

(1) 能与他人合作查询维修资料，养成团队合作的精神。
(2) 能在完成操作过程中，具有工作区的 7S 工作管理能力。
(3) 能积极分享学习心得。
(4) 能进行学习总结并展示学习成果。

对标"1+X"智能新能源汽车职业技能等级标准如表 5-1 所示。

表 5-1　对标"1+X"智能新能源汽车职业技能等级标准

序号	等级	职业等级名称	工作领域	工作任务	涉及：职业技能要求点
1	高级	新能源汽车动力驱动电机电池技术职业技能等级	1. 新能源汽车工作安全与作业准备	1. 计算机诊断技术	涉及：全部技术技能点
				2. 维修资料查询	涉及：全部技术技能点
2	初级	新能源汽车悬架转向制动安全技术职业技能等级	5. 新能源汽车安全系统检测维修	4. 防盗系统检测维修	涉及：全部技术技能点

续表

序号	等级	职业等级名称	工作领域	工作任务	涉及：职业技能要求点
3	中级	新能源汽车悬架转向制动安全技术职业技能等级	1. 新能源汽车工作安全与作业准备	1. 维修注意事项	涉及：全部技术技能点（包含1.1.4）
				2. 安全注意事项	涉及：全部技术技能点
			5. 新能源汽车安全系统检测维修	4. 防盗系统检测维修	涉及：全部技术技能点
4	高级	新能源汽车悬架转向制动安全技术职业技能等级要求	1. 新能源汽车工作安全与作业准备	1. 维修注意事项	涉及：全部技术技能点（包含1.1.4）
				2. 安全注意事项	涉及：全部技术技能点
			5. 新能源汽车安全系统诊断分析	4. 防盗系统诊断分析	涉及：全部技术技能点
5	初级	新能源汽车电子电气空调舒适技术职业技能等级	2. 新能源汽车电子电气系统检查保养	1. 电子电气系统一般维修	涉及：全部技术技能点
				2. 蓄电池检查保养	涉及：全部技术技能点
				7. 起动系统检查保养	涉及：全部技术技能点
				8. 新能源汽车电路识别	涉及：全部技术技能点
6	中级	新能源汽车电子电气空调舒适技术职业技能等级	2. 新能源汽车电子电气系统检测维修	14. 车身附件检测维修	涉及：2.14.5
7	高级	新能源汽车电子电气空调舒适技术职业技能等级	2. 新能源汽车电子电气系统诊断分析	12. 车身附件诊断分析	涉及：2.12.5
				14. 新能源汽车电路诊断分析	涉及：全部技术技能点
				15. 控制模块检测分析	涉及：2.15.1~2.15.3
				17. 执行器的检测与分析	涉及：2.17.1、2.17.2、2.17.6
8	中级	新能源汽车网关控制娱乐系统技术职业技能等级要求	5. 新能源汽车舒适电子控制网络系统检测维修	5. 防盗控制模块检测维修	涉及：5.5.1~5.5.6
9	高级	新能源汽车网关控制娱乐系统技术职业技能等级要求	5. 新能源汽车舒适电子控制网络系统检测维修	5. 防盗控制模块检测维修	涉及：5.5.1~5.5.6
10	其他职业技能等级证书的相关要求，与上述三个不同证书初、中、高的相关要求近乎一致，不再详述；与教材其他项目雷同的技术技能点不再赘述					

三、任务资讯与知识准备

（一）工作原理

PEU 的放电过程是将动力电池的高压直流电逆变成三相交流电，驱动动力电机转动；PEU 的能量回馈和交流充电过程是将电机制动过程中产生的交流电或者交流充电设备注入的交流电，整流成高压直流电，充入动力电池。PEU 的功能是直流电和交流电的转换。

比亚迪 e5 的电机控制系统，在整个比亚迪 e5 汽车动力网中的位置和连接关系，如图 5-1 所示。橙色：高压动力线；绿色：低压控制硬线；蓝色：部件之间的 CAN 通信线。

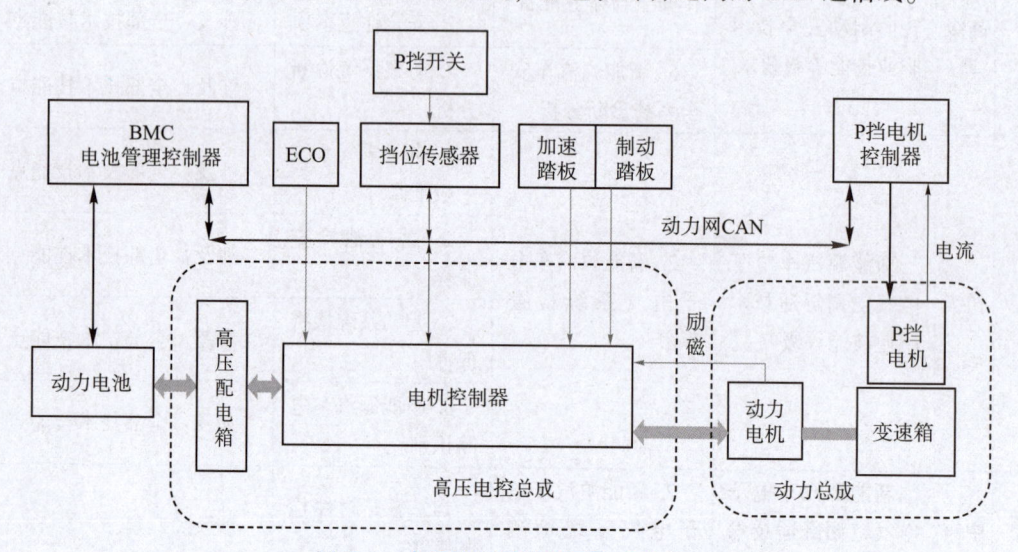

图 5-1　电机控制系统位置和连接关系

（二）系统部件位置及端子识别

PEU 的位置是在比亚迪 e5 汽车的高压电控总成内，如图 5-2 所示。PEU 又称为 VTOG 两电平双向逆变充放电式电机控制器。与 PEU 相关的低压线束插接器是（B28）电机控制器低压插接器，外形如图 5-3 所示。

（三）PEU 模块涉及电路图识别

电机控制器电路图如图 5-4 所示。

1. 电机控制器模块的供电线、搭铁线识别

图 5-4 中，IG3 的输出端与 F1/18 保险丝相连接给电机控制器的 B28/10、B28/11 供电，B28/1 和 B28/6、B28/8 为电机控制器模块的接地线（也称为模块的搭铁线），与车身搭铁。

2. 电机控制器模块与其他主要模块（或元件）连接识别

B28-5 与安全气囊模块连接，实现与安全气囊模块的碰撞信号 PWM 传递。

3. 电机控制器模块与外部网络通信线识别

B28/14 和 B28/9 分别与动力 CAN 的 CAN-L 线、CAN-H 线连接，实现通信信息交换。

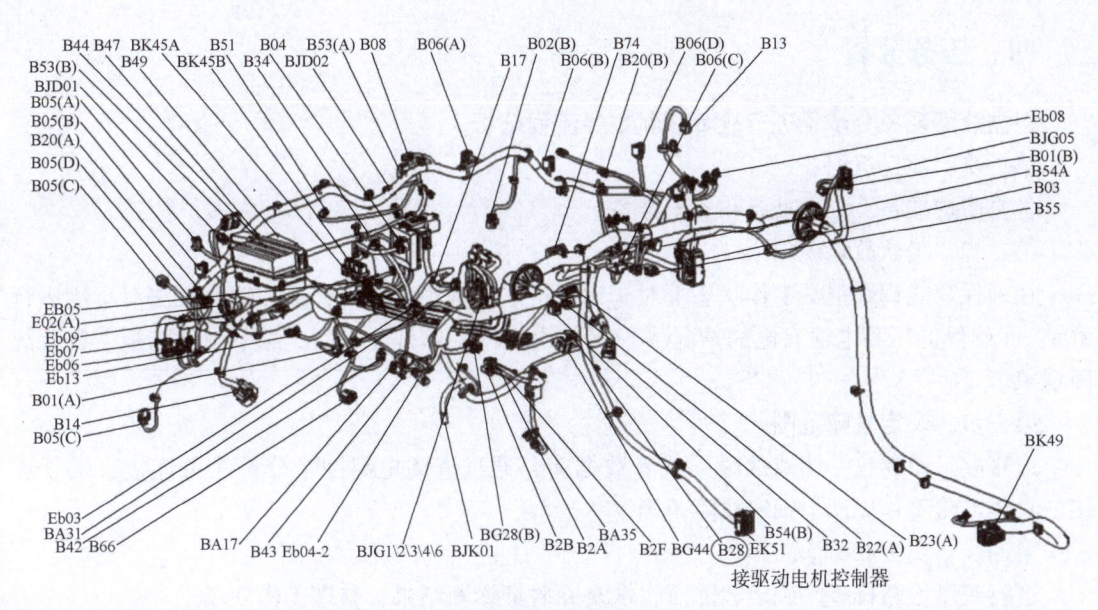

项目五 ▶▶▶ 电机与控制系统（PEU）故障诊断与排除

图 5-2　系统部件位置

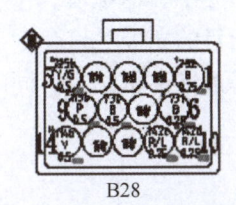

图 5-3　电机控制器低压插接器

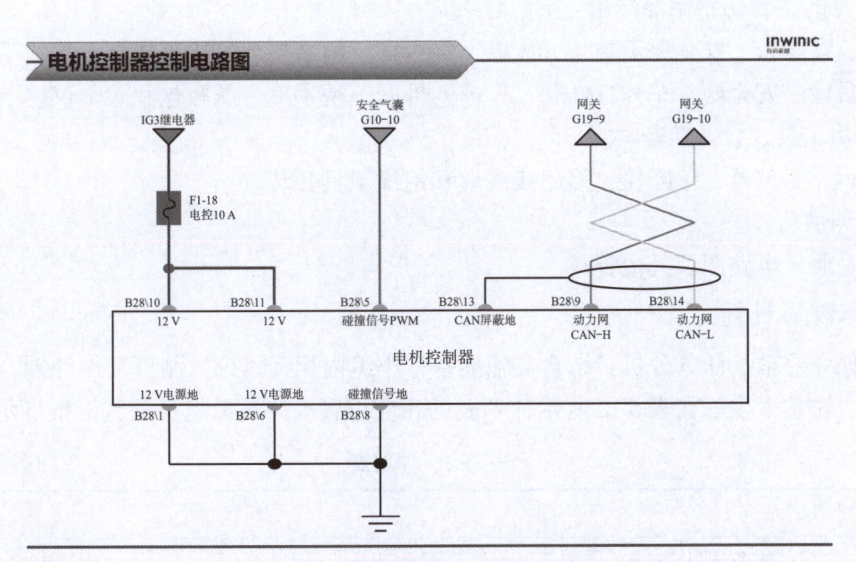

图 5-4　电机控制器控制电路图

· 163 ·

四、任务分析

根据故障现象分步骤进行故障诊断主要流程分析。

第一步：项目组织。

各类防护准备、工具准备和资料准备。

第二步：确认故障现象。

在确保智能钥匙正常工作状态下对车辆进行遥控解锁时发现，遥控钥匙无法对车辆进行解锁，（确保低压蓄电池有电的情况下）仅使用机械钥匙打开车门，踩下制动踏板，查看故障现象。

第三步：确定故障范围。

连接故障诊断仪，读取故障码或者数据流，通过查阅电路图，分析线束连接、端子连接、具体电路工作原理，锁定故障范围。

第四步：实施故障诊断。

进行有序诊断排查，确定故障点，恢复并验证诊断结果，整理工作现场。

第五步：完成任务工单。

按照规范操作要求，认真完成任务工单的填写。

第六步：开展任务评价，探讨项目的拓展。

开展任务评价，师生互评，获得最终评价结果，同时开展项目案例拓展分析。

五、任务组织

（一）实施前的准备工作

1. 所需的各种防护用品准备

工位、隔离带、安全警示牌、灭火器、绝缘杆、绝缘垫、绝缘工作台、棉线手套、绝缘手套、护目镜、安全帽、车外三件套、车内四件套、洗手液、急救包和除颤仪。

2. 常用工具、设备准备

万用表、示波器、诊断仪、万用接线盒和绝缘工具套装。

3. 资料准备

维修手册、电路图及其他资料。

（二）制订计划

依据任务要求、任务分析，结合实施准备，小组内相互讨论，制订工作计划，并将工作计划步骤、注意事项写在表 5-2 所示计划表的相应位置，并选派组员进行汇报展示。

表 5-2 计划表

1. 作业计划			
序号	作业项目	操作要点	注意事项
1			
2			

续表

序号	作业项目	操作要点	注意事项
3			
4			
5			
6			
7			

2. 设备清单

序号	设备名称	用途	规格型号	数量
1				
2				
3				
4				
5				
6				

3. 其他材料清单

序号	材料名称	用途	规格型号	数量
1				
2				
3				
4				

审核	小组审核意见： 教师审核意见：	组长签字： 　　年　　月　　日 签字： 　　年　　月　　日

六、任务实施

在做好个人安全防护、维修场地安全检查之后，按照诊断维修的准备流程，做好诊断前的各项组织工作，实施故障诊断任务。

（一）故障现象确认及范围确定

1. 车辆故障现象确认

（1）高压无法上电，动力系统故障灯点亮，仪表显示"请检查动力系统"的故障现象。

（2）故障现象如图 5-5 所示。

图 5-5　车辆起动时的故障现象

2. 模块通信状态及故障码检查

（1）故障码文字描述。根据故障现象显示，连接诊断仪 VCU 报电机控制器通信故障。

（2）故障诊断仪显示的故障信息，如图 5-6~图 5-8 所示。

图 5-6　VCU 模块显示有故障

图 5-7　VCU 报与电机控制器通信失败

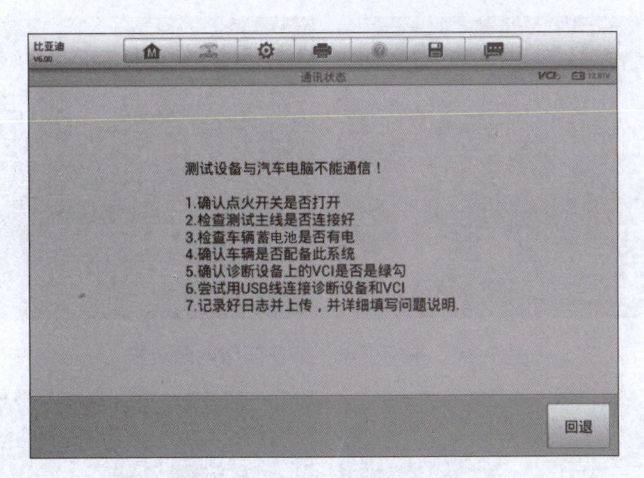

图 5-8　PEU 模块无法进入

(3) 相关数据流文字描述：无法读取数据流。
(4) 相关数据流故障诊断仪显示图片：无。

3. 确认故障范围

PEU 模块及配 PEU 相关电源、搭铁、通信。

(二) 故障的具体诊断与维修

故障诊断与排除准备工作完毕之后，具体诊断过程如下。

1. 故障点的初步检测

故障点的初步检测如图 5-9 所示。

图 5-9　被插测量 PEU 模块 10、11 号线电压（正常为 12 V 左右）

2. 详细故障点检测

详细故障点检测如图 5-10~图 5-14 所示。

3. 故障点确定及恢复

在对车辆进行上电时发现，高压无法正常上电，VCU 模块报电机控制器通信失败，电机控制器无法进入，可判断是 PEU 模块的故障，测量电压后显示不正常，进一步测量导通值，发现 PEU 两条电源线均断路，如图 5-15 所示。故障恢复并上电清码之后，再次读取故障码，显示车辆无故障。

图 5-10 车辆下电,断开低压电源负极

图 5-11 断开维修开关,置于收纳盒中,车辆静置 5 min

图 5-12 测量 PEU 模块 B28/10/11 号线到 IG3 继电器之间电阻(正常为 0.1 Ω 左右)

图 5-13 测量 IG3 继电器到 F1/18 熔断丝上游之间电阻(正常为 0.1 Ω 左右)

图 5-14　测量 PEU 模块 B28/10/11 号线到 F1/18 下游之间电阻（正常为 0.1 Ω 左右）

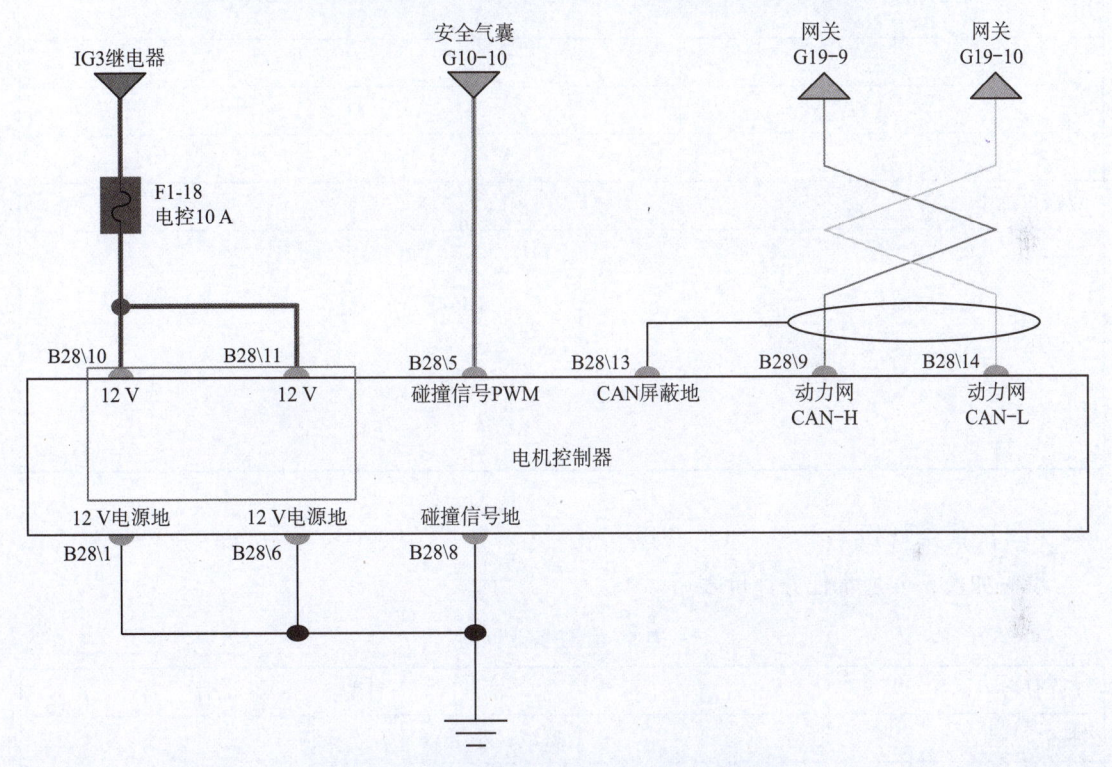

图 5-15　确定故障点（PEU 模块电源线断路）

（三）填写任务记录工单

填写如表 5-3 所示任务记录工单。

表 5-3　任务记录工单

工作任务：				日期：	年　月　日
姓名		学号		班级（小组）	
车辆信息					
品牌		生产年代		电池容量	
VIN				电机型号	

续表

读取故障代码	相关数据流

故障诊断流程		
检测内容	检测数据	检测结果

故障点确定

（四）任务评价

填写如表 5-4 所示任务评价表。

表 5-4　任务评价表

工作任务：				日期：	年　月　日
姓名：		学号：	班级（小组）：	导师签字：	
自评：□熟练 　　　□不熟练		互评：□熟练 　　　□不熟练	师评：□合格 　　　□不合格		
序号	评分项	得分条件	配分	师评	
1	安全/7S/态度	□1. 能进行工位 7S 操作； □2. 能进行设备和工具安全测量； □3. 能进行车辆安全防护操作； □4. 能进行工具清洁校准存放操作； □5. 能进行三不落操作	10	评分要求： 请按照得分条件酌情给分，扣分不得超过 10 分 □合格 □不合格 评分：	

续表

序号	评分项	得分条件	配分	师评
2	作业准备	☐1. 能规范设置隔离栏； ☐2. 能规范设置安全警示牌； ☐3. 能正确检查灭火器压力值（水基、干粉）； ☐4. 能正确检查消防桶内是否有灭火沙； ☐5. 能规范安装车辆挡块； ☐6. 能规范安装车外三件套； ☐7. 能规范安装车内多件套（方向盘、座椅、脚垫、换挡杆等）； ☐8. 能完全落下驾驶员侧车窗	16	评分要求： 请按照得分条件酌情给分，扣分不得超过16分 ☐合格 ☐不合格 评分：
3	工具及设备的使用能力	☐1. 能规范使用数字绝缘测试仪进行开路和短路检测； ☐2. 能规范检测绝缘垫的绝缘性且佩戴绝缘手套与护目镜； ☐3. 能规范使用数字万用表	8	评分要求： 请按照得分条件酌情给分，扣分不得超过8分 ☐合格 ☐不合格 评分：
4	专业技能能力	☐1. 能正确连接诊断仪与车辆诊断口； ☐2. 能正确查阅维修手册或电路图并保持在检测页； ☐3. 能正确使用专用连接线； ☐4. 能规范测量低压部分线路并佩戴耐磨手套； ☐5. 能规范测量高压部分线路并佩戴绝缘手套、护目镜； ☐6. 能规范断开连接器插头； ☐7. 能规范断开蓄电池负极； ☐8. 能规范使用万用表测量数据	40	评分要求： 请按照得分条件酌情给分，扣分不得超过40分 ☐合格 ☐不合格 评分：
5	资料、信息查询能力	☐1. 能正确使用电路图； ☐2. 能正确使用维修手册； ☐3. 能在规定时间内查询所需资料； ☐4. 能正确记录所查询资料章节页码； ☐5. 能正确记录所需维修资料	10	评分要求： 请按照得分条件酌情给分，扣分不得超过10分 ☐合格 ☐不合格 评分：

续表

序号	评分项	得分条件	配分	师评
6	数据判读与分析能力	□1. 能通过测量结果分析判断电气电路状态是否良好； □2. 能通过测量结果分析模块工作状态是否良好	6	评分要求： 请按照得分条件酌情给分，扣分不得超过6分 □合格 □不合格 评分：
7	工单撰写能力	□1. 字迹清晰； □2. 语句通顺； □3. 无错别字； □4. 无涂改； □5. 无抄袭	10	评分要求： 请按照得分条件酌情给分，扣分不得超过10分 □合格 □不合格 评分：
8	现场恢复能力	□1. 能关闭驾驶员侧车窗； □2. 能规范拆卸翼子板布、格栅布； □3. 能规范拆卸车内多件套并丢弃到垃圾桶； □4. 能规范移除高压警示标识等放到指定位置； □5. 能规范恢复工位到原标准工位布置状态	10	评分要求： 请按照得分条件酌情给分，扣分不得超过10分 □合格 □不合格 评分：
	总分		110	得分：

教师评语：

七、任务拓展

在针对电机控制器模块其他故障的诊断与维修任务实施过程中，依据具体的故障现象，初步判定故障范围，按照供电线路、接地线（图5-16）、CAN通信线路（图5-17）、其他线路的顺序依次排查，直到找到故障点并排除。若通过故障初步判定故障范围，可直接排除掉具体线路（如供电线路、搭铁线路）不需要排查，则按照顺序排查后续（从CAN通信线路开始排查）其他线路、元件。

项目五 ▶▶▶ 电机与控制系统（PEU）故障诊断与排除

电机控制器控制电路图

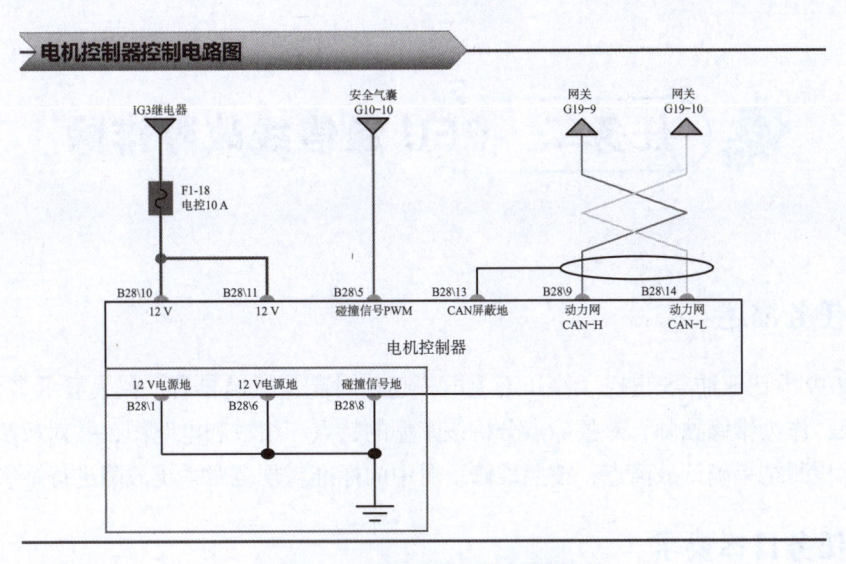

图 5-16　PEU 搭铁线路故障

电机控制器控制电路图

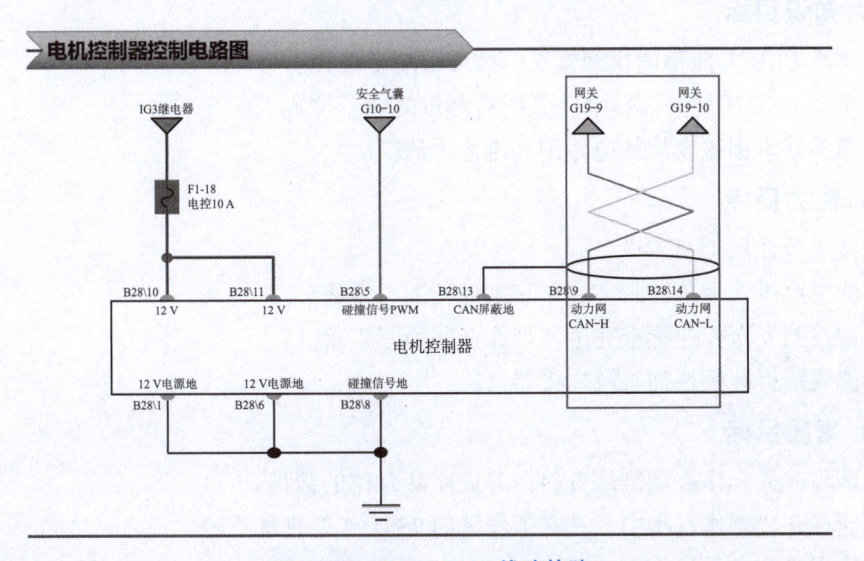

图 5-17　PEU CAN 线路故障

· 173 ·

任务二　PEU 通信线故障排除

一、任务描述

针对 2019 款比亚迪 e5 出现 "高压不上电、起车时高速风扇自启，仪表显示多个故障灯" 的故障现象，作为维修技师，对故障点分析该车型的特点、组成和电路图，并对故障进行系统检测，依据检测结果确认故障点，按照维修手册中的标准与规范对系统故障进行维修。

二、任务目标要求

（一）知识目标

（1）熟悉 PEU 并能精确找到模块、插接器端子位置。
（2）掌握 PEU 模块并能精准找到所需测量的端子位置。
（3）熟悉并掌握该模块的电路图和维修手册。

（二）能力目标

（1）能规范使用工具、设备。
（2）能按照维修规范要求实施该车型的检测与维修。
（3）能按照安全作业标准完成实训作业并填写工单。
（4）能规范拆装模块插头及插接器。

（三）素质目标

（1）能与他人合作查询维修资料，养成团队合作的精神。
（2）能在完成操作过程中，具有工作区的 7S 工作管理能力。
（3）能积极分享学习心得。
（4）能进行学习总结并展示学习成果。

对标 "1+X" 智能新能源汽车职业技能等级标准如表 5-5 所示。

表 5-5　对标 "1+X" 智能新能源汽车职业技能等级标准

序号	等级	职业等级名称	工作领域	工作任务	涉及：职业技能要求点
1	高级	新能源汽车动力驱动电机电池技术职业技能等级	1. 新能源汽车工作安全与作业准备	1. 计算机诊断技术	涉及：全部技术技能点
				2. 维修资料查询	涉及：全部技术技能点
2	初级	新能源汽车悬架转向制动安全技术职业技能等级	5. 新能源汽车安全系统检测维修	4. 防盗系统检测维修	涉及：全部技术技能点

续表

序号	等级	职业等级名称	工作领域	工作任务	涉及：职业技能要求点
3	中级	新能源汽车悬架转向制动安全技术职业技能等级	1. 新能源汽车工作安全与作业准备	1. 维修注意事项	涉及：全部技术技能点（包含1.1.4）
				2. 安全注意事项	涉及：全部技术技能点
			5. 新能源汽车安全系统检测维修	4. 防盗系统检测维修	涉及：全部技术技能点
4	高级	新能源汽车悬架转向制动安全技术职业技能等级要求	1. 新能源汽车工作安全与作业准备	1. 维修注意事项	涉及：全部技术技能点（包含1.1.4）
				2. 安全注意事项	涉及：全部技术技能点
			5. 新能源汽车安全系统诊断分析	4. 防盗系统诊断分析	涉及：全部技术技能点
5	初级	新能源汽车电子电气空调舒适技术职业技能等级	2. 新能源汽车电子电气系统检查保养	1 电子电气系统一般维修	涉及：全部技术技能点
				2. 蓄电池检查保养	涉及：全部技术技能点
				7. 起动系统检查保养	涉及：全部技术技能点
				8. 新能源汽车电路识别	涉及：全部技术技能点
6	中级	新能源汽车电子电气空调舒适技术职业技能等级	2. 新能源汽车电子电气系统检测维修	14. 车身附件检测维修	涉及：2.14.5
7	高级	新能源汽车电子电气空调舒适技术职业技能等级	2. 新能源汽车电子电气系统诊断分析	12. 车身附件诊断分析	涉及：2.12.5
				14. 新能源汽车电路诊断分析	涉及：全部技术技能点
				15. 控制模块检测分析	涉及：2.15.1~2.15.3
				17. 执行器的检测与分析	涉及：2.17.1、2.17.2、2.17.6
8	中级	新能源汽车网关控制娱乐系统技术职业技能等级要求	5. 新能源汽车舒适电子控制网络系统检测维修	5. 防盗控制模块检测维修	涉及：5.5.1~5.5.6
9	高级	新能源汽车网关控制娱乐系统技术职业技能等级要求	5. 新能源汽车舒适电子控制网络系统检测维修	5. 防盗控制模块检测维修	涉及：5.5.1~5.5.6
10	其他职业技能等级证书的相关要求，与上述三个不同证书初、中、高的相关要求近乎一致，不再详述；与教材其他项目雷同的技术技能点不再赘述				

三、任务资讯与知识准备

（一）工作原理

PEU 的放电过程是将动力电池的高压直流电逆变成三相交流电，驱动动力电机转动；PEU 的能量回馈和交流充电过程是将电机制动过程中产生的交流电或者交流充电设备注入的交流电，整流成高压直流电，充入动力电池。PEU 的功能是直流电和交流电的转换。

比亚迪 e5 的电机控制系统，在整个比亚迪 e5 汽车动力网中的位置和连接关系，如图 5-18 所示。橙色：高压动力线；绿色：低压控制硬线；蓝色：部件之间的 CAN 通信线。

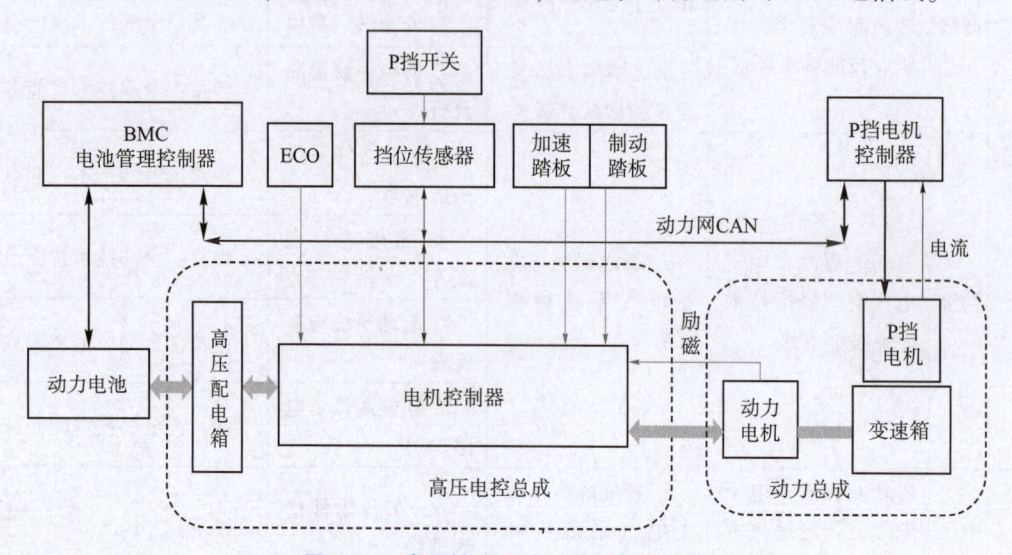

图 5-18 电机控制系统位置和连接关系

（二）系统部件位置及端子识别

PEU 的位置是在比亚迪 e5 汽车的高压电控总成内，如图 5-19 所示。PEU 又称为 VTOG 两电平双向逆变充放电式电机控制器。与 PEU 相关的低压线束插接器是（B28）电机控制器低压插接器，外形如图 5-20 所示。

（三）PEU 模块涉及电路图识别

电机控制器控制电路图如图 5-21 所示。

1. 电机控制器模块的供电线、搭铁线识别

在图 5-21 中，IG3 的输出端与 F1/18 熔断丝相连接给电机控制器的 B28/10、B28/11 供电，B28/1 和 B28/6、B28/8 为电机控制器模块的接地线（也称为模块的搭铁线），与车身搭铁。

2. 电机控制器模块与其他主要模块（或元件）连接识别

B28-5 与安全气囊模块连接，实现与安全气囊模块的碰撞信号 PWM 传递。

3. 电机控制器模块与外部网络通信线识别

B28/14 和 B28/9 分别与动力 CAN 的 CAN-L 线、CAN-H 线连接，实现通信信息交换。

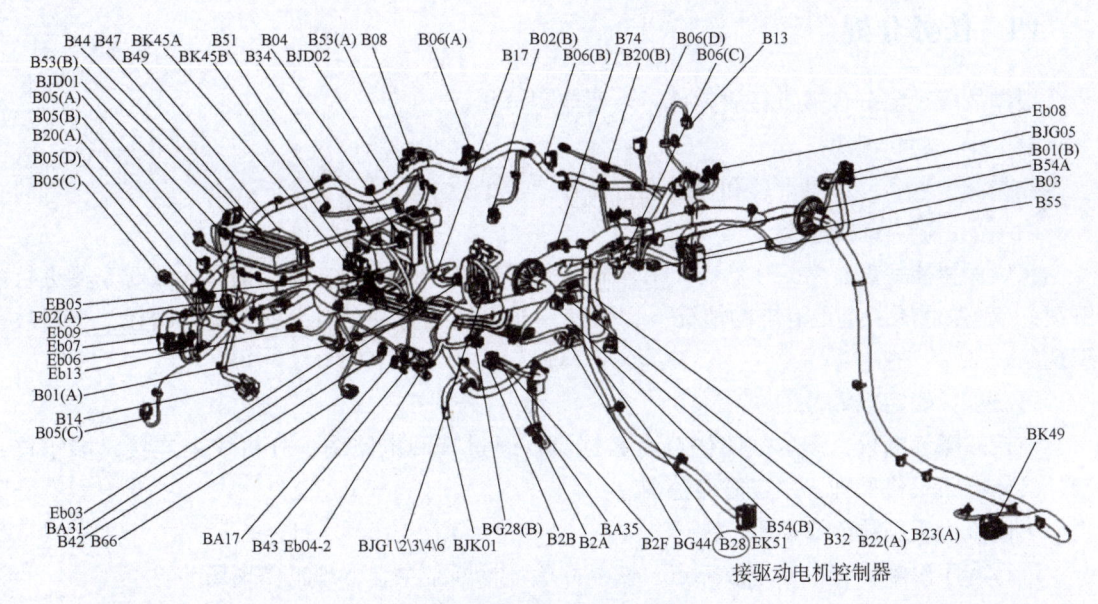

项目五 电机与控制系统（PEU）故障诊断与排除

图 5-19　系统部件位置

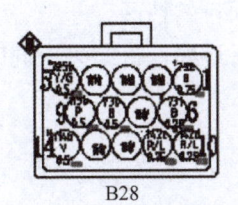

图 5-20　电机控制器低压插接器

电机控制器控制电路图

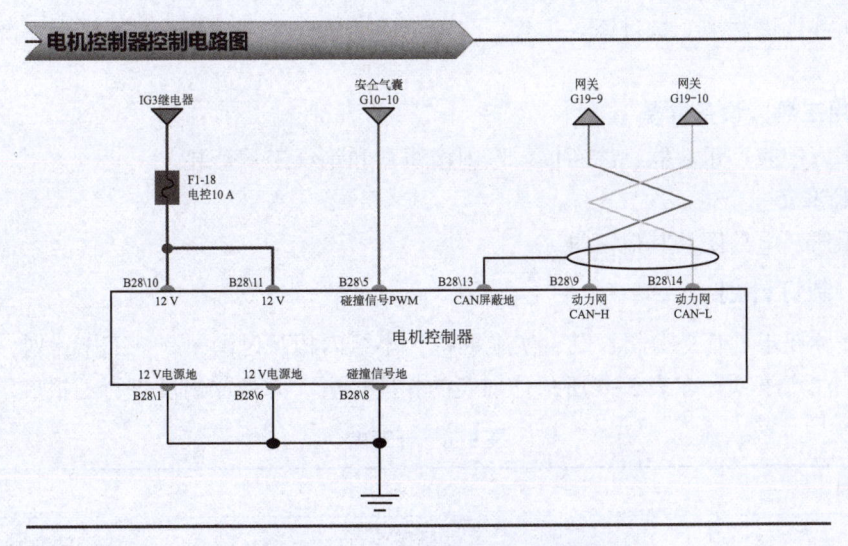

图 5-21　电机控制器控制电路图

· 177 ·

四、任务分析

根据故障现象分步骤进行故障诊断主要流程分析。

第一步：项目组织。

各类防护准备、工具准备和资料准备。

第二步：确认故障现象。

在确保智能钥匙正常工作状态下对车辆进行遥控解锁时发现，遥控钥匙无法对车辆进行解锁，（确保低压蓄电池有电的情况下）仅使用机械钥匙打开车门，踩下制动踏板，查看故障现象。

第三步：确定故障范围。

连接故障诊断仪，读取故障码或者数据流，通过查阅电路图，分析线束连接、端子连接、具体电路工作原理，锁定故障范围。

第四步：实施故障诊断。

进行有序诊断排查，确定故障点，恢复并验证诊断结果，整理工作现场。

第五步：完成任务工单。

按照规范操作要求，认真完成任务工单的填写。

第六步：开展任务评价，探讨项目的拓展。

开展任务评价，师生互评，获得最终评价结果，同时开展项目案例拓展分析。

五、任务组织

（一）实施前的准备工作

1. 安全生产所需的各种防护用品

工位、隔离带、安全警示牌、灭火器、绝缘杆、绝缘垫、绝缘工作台、棉线手套、绝缘手套、高压部件清洗液、护目镜、头盔、车外三件套、车内多件套、车间纸巾、洗手液、急救包和除颤仪。

2. 常用工具、设备准备

整车、万用表、示波器、诊断仪、万用接线盒和绝缘工具套装。

3. 资料准备

维修手册、电路图及其他资料。

（二）制订计划

依据任务要求、任务分析，结合实施准备，小组内相互讨论，制订工作计划，并将工作计划步骤、注意事项写在表5-6所示计划表的相应位置，并选派组员进行汇报展示。

表5-6 计划表

1. 作业计划

序号	作业项目	操作要点	注意事项
1			

续表

序号	作业项目	操作要点	注意事项
2			
3			
4			
5			
6			
7			

2. 设备清单

序号	设备名称	用途	规格型号	数量
1				
2				
3				
4				
5				
6				

3. 其他材料清单

序号	材料名称	用途	规格型号	数量
1				
2				
3				
4				

审核	小组审核意见：	组长签字： 年　月　日
	教师审核意见：	签字： 年　月　日

六、任务实施

在做好个人安全防护、维修场地安全检查之后，按照诊断维修的准备流程，做好诊断前的各项组织工作，实施故障诊断任务。

在对车辆进行上电时发现，高压无法正常上电，VCU 报电机控制器通信失败，电机控制器无法进入。根据此车的故障现象，查阅电路图册锁定故障范围为 PEU 模块故障，进行有序诊断排查。

（一）故障现象确认及范围确定

1. 车辆故障现象确认

（1）高压无法上电，动力系统故障灯点亮，仪表显示"请检查动力系统"的故障现象。

（2）故障现象如图5-22所示。

图5-22　车辆起动时的故障现象

2. 模块通信状态及故障码检查

（1）故障码文字描述。根据故障现象显示，连接诊断仪VCU报电机控制器通信故障。

（2）故障诊断仪显示的故障信息，如图5-23~图5-25所示。

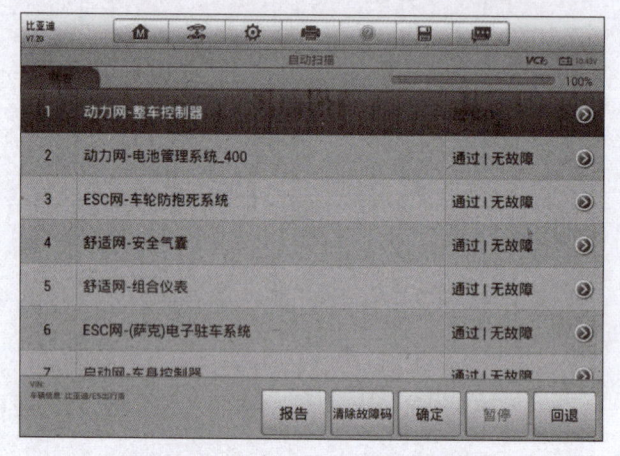

图5-23　VCU模块显示有故障

图5-24　VCU报与电机控制器通信失败

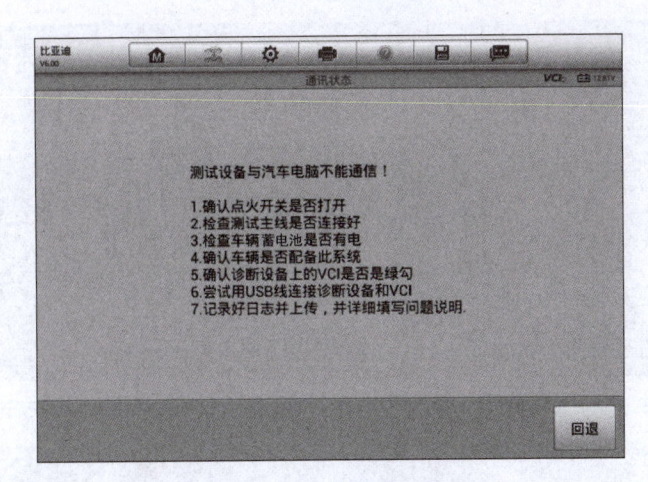

图 5-25 PEU 模块无法进入

（3）相关数据流文字描述：无法读取数据流。
（4）相关数据流故障诊断仪显示图片：无。

3. 确认故障范围

PEU 模块及配 PEU 相关电源、搭铁、通信。

（二）故障的具体诊断与维修

根据故障范围分步骤进行线路流程检测。

1. 检测电路图

检测电路图如图 5-26 所示。

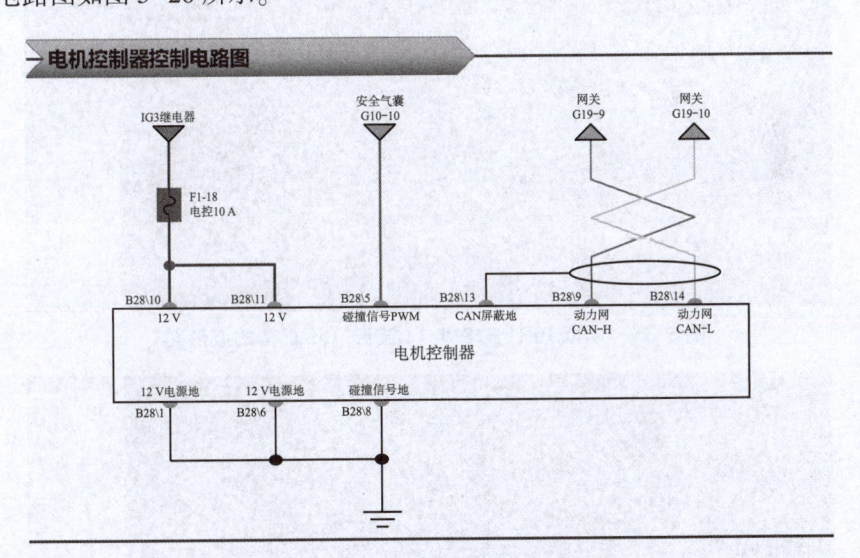

图 5-26 检测电路图

2. 具体检测过程

故障诊断与排除准备工作完毕之后，具体诊断过程如下。
诊断过程如图 5-27~图 5-34 所示。

图 5-27 被插测量 PEU 模块 10/11 号线电压（正常为 12 V 左右）

图 5-28 测量 PEU 模块 B28/9/14 电压值（正常为 2.7 V 和 2.3 V 左右）

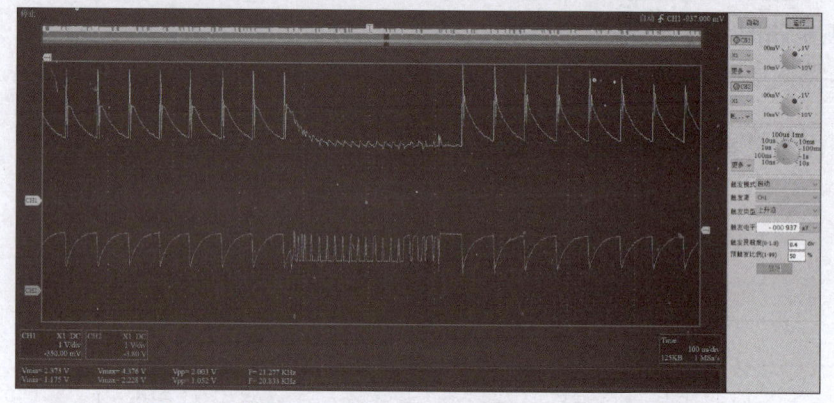

图 5-29 读取 PEU B28/9/14 波形（不正常的波形图）

图 5-30 读取 PEU B28/9/14 波形（正常波形图）

图 5-31 车辆下电,断开低压电源负极

图 5-32 断开维修开关,置于收纳盒中,车辆静置 5 min

图 5-33 测量 PEU 模块 B28/9 号线到网关模块 G19/9 号线之间的电阻(正常为 0.1 Ω 左右)

3. 有关故障的进一步说明

在对车辆进行上电时发现,高压无法正常上电,VCU 模块报电机控制器通信失败,电机控制器无法进入,可判断是 PEU 模块的故障,测量电压后显示正常,进一步测量导通值,发现 PEU 模块 CAN-H 线断路,所以判定为电机控制器 CAN-H 线断路故障。

(三)填写任务记录工单

填写如表 5-7 所示任务记录工单。

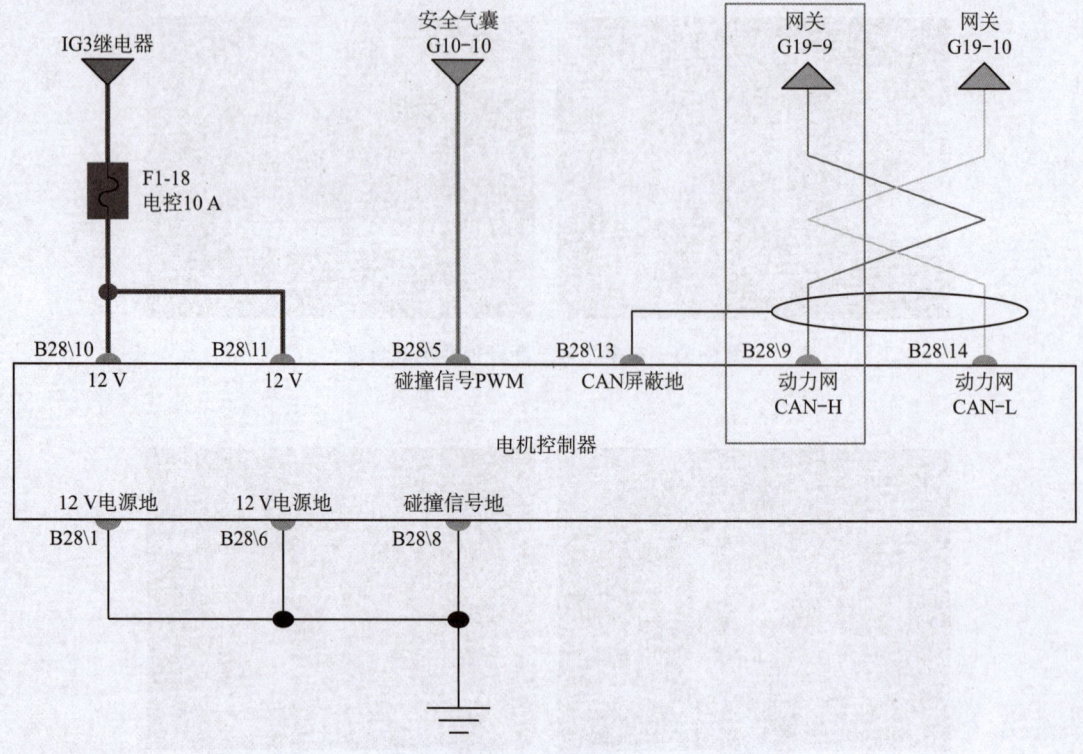

图 5-34 确定故障点（PEU 模块 CAN-H 线断路）

表 5-7 任务记录工单

工作任务：				日期： 年 月 日	
姓名		学号		班级（小组）	
车辆信息					
品牌		生产年代		电池容量	
VIN				电机型号	
读取故障代码		相关数据流			
故障诊断流程					
检测内容		检测数据		检测结果	
故障点确定					

· 184 ·

（四）任务评价

填写如表 5-8 所示任务评价表。

表 5-8 任务评价表

工作任务：			日期： 年 月 日	
姓名：	学号：	班级（小组）：	导师签字：	
自评：□熟练 □不熟练	互评：□熟练 □不熟练	师评：□合格 □不合格		
序号	评分项	得分条件	配分	师评
1	安全/7S/态度	□1. 能进行工位 7S 操作； □2. 能进行设备和工具安全测量； □3. 能进行车辆安全防护操作； □4. 能进行工具清洁校准存放操作； □5. 能进行三不落操作	10	评分要求： 请按照得分条件酌情给分，扣分不得超过 10 分 □合格 □不合格 评分：
2	作业准备	□1. 能规范设置隔离栏； □2. 能规范设置安全警示牌； □3. 能正确检查灭火器压力值（水基、干粉）； □4. 能正确检查消防桶内是否有灭火沙； □5. 能规范安装车辆挡块； □6. 能规范安装车外三件套； □7. 能规范安装车内多件套（方向盘、座椅、脚垫、换挡杆等）； □8. 能完全落下驾驶员侧车窗	16	评分要求： 请按照得分条件酌情给分，扣分不得超过 16 分 □合格 □不合格 评分：
3	工具及设备的使用能力	□1. 能规范使用数字绝缘测试仪进行开路和短路检测； □2. 能规范检测绝缘垫的绝缘性且佩戴绝缘手套与护目镜； □3. 能规范使用数字万用表	8	评分要求： 请按照得分条件酌情给分，扣分不得超过 8 分 □合格 □不合格 评分：
4	专业技能能力	□1. 能正确连接诊断仪与车辆诊断口； □2. 能正确查阅维修手册或电路图并保持在检测页； □3. 能正确使用专用连接线； □4. 能规范测量低压部分线路并佩戴耐磨手套； □5. 能规范测量高压部分线路并佩戴绝缘手套、护目镜； □6. 能规范断开连接器插头； □7. 能规范断开蓄电池负极； □8. 能规范使用万用表测量数据	40	评分要求： 请按照得分条件酌情给分，扣分不得超过 40 分 □合格 □不合格 评分：

续表

序号	评分项	得分条件	配分	师评
5	资料、信息查询能力	□1. 能正确使用电路图； □2. 能正确使用维修手册； □3. 能在规定时间内查询所需资料； □4. 能正确记录所查询资料章节页码； □5. 能正确记录所需维修资料	10	评分要求： 请按照得分条件酌情给分，扣分不得超过10分 □合格 □不合格 评分：
6	数据判读与分析能力	□1. 能通过测量结果分析判断电气电路状态是否良好； □2. 能通过测量结果分析模块工作状态是否良好	6	评分要求： 请按照得分条件酌情给分，扣分不得超过6分 □合格 □不合格 评分：
7	工单撰写能力	□1. 字迹清晰； □2. 语句通顺； □3. 无错别字； □4. 无涂改； □5. 无抄袭	10	评分要求： 请按照得分条件酌情给分，扣分不得超过10分 □合格 □不合格 评分：
8	现场恢复能力	□1. 能关闭驾驶员侧车窗； □2. 能规范拆卸翼子板布、格栅布； □3. 能规范拆卸车内多件套并丢弃到垃圾桶； □4. 能规范移除高压警示标识等并放到指定位置； □5. 能规范恢复工位到原标准工位布置状态	10	评分要求： 请按照得分条件酌情给分，扣分不得超过10分 □合格 □不合格 评分：
	总分		110	得分：

教师评语：

项目六
空调系统常见故障诊断与排除

任务一　空调 IG4 触点故障排除

一、任务描述

现有一辆 2019 款比亚迪 e5 出现"仪表不显示室外温度，空调面板不亮，空调不吹风"故障现象，作为维修技师，分析该车型的特点、组成和电路图，并对故障进行系统检测，依据检测结果确认故障点，按照维修手册中的标准与规范对系统故障进行维修。

二、任务目标要求

（一）知识目标

（1）能精确找到 IG4 各模块、插接器端子位置。
（2）能精准找到 IG4 所需测量的端子位置。
（3）熟悉并掌握该空调 IG4 模块的电路图和维修手册。

（二）能力目标

（1）能规范使用工具、设备。
（2）能按照维修规范要求实施该车型的检测与维修。
（3）能按照安全作业标准完成实训作业并填写工单。
（4）能规范拆装空调 IG4 模块插头及插接器。

（三）素质目标

（1）能与他人合作查询维修资料，养成团队合作的精神。
（2）能在完成操作过程中，具有工作区的 7S 工作管理能力。
（3）能积极分享学习心得。
（4）能进行学习总结并展示学习成果。

对标"1+X"智能新能源汽车职业技能等级标准如表 6-1 所示。

表 6-1　对标"1+X"智能新能源汽车职业技能等级标准

序号	等级	职业等级名称	工作领域	工作任务	涉及：职业技能要求点
1	高级	新能源汽车动力驱动电机电池技术职业技能等级	1. 新能源汽车工作安全与作业准备	1. 计算机诊断技术	涉及：全部技术技能点
				2. 维修资料查询	涉及：全部技术技能点
2	初级	新能源汽车悬架转向制动安全技术职业技能等级	5. 新能源汽车安全系统检测维修	4. 防盗系统检测维修	涉及：全部技术技能点

续表

序号	等级	职业等级名称	工作领域	工作任务	涉及：职业技能要求点
3	中级	新能源汽车悬架转向制动安全技术职业技能等级	1. 新能源汽车工作安全与作业准备	1. 维修注意事项	涉及：全部技术技能点（包含1.1.4）
				2. 安全注意事项	涉及：全部技术技能点
			5. 新能源汽车安全系统检测维修	4. 防盗系统检测维修	涉及：全部技术技能点
4	高级	新能源汽车悬架转向制动安全技术职业技能等级要求	1. 新能源汽车工作安全与作业准备	1. 维修注意事项	涉及：全部技术技能点（包含1.1.4）
				2. 安全注意事项	涉及：全部技术技能点
			5. 新能源汽车安全系统诊断分析	4. 防盗系统诊断分析	涉及：全部技术技能点
5	初级	新能源汽车电子电气空调舒适技术职业技能等级	2. 新能源汽车电子电气系统检查保养	1. 电子电气系统一般维修	涉及：全部技术技能点
				2. 蓄电池检查保养	涉及：全部技术技能点
				7. 起动系统检查保养	涉及：全部技术技能点
				8. 新能源汽车电路识别	涉及：全部技术技能点
6	中级	新能源汽车电子电气空调舒适技术职业技能等级	2. 新能源汽车电子电气系统检测维修	14. 车身附件检测维修	涉及：2.14.5
7	高级	新能源汽车电子电气空调舒适技术职业技能等级	2. 新能源汽车电子电气系统诊断分析	12. 车身附件诊断分析	涉及：2.12.5
				14. 新能源汽车电路诊断分析	涉及：全部技术技能点
				15. 控制模块检测分析	涉及：2.15.1~2.15.3
				17. 执行器的检测与分析	涉及：2.17.1、2.17.2、2.17.6
8	中级	新能源汽车网关控制娱乐系统技术职业技能等级要求	5. 新能源汽车舒适电子控制网络系统检测维修	5. 防盗控制模块检测维修	涉及：5.5.1~5.5.6
9	高级	新能源汽车网关控制娱乐系统技术职业技能等级要求	5. 新能源汽车舒适电子控制网络系统检测维修	5. 防盗控制模块检测维修	涉及：5.5.1~5.5.6
10	其他职业技能等级证书的相关要求，与上述三个不同证书初、中、高的相关要求近乎一致，不再详述；与教材其他项目雷同的技术技能点不再赘述					

三、任务资讯与知识准备

（一）工作原理

IG4 电的工作过程是，由 BCM 控制继电器的吸合，控制由蓄电池来的供电，传送给 PTC、电子膨胀阀、电动压缩机、空调 ECU、空调控制面板等，使其正常工作。

（二）系统部件位置及端子识别

仪表盘线束和 IG4 端子分别如图 6-1、图 6-2 所示。

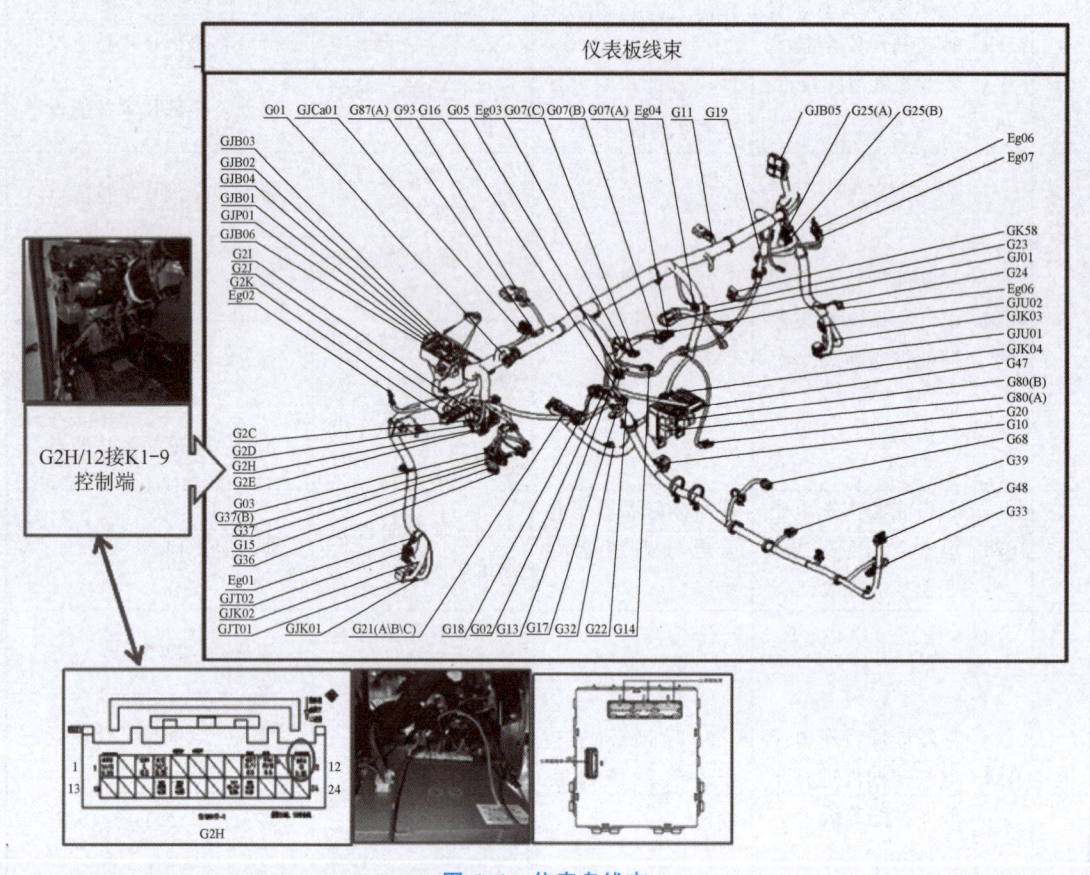

图 6-1 仪表盘线束

（三）IG4 模块涉及电路图识别

IG4 模块涉及电路图如图 6-3 所示。

（四）IG4 的供电线、搭铁线识别

图 6-3 中低压蓄电池正极与 F1/24 熔断器连接，熔断器供给 K1-9（IG4）继电器的电源，继电器受 BCM 的 G2H/12 端控制，继电器的另一端对车身搭铁，当 BCM 控制继电器吸合，来自 F1/24 的电，会分别输送给 F1/20、F1/21，F1/20 传送给 BCM、PTC、电子膨胀阀、电动压缩机、液位传感器、空调 ECU、空调控制面板，F1/21 传送给电池包冷却水泵。

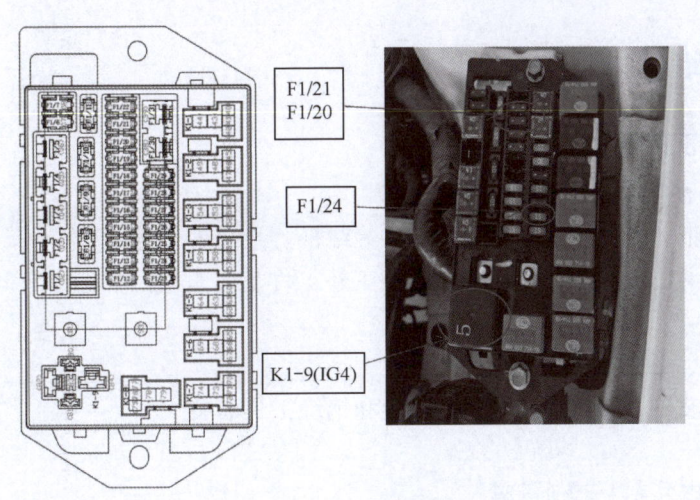

项目六 ▶▶▶ 空调系统常见故障诊断与排除

图 6-2 IG4 端子

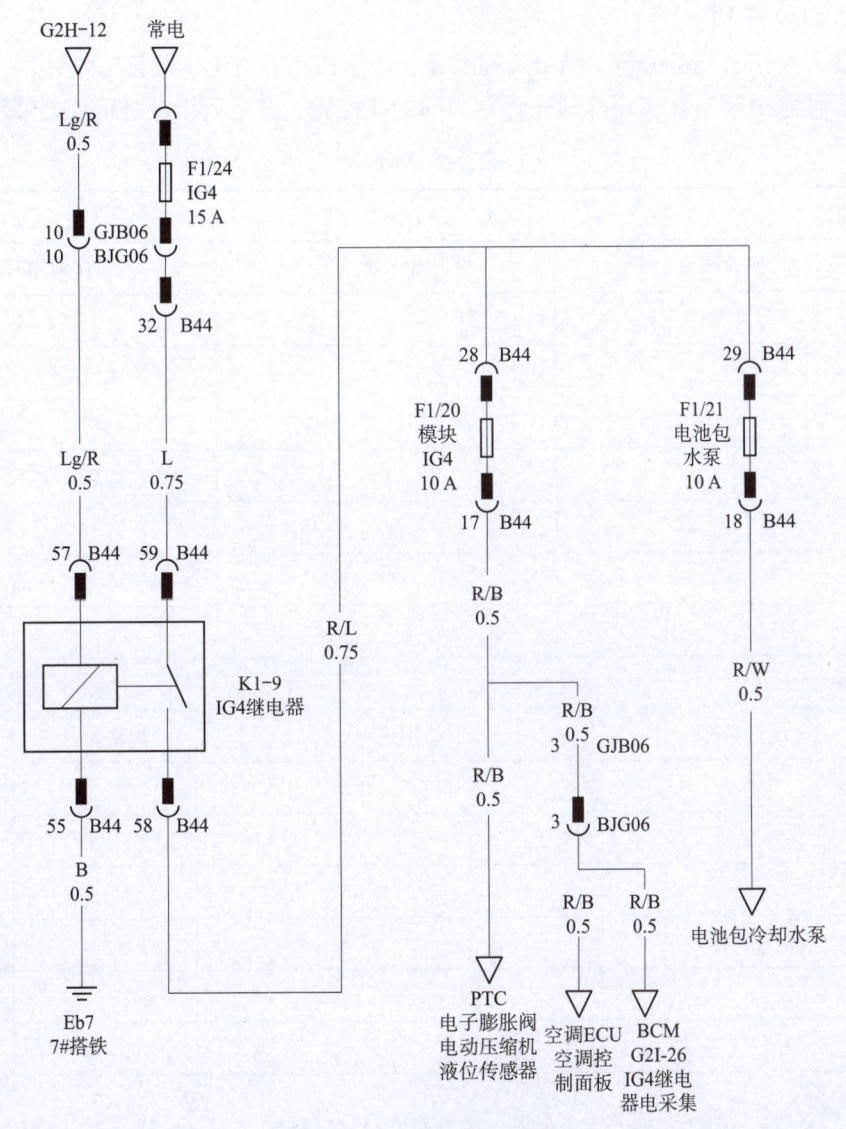

图 6-3 IG4 模块涉及电路图

四、任务组织

（一）实施前的准备工作

1. 所需的各种防护用品准备

工位、隔离带、安全警示牌、灭火器、绝缘杆、绝缘垫、绝缘工作台、棉线手套、绝缘手套、高压部件清洗液、护目镜、安全帽、车外三件套、车内四件套、车间纸巾、洗手液、急救包和除颤仪。

2. 常用工具、设备准备

万用表、示波器、诊断仪、万用接线盒和绝缘工具套装。

3. 资料准备

维修手册、电路图及其他资料。

（二）制订计划

依据任务要求、任务分析，结合实施准备，小组内相互讨论，制订工作计划，并将工作计划步骤、注意事项写在表6-2所示计划表的相应位置，并选派组员进行汇报展示。

表 6-2 计划表

1. 作业计划			
序号	作业项目	操作要点	注意事项
1			
2			
3			
4			
5			
6			
7			

2. 设备清单			
序号	设备名称	用途	规格型号	数量
1				
2				
3				
4				
5				
6				

续表

3. 其他材料清单				
序号	材料名称	用途	规格型号	数量
1				
2				
3				
4				
审核	小组审核意见：		组长签字： 年　月　日	
	教师审核意见：		签字： 年　月　日	

五、任务实施

在做好个人安全防护、维修场地安全检查之后，按照诊断维修的准备流程，做好诊断前的各项组织工作，实施故障诊断任务。

（一）车辆故障现象及范围确认

1. 车辆故障现象

（1）仪表不显示室外温度。

（2）故障现象如图 6-4 所示。

图 6-4　故障现象

2. 模块通信状态及故障码检查

（1）故障码文字描述。根据故障现象显示，连接诊断仪 BMS 模块与 VCU 模块报与空调通信故障。

(2) 故障诊断仪显示的故障信息，如图 6-5 和图 6-6 所示。

图 6-5　BMS 和 VCU 模块显示有故障

图 6-6　BMS 模块报与空调通信故障

(3) 相关数据流文字描述：工作状态下风速为零，鼓风机正端继电器控制断开，工作电源电压显示为无效数据，电动压缩机状态始终为请求。

(4) 相关数据流故障诊断仪显示如图 6-7 所示。

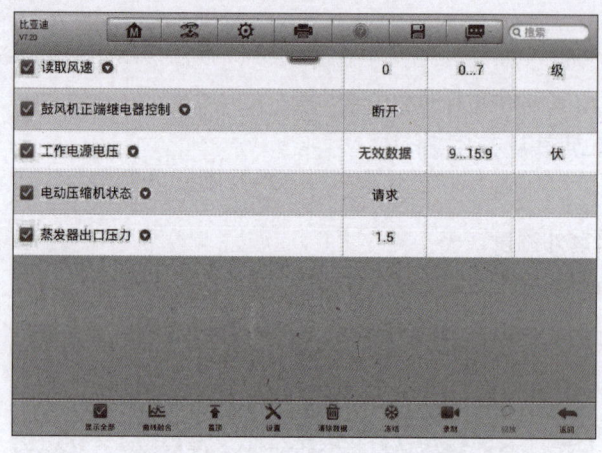

图 6-7　相关数据流故障诊断仪显示

3. 确认故障范围

空调电源、搭铁及相关元件故障。

（二）故障检测及排除流程

根据故障范围分步骤进行线路流程检测。

1. 检测分析

· 在对车辆空调启动时发现，空调面板不亮无法正常工作，仪表不显示室外温度，解码仪读 BMS 模块以及 VCU 模块报与空调通信故障，根据此车原理，查阅电路图册锁定故障范围为空调系统故障，进行有序诊断排查。

2. 检测电路图

检测电路图，如图 6-8 所示。

图 6-8 检测电路图

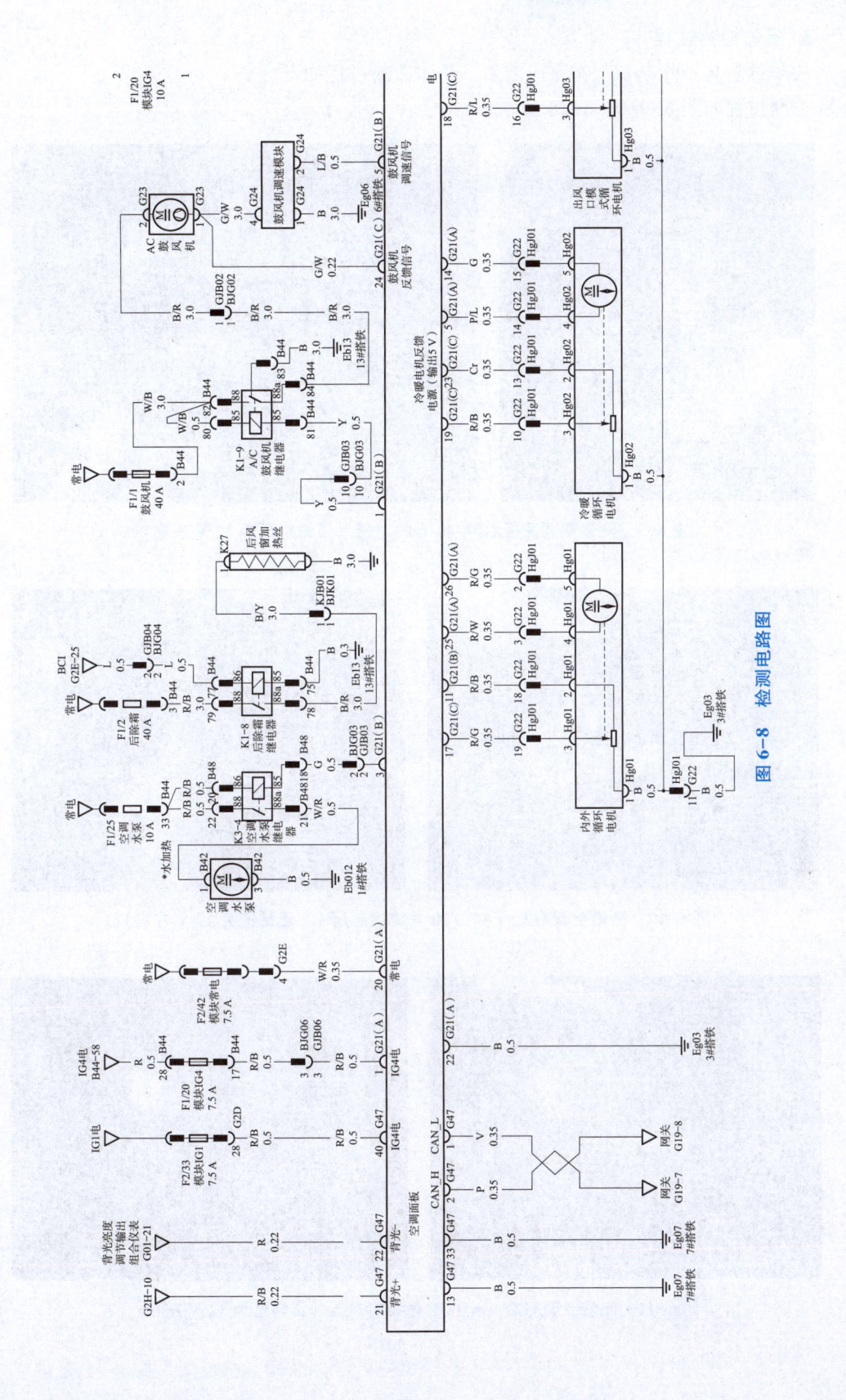

3. 具体检测过程

故障诊断与排除准备工作完毕之后，具体诊断过程如下。

诊断过程如图 6-9~图 6-16 所示。

图 6-9　测量空调面板 G47/40 号线电压（正常电压为 12 V 左右）

图 6-10　测量空调 G21（A）/20 号线的电压 1（正常值为 12 V 左右）

图 6-11　测量空调 G21（A）/1 号线的电压（正常值为 12 V 左右）

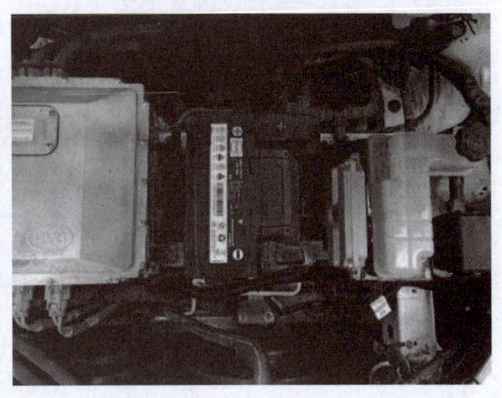

图 6-12 车辆下电，断开低压电源负极

图 6-13 断开维修开关，置于收纳盒中，车辆静置 5 min

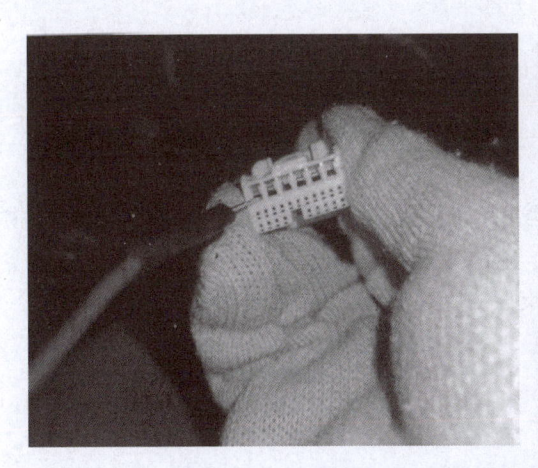

图 6-14 测量空调 IG4 继电器输出端到 G21（A）/1 号之间电阻

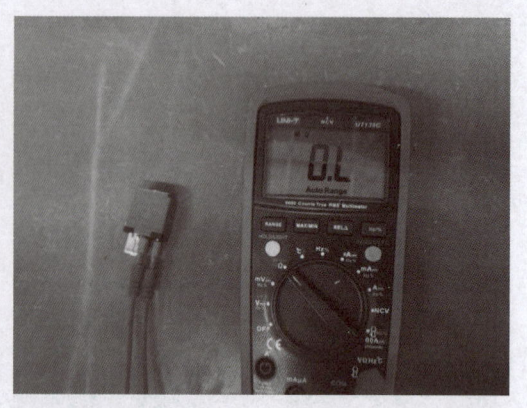

图 6-15　IG4 继电器静态测试（正常）

图 6-16　IG4 继电器动态测试（不正常）

4. 故障点确认

经过上述检测，可以得出空调控制模块出现线路断路故障，其故障点如图 6-17 所示。

（三）有关故障的进一步说明

按动空调面板开关无任何反应，基本故障可以锁定在空调面板的电源、搭铁及元件损坏上，从简单到复杂的排故过程中，优先选择同类线束测量，所以在上电过程中优先测量空调面板的三条电源线，有故障再分段测量其线束。

（四）填写任务记录工单

填写如表 6-3 所示任务记录工单。

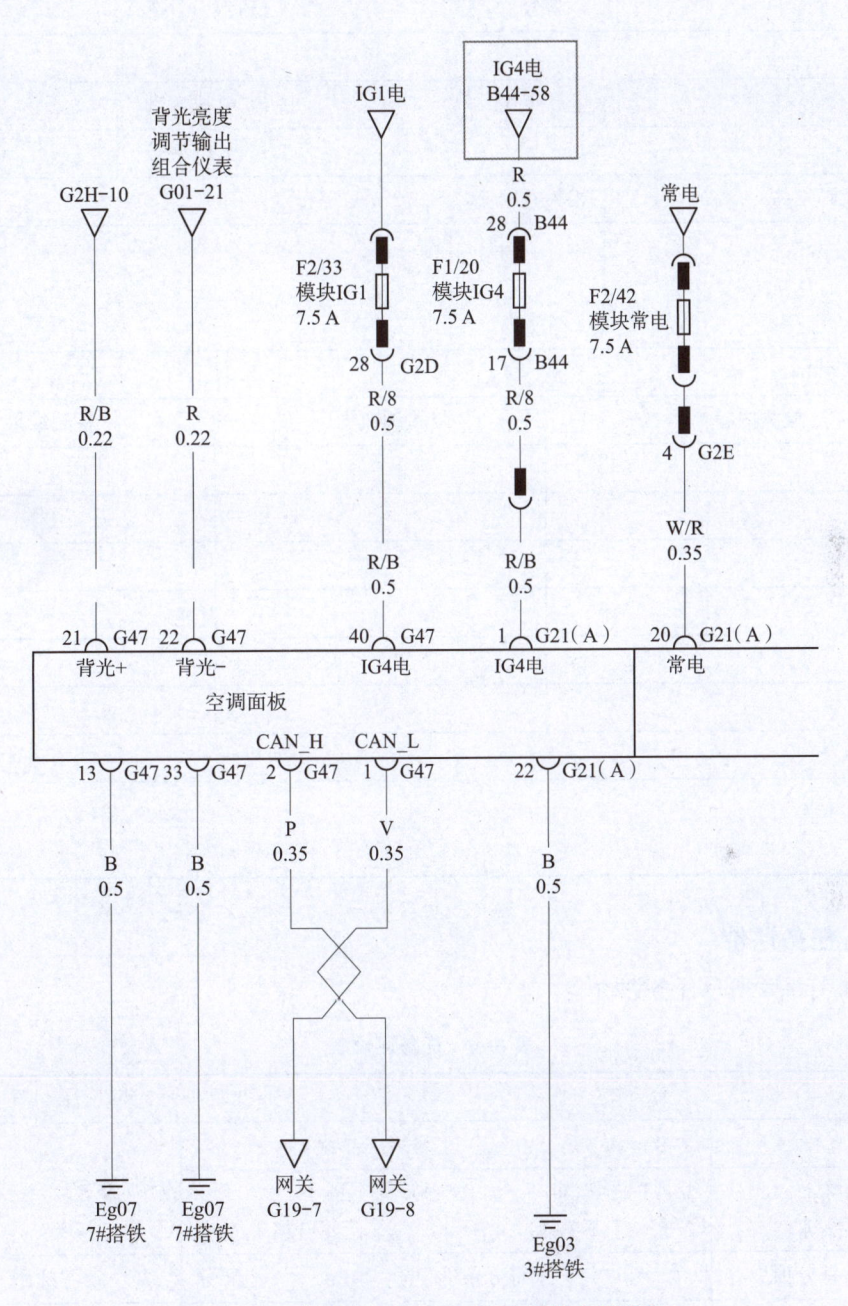

图 6-17 故障点确认，IG4 继电器触点端断路

表 6-3 任务记录工单

工作任务：				日期：	年 月 日
姓名		学号		班级（小组）	
车辆信息					
品牌		生产年代		电池容量	
VIN				电机型号	
读取故障代码		相关数据流			
故障诊断流程					
检测内容		检测数据		检测结果	
故障点确定					

（五）任务评价

填写如表 6-4 所示任务评价表。

表 6-4 任务评价表

工作任务：			日期：	年 月 日
姓名：	学号：	班级（小组）：	导师签字：	
自评：□熟练　□不熟练	互评：□熟练　□不熟练	师评：□合格　□不合格		
序号	评分项	得分条件	配分	师评
1	安全/7S/态度	□1. 能进行工位 7S 操作； □2. 能进行设备和工具安全测量； □3. 能进行车辆安全防护操作； □4. 能进行工具清洁校准存放操作； □5. 能进行三不落操作	10	评分要求： 请按照得分条件酌情给分，扣分不得超过 10 分 □合格 □不合格 评分：

续表

序号	评分项	得分条件	配分	师评
2	作业准备	□1. 能规范设置隔离栏； □2. 能规范设置安全警示牌； □3. 能正确检查灭火器压力值（水基、干粉）； □4. 能正确检查消防桶内是否有灭火沙； □5. 能规范安装车辆挡块； □6. 能规范安装车外三件套； □7. 能规范安装车内多件套（方向盘、座椅、脚垫、换挡杆等）； □8. 能完全落下驾驶员侧车窗	16	评分要求： 请按照得分条件酌情给分，扣分不得超过16分 □合格 □不合格 评分：
3	工具及设备的使用能力	□1. 能规范使用数字绝缘测试仪进行开路和短路检测； □2. 能规范检测绝缘垫的绝缘性且佩戴绝缘手套与护目镜； □3. 能规范使用数字万用表	8	评分要求： 请按照得分条件酌情给分，扣分不得超过8分 □合格 □不合格 评分：
4	专业技能能力	□1. 能正确连接诊断仪与车辆诊断口； □2. 能正确查阅维修手册或电路图并保持在检测页； □3. 能正确使用专用连接线； □4. 能规范测量低压部分线路并佩戴耐磨手套； □5. 能规范测量高压部分线路并佩戴绝缘手套、护目镜； □6. 能规范断开连接器插头； □7. 能规范断开蓄电池负极； □8. 能规范使用万用表测量数据	40	评分要求： 请按照得分条件酌情给分，扣分不得超过40分 □合格 □不合格 评分：
5	资料、信息查询能力	□1. 能正确使用电路图； □2. 能正确使用维修手册； □3. 能在规定时间内查询所需资料； □4. 能正确记录所查询资料章节页码； □5. 能正确记录所需维修资料	10	评分要求： 请按照得分条件酌情给分，扣分不得超过10分 □合格 □不合格 评分：
6	数据判读与分析能力	□1. 能通过测量结果分析判断电气电路状态是否良好； □2. 能通过测量结果分析模块工作状态是否良好	6	评分要求： 请按照得分条件酌情给分，扣分不得超过6分 □合格 □不合格 评分：

续表

序号	评分项	得分条件	配分	师评
7	工单撰写能力	□1. 字迹清晰； □2. 语句通顺； □3. 无错别字； □4. 无涂改； □5. 无抄袭	10	评分要求： 请按照得分条件酌情给分，扣分不得超过10分 □合格 □不合格 评分：
8	现场恢复能力	□1. 能关闭驾驶员侧车窗； □2. 能规范拆卸翼子板布、格栅布； □3. 能规范拆卸车内多件套并丢弃到垃圾桶； □4. 能规范移除高压警示标识等放到指定位置； □5. 能规范恢复工位到原标准工位布置状态	10	评分要求： 请按照得分条件酌情给分，扣分不得超过10分 □合格 □不合格 评分：
总分			110	得分：
教师评语：				

任务二　鼓风机调速模块故障排除

一、任务描述

现有一辆 2019 款比亚迪 e5 出现"空调面板亮，空调不吹风"故障现象，作为维修技师，分析该车型的特点、组成和电路图，并对故障进行系统检测，依据检测结果确认故障点，按照维修手册中的标准与规范对系统故障进行维修。

二、任务目标要求

（一）知识目标

（1）能精确找到鼓风机调速模块、插接器端子位置。
（2）能精准找到鼓风机调速模块所需测量的端子位置。
（3）熟悉并掌握该鼓风机调速模块的电路图和维修手册。

（二）能力目标

（1）能规范使用工具、设备。
（2）能按照维修规范要求实施该车型的检测与维修。
（3）能按照安全作业标准完成实训作业并填写工单。
（4）能规范拆装鼓风机调速模块插头及插接器。

（三）素质目标

（1）能与他人合作查询维修资料，养成团队合作的精神。
（2）能在完成操作过程中，具有工作区的 7S 工作管理能力。
（3）能积极分享学习心得。
（4）能进行学习总结并展示学习成果。

对标"1+X"智能新能源汽车职业技能等级标准如表 6-5 所示。

表 6-5　对标"1+X"智能新能源汽车职业技能等级标准

序号	等级	职业等级名称	工作领域	工作任务	涉及：职业技能要求点
1	高级	新能源汽车动力驱动电机电池技术职业技能等级	1. 新能源汽车工作安全与作业准备	1. 计算机诊断技术	涉及：全部技术技能点
				2. 维修资料查询	涉及：全部技术技能点
2	初级	新能源汽车悬架转向制动安全技术职业技能等级	5. 新能源汽车安全系统检测维修	4. 防盗系统检测维修	涉及：全部技术技能点

续表

序号	等级	职业等级名称	工作领域	工作任务	涉及：职业技能要求点
3	中级	新能源汽车悬架转向制动安全技术职业技能等级	1. 新能源汽车工作安全与作业准备	1. 维修注意事项	涉及：全部技术技能点（包含1.1.4）
				2. 安全注意事项	涉及：全部技术技能点
			5. 新能源汽车安全系统检测维修	4. 防盗系统检测维修	涉及：全部技术技能点
4	高级	新能源汽车悬架转向制动安全技术职业技能等级要求	1. 新能源汽车工作安全与作业准备	1. 维修注意事项	涉及：全部技术技能点（包含1.1.4）
				2. 安全注意事项	涉及：全部技术技能点
			5. 新能源汽车安全系统诊断分析	4. 防盗系统诊断分析	涉及：全部技术技能点
5	初级	新能源汽车电子电气空调舒适技术职业技能等级	2. 新能源汽车电子电气系统检查保养	1. 电子电气系统一般维修	涉及：全部技术技能点
				2. 蓄电池检查保养	涉及：全部技术技能点
				7. 起动系统检查保养	涉及：全部技术技能点
				8. 新能源汽车电路识别	涉及：全部技术技能点
6	中级	新能源汽车电子电气空调舒适技术职业技能等级	2. 新能源汽车电子电气系统检测维修	14. 车身附件检测维修	涉及：2.14.5
7	高级	新能源汽车电子电气空调舒适技术职业技能等级	2. 新能源汽车电子电气系统诊断分析	12. 车身附件诊断分析	涉及：2.12.5
				14. 新能源汽车电路诊断分析	涉及：全部技术技能点
				15. 控制模块检测分析	涉及：2.15.1~2.15.3
				17. 执行器的检测与分析	涉及：2.17.1、2.17.2、2.17.6
8	中级	新能源汽车网关控制娱乐系统技术职业技能等级要求	5. 新能源汽车舒适电子控制网络系统检测维修	5. 防盗控制模块检测维修	涉及：5.5.1~5.5.6
9	高级	新能源汽车网关控制娱乐系统技术职业技能等级要求	5. 新能源汽车舒适电子控制网络系统检测维修	5. 防盗控制模块检测维修	涉及：5.5.1~5.5.6
10	其他职业技能等级证书的相关要求，与上述三个不同证书初、中、高的相关要求近乎一致，不再详述；与教材其他项目雷同的技术技能点不再赘述				

项目六　空调系统常见故障诊断与排除

三、任务资讯与知识准备

（一）工作原理

调速模块是一种汽车空调配件，与鼓风机电机电路串联，通过调节自身的导通程度，控制鼓风电机的电压，从而控制鼓风机的转速。

（二）系统部件位置及端子识别

1. 鼓风机调速模块位置

鼓风机调速模块的位置，位于副驾驶扶手箱内侧的鼓风机下方，如图 6-18 所示。

2. 鼓风机调速模块相关的低压线束及端子识别

鼓风机调速模块相关的低压线束为仪表板线束，如图 6-19 所示。

鼓风机调速模块相关的低压线束端子信号为 G24 端子。G24 端子接插件外形如图 6-20 所示。

图 6-18　鼓风机调速模块部件位置

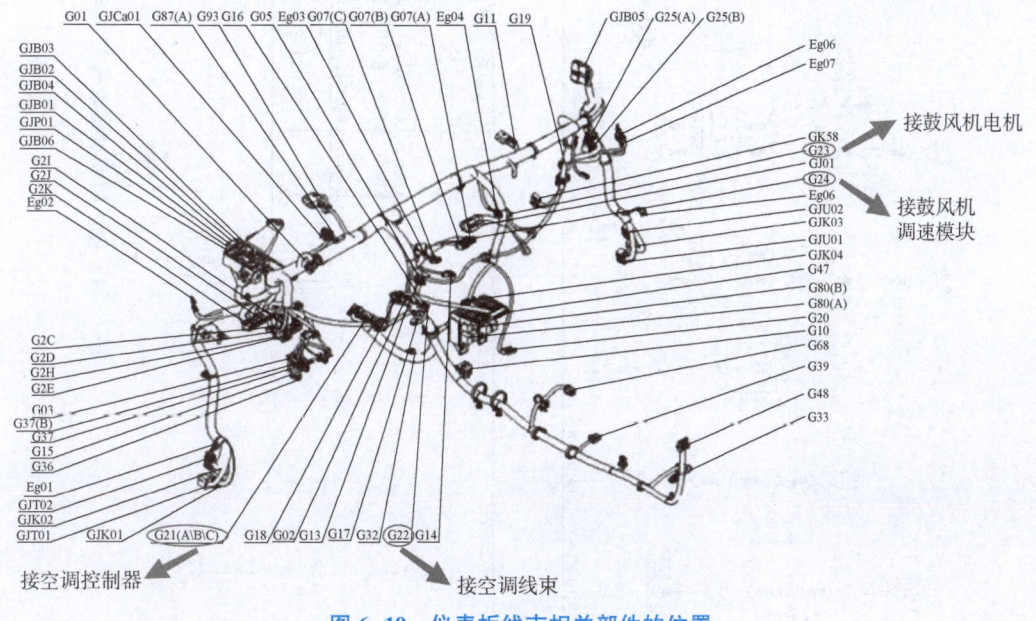

图 6-19　仪表板线束相关部件的位置

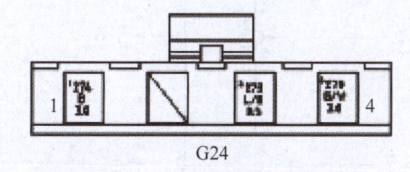

图 6-20　G24 端子接插件外形

（三）鼓风机调速模块涉及的电路图

鼓风机调速模块及相关电路图如图 6-21 所示。

· 205 ·

图 6-21 鼓风机调速模块及相关电路图

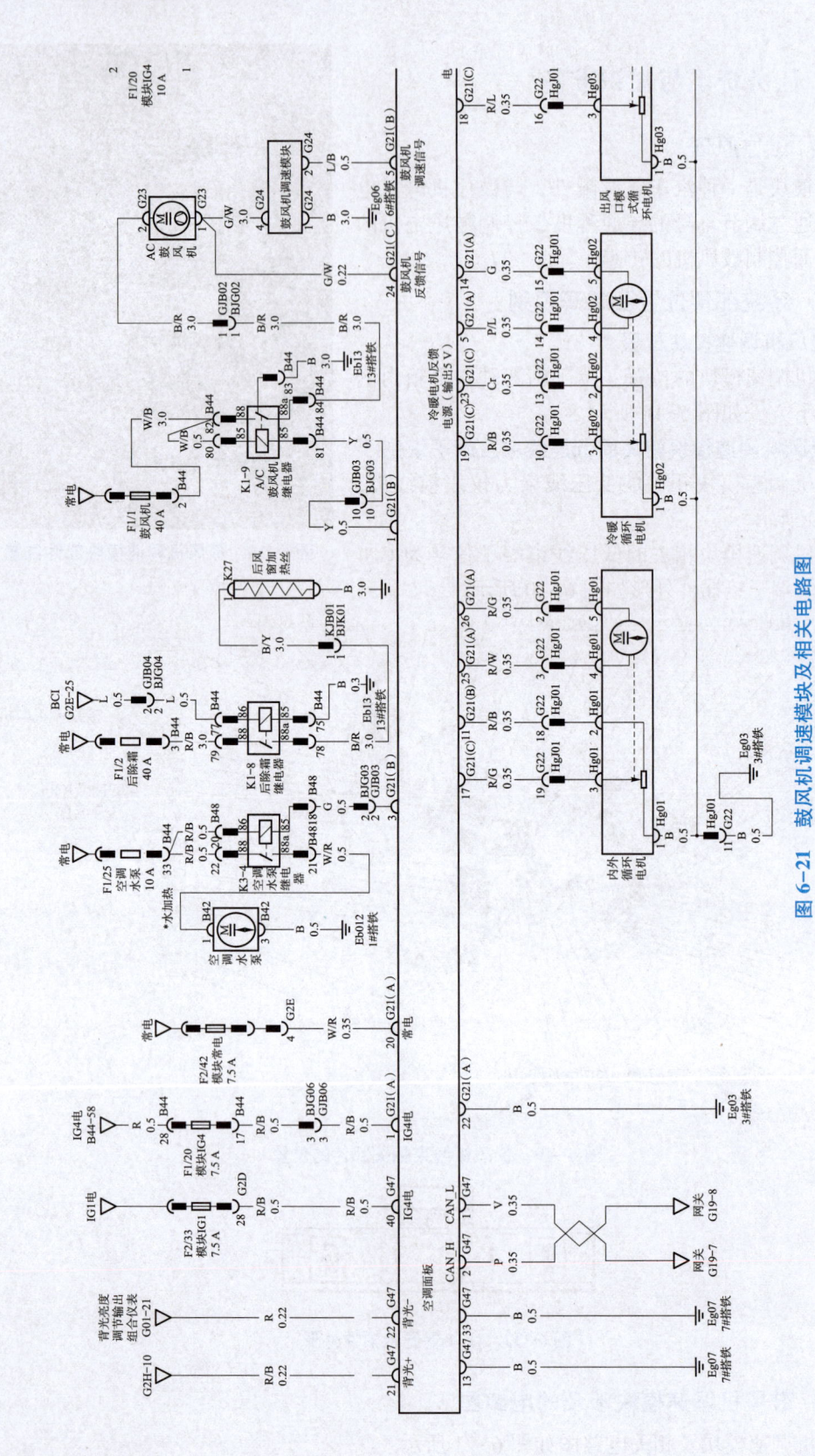

四、任务组织

（一）实施前的准备工作

1. 所需的各种防护用品准备

工位、隔离带、安全警示牌、灭火器、绝缘杆、绝缘垫、绝缘工作台、棉线手套、绝缘手套、护目镜、安全帽、车外三件套、车内四件套、车间纸巾、洗手液、急救包和除颤仪。

2. 常用工具、设备准备

万用表、示波器、诊断仪、万用接线盒和绝缘工具套装。

3. 资料准备

维修手册、电路图及其他资料。

（二）制订计划

依据任务要求、任务分析，结合实施准备，小组内相互讨论，制订工作计划，并将工作计划步骤、注意事项写在表 6-6 所示计划表的相应位置，并选派组员进行汇报展示。

表 6-6 计划表

1. 作业计划			
序号	作业项目	操作要点	注意事项
1			
2			
3			
4			
5			
6			
7			

2. 设备清单			
序号	设备名称	用途	规格型号	数量
1				
2				
3				
4				
5				
6				

续表

3. 其他材料清单

序号	材料名称	用途	规格型号	数量
1				
2				
3				
4				

审核	小组审核意见：		
			组长签字： 年　月　日
	教师审核意见：		
			教师签字： 年　月　日

五、任务实施

在做好个人安全防护、维修场地安全检查之后，按照诊断维修的准备流程，做好诊断前的各项组织工作，实施故障诊断任务。

（一）车辆故障现象及范围确定

1. 车辆故障现象确认

按动空调面板开关，散热风扇工作，压缩机、PTC 均正常工作，但不吹风，鼓风机不工作，如图 6-22 所示。

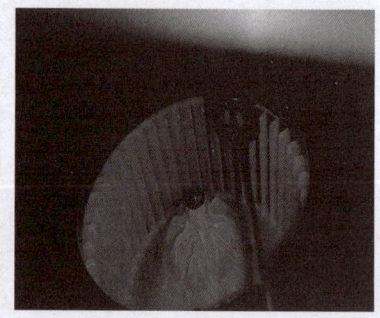

图 6-22　鼓风机不工作

2. 模块通信状态及故障码检查

（1）故障码文字描述：无。

（2）故障诊断仪显示的故障信息如图 6-23 所示。

（3）相关数据流文字描述：按动风力调节，动态数据流显示风速正常调节。鼓风机继电器正常控制，空调工作电压正常。

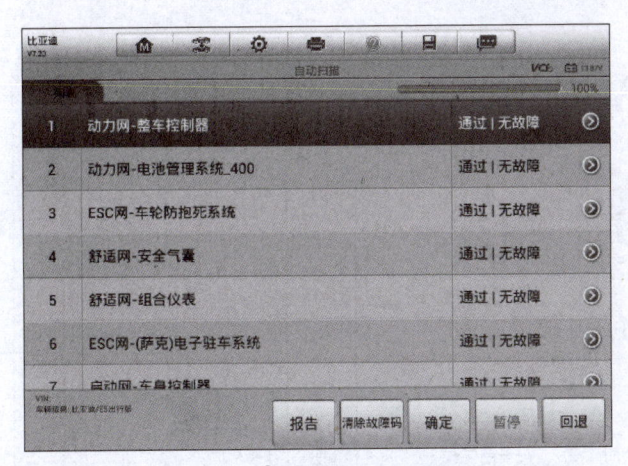

图 6-23　所有模块均无故障码

（4）相关数据流故障诊断仪显示如图 6-24 所示。

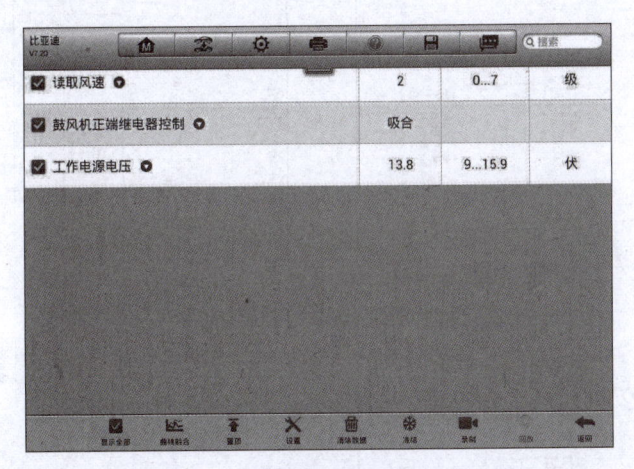

图 6-24　相关数据流故障诊断仪显示

3. 确认故障范围

（1）空调鼓风机电源、搭铁及相关元件故障。
（2）鼓风机调速模块电源、搭铁、调速信号控制及相关元件故障。

（二）故障的具体诊断与维修

根据故障范围分步骤进行线路流程检测。

1. 检测分析

在对车辆空调启动时发现，空调鼓风机无法正常工作，无故障码，根据此车原理，查阅电路图册锁定故障范围为空调系统故障，进行有序诊断排查。

2. 检测电路图

检测电路图如图 6-25 所示。

3. 具体检测过程

故障诊断与排除准备工作完毕之后，具体诊断过程如图 6-26~图 6-30 所示。

图 6-25 检测电路图

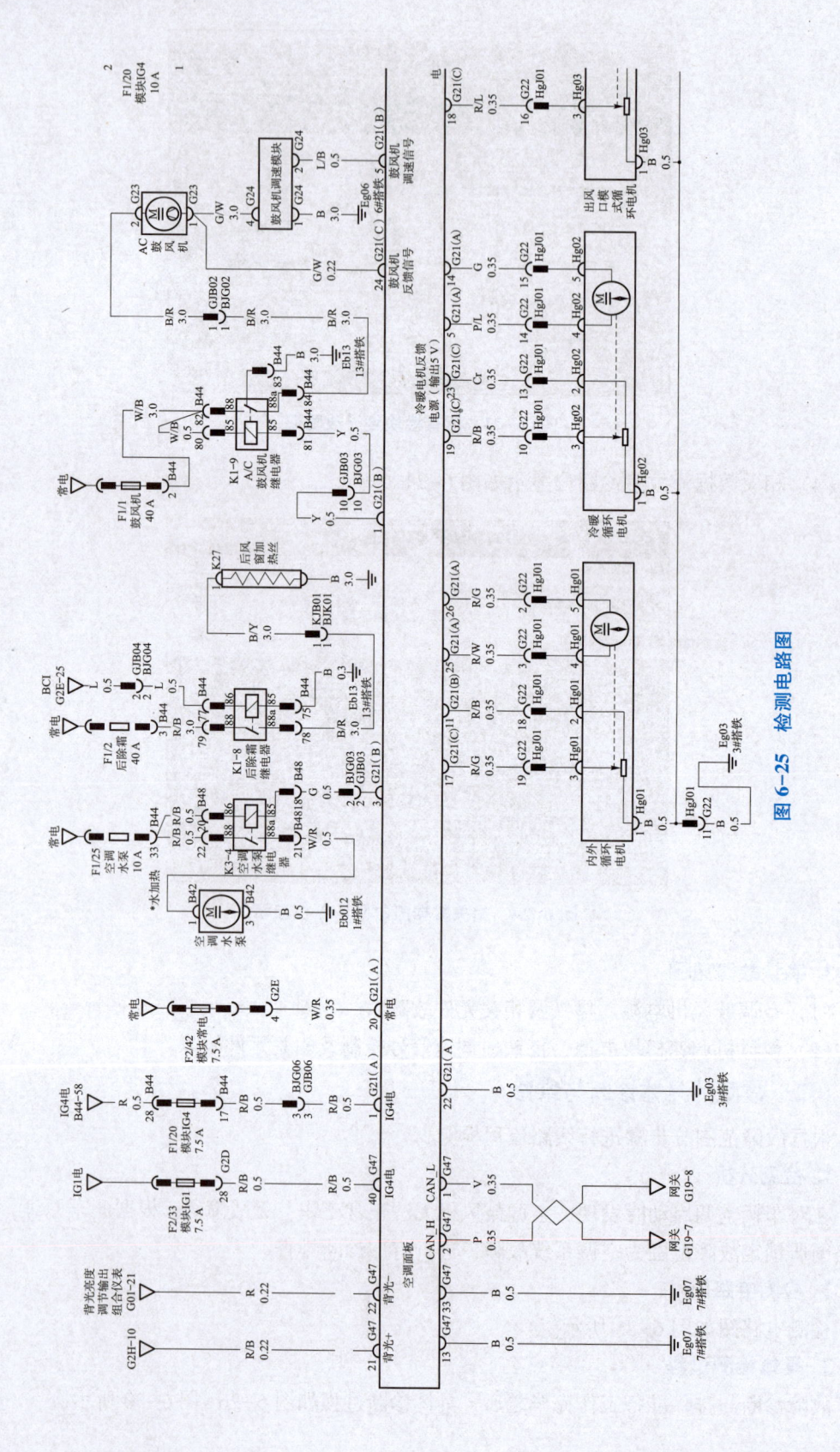

图 6-26　测量鼓风机 G23/2 号线与地电压值（正常电压为 10~14 V）

图 6-27　测量鼓风机调速模块 G21/5 号线与地电压值（正常值为 1~10.5 V 左右）

图 6-28　车辆下电，断开低压电源负极

图 6-29　断开维修开关，置于收纳盒中，车辆静置 5 min

图6-30　测量鼓风机调速模块到空调控制器G21（B）5号线之间电阻（正常为小于5Ω）

4. 故障点确认

经过上述检测，可以得出鼓风机调速模块出现线路断路故障，其故障点如图6-31所示。

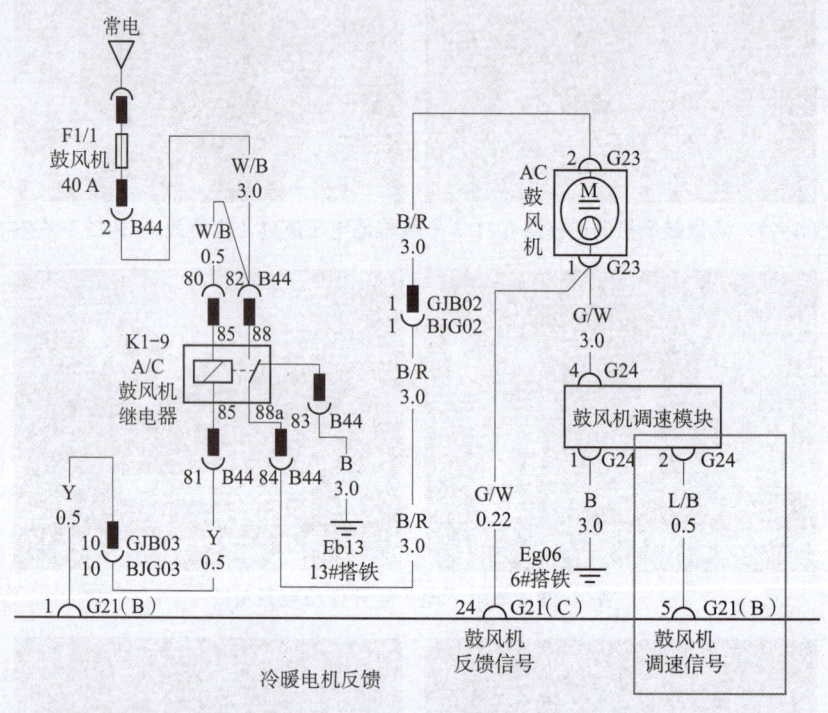

图6-31　故障点确认，鼓风机调速信号断路

（三）有关故障的进一步说明

按动空调面板按钮开关，空调面板正常工作，数据流显示空调工作，但不吹风，鼓风机不工作，基本故障可以锁定在鼓风机及鼓风机调速模块的电源、搭铁及元件损坏上，从简单到复杂的排故过程中，优先选择同类线束测量，所以在上电过程中优先测量鼓风机及鼓风机调速模块的电源线，有故障再分段测量其线束。

鼓风机调速模块的调速信号电压按挡位划分：

1 挡：10.1~10.2 V　　　2 挡：8 V

3 挡：7 V　　　　　　　4 挡：6 V

5 挡：4.3~4.5 V　　　　6 挡：2.8~2.9 V

7 挡：1.2~1.3 V

（四）填写任务记录工单

填写如表 6-7 所示任务记录工单。

表 6-7　任务记录工单

工作任务：				日期：	年　月　日
姓名		学号		班级（小组）	
车辆信息					
品牌		生产年代		电池容量	
VIN				电机型号	
读取故障代码		相关数据流			
故障诊断流程					
	检测内容		检测数据		检测结果
故障点确定					

（五）任务评价

填写如表 6-8 所示任务评价表。

表 6-8　任务评价表

工作任务：				日期：	年　月　日
姓名：		学号：		班级（小组）：	
自评：□熟练　□不熟练		互评：□熟练　□不熟练		师评：□合格　□不合格	导师签字：

序号	评分项	得分条件	配分	师评
1	安全/7S/态度	□1. 能进行工位 7S 操作； □2. 能进行设备和工具安全测量； □3. 能进行车辆安全防护操作； □4. 能进行工具清洁校准存放操作； □5. 能进行三不落操作	10	评分要求：请按照得分条件酌情给分，扣分不得超过 10 分 □合格 □不合格 评分：
2	作业准备	□1. 能规范设置隔离栏； □2. 能规范设置安全警示牌； □3. 能正确检查灭火器压力值（水基、干粉）； □4. 能正确检查消防桶内是否有灭火沙； □5. 能规范安装车辆挡块； □6. 能规范安装车外三件套； □7. 能规范安装车内多件套（方向盘、座椅、脚垫、换挡杆等）； □8. 能完全落下驾驶员侧车窗	16	评分要求：请按照得分条件酌情给分，扣分不得超过 16 分 □合格 □不合格 评分：
3	工具及设备的使用能力	□1. 能规范使用数字绝缘测试仪进行开路和短路检测； □2. 能规范检测绝缘垫绝缘性且佩戴绝缘手套与护目镜； □3. 能规范使用数字万用表	8	评分要求：请按照得分条件酌情给分，扣分不得超过 8 分 □合格 □不合格 评分：
4	专业技能能力	□1. 能正确连接诊断仪与车辆诊断口； □2. 能正确查阅维修手册或电路图并保持在检测页； □3. 能正确使用专用连接线； □4. 能规范测量低压部分线路并佩戴耐磨手套； □5. 能规范测量高压部分线路并佩戴绝缘手套、护目镜； □6. 能规范断开连接器插头； □7. 能规范断开蓄电池负极； □8. 能规范使用万用表测量数据	40	评分要求：请按照得分条件酌情给分，扣分不得超过 40 分 □合格 □不合格 评分：

续表

序号	评分项	得分条件	配分	师评
5	资料、信息查询能力	□1. 能正确使用电路图； □2. 能正确使用维修手册； □3. 能在规定时间内查询所需资料； □4. 能正确记录所查询资料章节页码； □5. 能正确记录所需维修资料	10	评分要求： 请按照得分条件酌情给分，扣分不得超过10分 □合格 □不合格 评分：
6	数据判读与分析能力	□1. 能通过测量结果分析判断电气电路状态是否良好； □2. 能通过测量结果分析模块工作状态是否良好	6	评分要求： 请按照得分条件酌情给分，扣分不得超过6分 □合格 □不合格 评分：
7	工单撰写能力	□1. 字迹清晰； □2. 语句通顺； □3. 无错别字； □4. 无涂改； □5. 无抄袭	10	评分要求： 请按照得分条件酌情给分，扣分不得超过10分 □合格 □不合格 评分：
8	现场恢复能力	□1. 能关闭驾驶员侧车窗； □2. 能规范拆卸翼子板布、格栅布； □3. 能规范拆卸车内多件套并丢弃到垃圾桶； □4. 能规范移除高压警示标识等放到指定位置； □5. 能规范恢复工位到原标准工位布置状态	10	评分要求： 请按照得分条件酌情给分，扣分不得超过10分 □合格 □不合格 评分：
	总分		110	得分：

教师评语：

项目七

车身电器常见故障诊断与排除

任务一　近光灯不亮故障排除

一、任务描述

现有一辆 2019 款比亚迪 e5 出现左侧近光灯不亮故障现象，作为维修技师，分析该车型的特点、组成和电路图，并对故障进行系统检测，依据检测结果确认故障点，按照维修手册中的标准与规范对系统故障进行维修。

二、任务目标要求

（一）知识目标

(1) 熟悉并掌握近光灯控制电路图。
(2) 掌握近光灯控制的工作原理，并确定诊断方法。
(3) 掌握所需检测电路的线束连接或元器件位置确定方法。

（二）能力目标

(1) 能规范使用工具、设备。
(2) 能规范拆装元器件插头及实施检测。
(3) 能按照维修规范要求实施电路的诊断和维修。
(4) 能按照安全作业标准完成系统性实训作业并填写任务工单。

（三）素质目标

(1) 能与他人合作查询维修手册、电路图资料，养成团队合作的习惯。
(2) 能在完成操作过程中，具有工作区的 7S 工作管理能力。
(3) 能绘制故障诊断流程图并展示学习成果。

对标"1+X"智能新能源汽车职业技能等级标准如表 7-1 所示。

表 7-1　对标"1+X"智能新能源汽车职业技能等级标准

序号	等级	职业等级名称	工作领域	工作任务	涉及：职业技能要求点
1	高级	新能源汽车动力驱动电机电池技术职业技能等级	1. 新能源汽车工作安全与作业准备	1. 计算机诊断技术	涉及：全部技术技能点
				2. 维修资料查询	涉及：全部技术技能点
2	初级	新能源汽车悬架转向制动安全技术职业技能等级	5. 新能源汽车安全系统检测维修	4. 防盗系统检测维修	涉及：全部技术技能点

续表

序号	等级	职业等级名称	工作领域	工作任务	涉及：职业技能要求点
3	中级	新能源汽车悬架转向制动安全技术职业技能等级	1. 新能源汽车工作安全与作业准备	1. 维修注意事项	涉及：全部技术技能点（包含1.1.4）
				2. 安全注意事项	涉及：全部技术技能点
			5. 新能源汽车安全系统检测维修	4. 防盗系统检测维修	涉及：全部技术技能点
4	高级	新能源汽车悬架转向制动安全技术职业技能等级要求	1. 新能源汽车工作安全与作业准备	1. 维修注意事项	涉及：全部技术技能点（包含1.1.4）
				2. 安全注意事项	涉及：全部技术技能点
			5. 新能源汽车安全系统诊断分析	4. 防盗系统诊断分析	涉及：全部技术技能点
5	初级	新能源汽车电子电气空调舒适技术职业技能等级	2. 新能源汽车电子电气系统检查保养	1. 电子电气系统一般维修	涉及：全部技术技能点
				2. 蓄电池检查保养	涉及：全部技术技能点
				7. 起动系统检查保养	涉及：全部技术技能点
				8. 新能源汽车电路识别	涉及：全部技术技能点
6	中级	新能源汽车电子电气空调舒适技术职业技能等级	2. 新能源汽车电子电气系统检测维修	14. 车身附件检测维修	涉及：2.14.5
7	高级	新能源汽车电子电气空调舒适技术职业技能等级	2. 新能源汽车电子电气系统诊断分析	12. 车身附件诊断分析	涉及：2.12.5
				14. 新能源汽车电路诊断分析	涉及：全部技术技能点
				15. 控制模块检测分析	涉及：2.15.1~2.15.3
				17. 执行器的检测与分析	涉及：2.17.1、2.17.2、2.17.6
8	中级	新能源汽车网关控制娱乐系统技术职业技能等级要求	5. 新能源汽车舒适电子控制网络系统检测维修	5. 防盗控制模块检测维修	涉及：5.5.1~5.5.6
9	高级	新能源汽车网关控制娱乐系统技术职业技能等级要求	5. 新能源汽车舒适电子控制网络系统检测维修	5. 防盗控制模块检测维修	涉及：5.5.1~5.5.6
10	其他职业技能等级证书的相关要求，与上述三个不同证书初、中、高的相关要求近乎一致，不再详述；与教材其他任务雷同的技术技能点不再赘述					

三、任务资讯与知识准备

近光灯是为了近距离照明，设计要求是照射范围大、照射距离短。驾驶员在天黑没有路灯的地段以及在傍晚天色较暗或黎明曙光初现时开车，在大雾、下雪或大雨天气视线受影响时，以及在一些照明设备亮度不够的路段行驶时，都可以打开近光灯。

汽车打开近光灯的方法根据开关形式而定，目前常用的有拨杆式、旋钮式开关。拨杆式开关通过转动灯光控制开关手柄，换到近光灯位置，近光灯即可点亮；旋钮式开关则是旋转到近光灯挡位上，近光灯即可点亮。

2019款比亚迪e5采用拨杆式打开近光灯，在分析其工作原理时，可参照电路图，如图7-1所示。

当拨杆式开关打至近光灯时，远光灯控制电路的供电线路断开，此时近光灯的工作回路是：常电（蓄电池正极）——前大灯安全元件（F1/3前大灯熔断丝）——近光灯继电器（K1-6近光灯继电器）——左、右近光灯支路安全元件（分别为F1/15、F1/14前大灯熔断丝）——左、右近光灯——搭铁。该电路是一个完整的回路，用导线进行连接，实现近光灯控制电路的导通。当拨杆式开关打至远光灯时，此时让远光灯的工作回路能够正常供电，实现远光灯控制电路导通，近光灯供电回路断开。

四、任务分析

根据故障现象分步骤进行故障诊断、维修，其主要流程分析如下。

第一步：任务组织。

各类防护准备、工具准备、仪器仪表准备和待查阅资料准备等。

第二步：确认故障现象。

低压系统上电后，打开近光灯控制开关，查看实际故障现象。

第三步：确定故障范围。

连接故障诊断仪，读取故障码或者数据流，通过查阅电路图，分析线束连接、元器件连接，注意元器件端子编号和线束连接序号，针对具体电路工作原理，确定故障范围。

第四步：实施故障诊断与维修。

按照上述三个步骤确定的故障范围，进行有序诊断排查与维修，注重每个诊断环节数据的收集，确定故障点，开展维修，验证诊断结果，整理工作现场。

第五步：完成任务工单。

按照规范操作要求，依据实施过程中的步骤及数据，认真完成任务工单的填写。

第六步：开展任务评价，探讨项目的拓展。

开展任务评价，绘制诊断流程图，师生互评，获得最终评价结果，同时开展项目案例拓展分析。

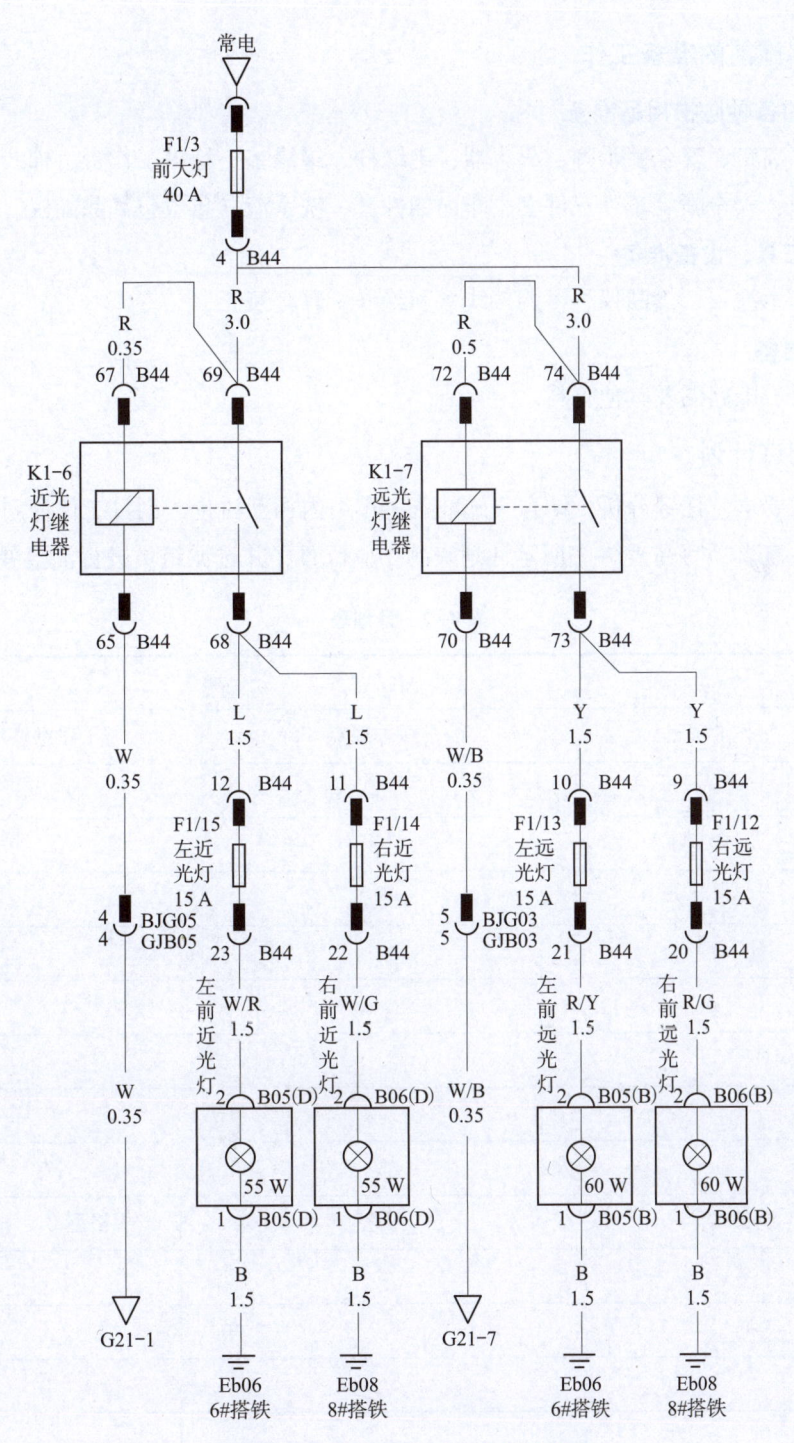

图 7-1　近光灯工作时可参考电路图

五、任务组织

（一）实施前的准备工作

1. 所需的各种防护用品准备

工位、隔离带、安全警示牌、灭火器、绝缘杆、绝缘垫、绝缘工作台、棉线手套、绝缘手套、护目镜、安全帽、车外三件套、车内四件套、洗手液、急救包和除颤仪。

2. 常用工具、设备准备

万用表、示波器、诊断仪、万用接线盒和绝缘工具套装。

3. 资料准备

维修手册、电路图及其他资料。

（二）制订计划

依据任务要求、任务分析，结合实施准备，小组内相互讨论，制订工作计划，并将工作计划步骤、注意事项写在表7-2所示计划表的相应位置，并选派组员进行汇报展示。

表7-2 计划表

1. 作业计划			
序号	作业项目	操作要点	注意事项
1			
2			
3			
4			
5			
6			
7			

2. 设备清单				
序号	设备名称	用途	规格型号	数量
1				
2				
3				
4				
5				
6				

续表

3. 其他材料清单

序号	材料名称	用途	规格型号	数量
1				
2				
3				
4				

审核	小组审核意见：		组长签字： 年　　月　　日
	教师审核意见：		教师签字： 年　　月　　日

六、任务实施

在做好个人安全防护、维修场地安全检查之后，按照诊断维修的准备流程，做好诊断前的各项组织工作，实施故障诊断任务。

（一）故障现象确认及范围确定

1. 车辆故障现象确认

（1）无线钥匙实现车辆解锁，将钥匙放入车内，按下启动按键（不能踩下制动踏板，防止高压系统上电），完成低压蓄电池给整车的系统上电，打开近光灯控制开关，下车查看灯光故障，发现近光灯不亮。

（2）故障现象如图 7-2 所示。

图 7-2　故障现象

(3) 模块通信状态及故障码检查。

①故障码文字描述：

根据故障现象显示，连接诊断仪，读取整车故障诊断码，发现并无故障码存在，如图 7-3 所示。

图 7-3　故障诊断仪显示故障码

②相关数据流文字描述：进入组合开关模块，查看数据流，数据流显示近光灯开关处于打开状态，其状态显示如图 7-4 所示。

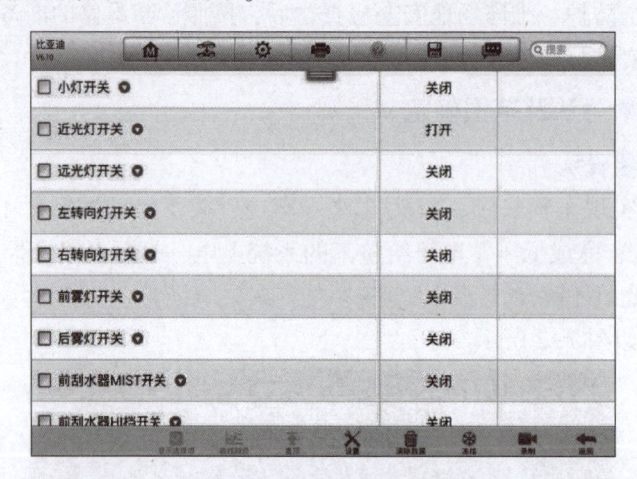

图 7-4　组合开关模块显示的近光灯开关状态

(4) 确认故障范围。组合开关模块显示的近光灯开关状态与实际的左前近光灯工作状态不符合，这就需要查阅涉及左前近光灯工作的电路图，如图 7-5 所示。由于故障现象仅涉及了左前近光灯无法工作，右前近光灯仍能正常工作，从电路图上可以看出，K1-6 近光灯继电器与前端常电线束连接、后续与右前近光灯线束的连接是完整的，K1-6 近光灯继电器本身也能够正常工作，不然右前近光灯也会出现无法正常工作的现象，从而可以确定大体的故障范围包含左前近光灯的供电线（K1-6 近光灯继电器后端单独给左前近光灯供电的线束）、搭铁线以及相关线路中的元件。

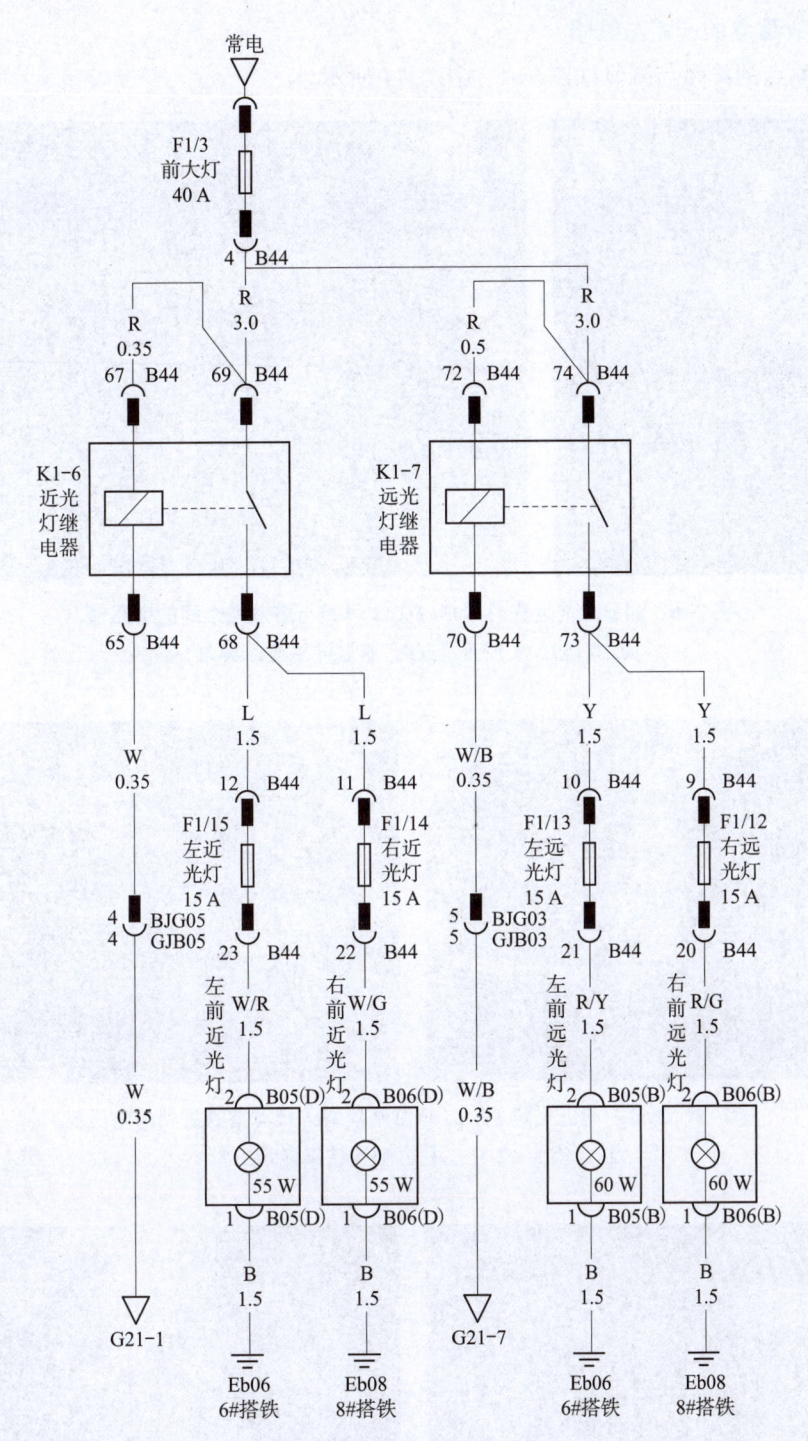

图 7-5 近光灯工作电路图

（二）故障的具体诊断与维修

故障诊断准备工作完毕之后，具体诊断过程如下：

1. 详细故障点的诊断与维修

详细故障点的诊断与维修如图 7-6~图 7-11 所示。

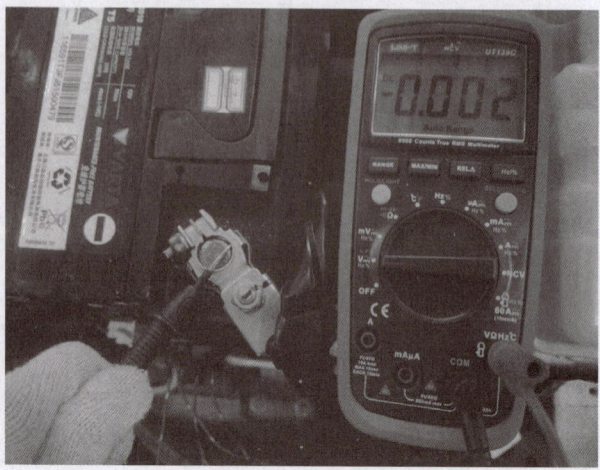

图 7-6　测量左前近光灯 B05(D)/2 号线与搭铁线之间的电压值
（正常电压为 12 V 左右，测量结果显示异常）

图 7-7　测量左前近光灯 F1/15 号熔断丝输入端与搭铁之间的电压值
（正常值为 12 V 左右，测量结果显示正常）

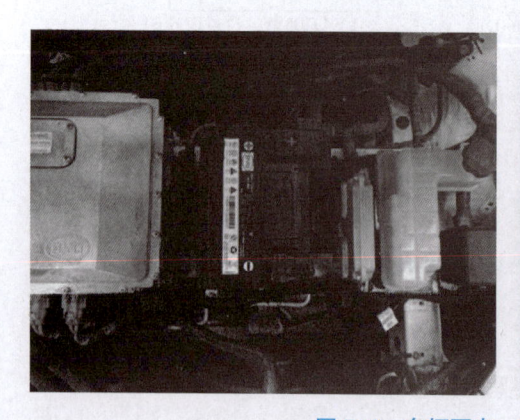

图 7-8　车辆下电，断开低压电源负极

图7-9 断开维修开关,置于收纳盒中,车辆静置5 min

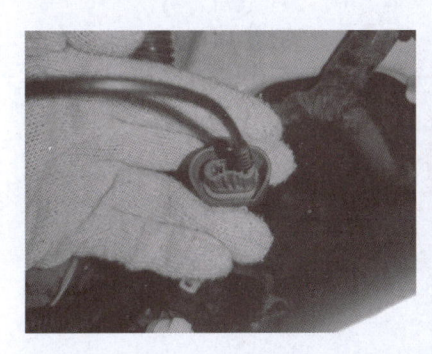

图7-10 测量F1/15号熔断丝输出端到左前近光灯B05(D)/2号之间的电阻值（正常值为0.1 Ω左右,测量结果显示正常）

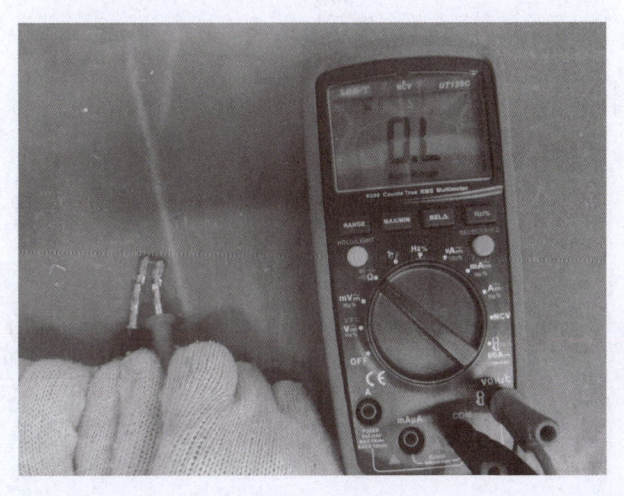

图7-11 测量F1/15号熔断丝两端电阻值（正常值为0.1 Ω左右,测量结果显示异常）

2. 故障点确定及恢复

按照以上检测步骤对左前近光灯供电线路进行测量时,遵循了先整体后部分的测量思路,先对分析之后的整体供电线路进行排故,发现问题之后,再采用分段测量的方式,对该段线路进行分段测量,最终确定供电线路安全元件的电阻值为无穷大,处于断路状态,其故障点如图7-12所示,更换同型号安全元件之后,低压蓄电池上电,车辆上电,故障诊断仪清码之后,再次读取故障码和数据流,查看故障现象消失。

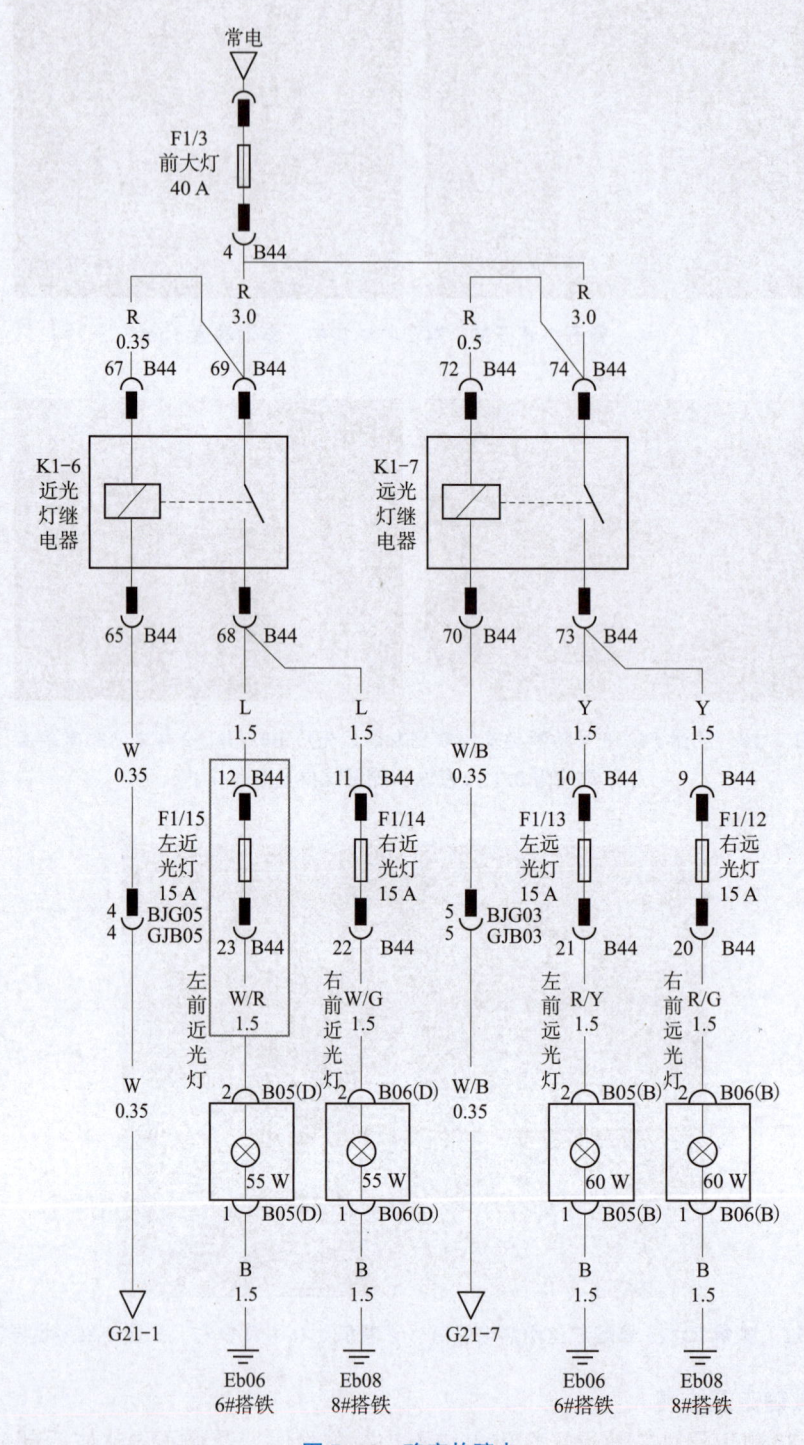

图 7-12 确定故障点

（三）填写任务记录工单

填写如表 7-3 所示任务记录工单。

表7-3　任务记录工单

工作任务：				日期：	年　月　日
姓名		学号		班级（小组）	
车辆信息					
品牌		生产年代		电池容量	
VIN				电机型号	
读取故障代码		相关数据流			
故障诊断流程					
检测内容		检测数据		检测结果	
故障点确定					

（四）任务评价

填写如表7-4所示任务评价表。

表7-4　任务评价表

工作任务：				日期：	年　月　日
姓名：		学号：		班级（小组）：	导师签字：
自评：□熟练　□不熟练		互评：□熟练　□不熟练		师评：□合格　□不合格	
序号	评分项	得分条件		配分	师评
1	安全/7S/态度	□1. 能进行工位7S操作； □2. 能进行设备和工具安全测量； □3. 能进行车辆安全防护操作； □4. 能进行工具清洁校准存放操作； □5. 能进行三不落操作		10	评分要求： 请按照得分条件酌情给分，扣分不得超过10分 □合格 □不合格 评分：

续表

序号	评分项	得分条件	配分	师评
2	作业准备	☐1. 能规范设置隔离栏； ☐2. 能规范设置安全警示牌； ☐3. 能正确检查灭火器压力值（水基、干粉）； ☐4. 能正确检查消防桶内是否有灭火沙； ☐5. 能规范安装车辆挡块； ☐6. 能规范安装车外三件套； ☐7. 能规范安装车内多件套（方向盘、座椅、脚垫、换挡杆等）； ☐8. 能完全落下驾驶员侧车窗	16	评分要求： 请按照得分条件酌情给分，扣分不得超过16分 ☐合格 ☐不合格 评分：
3	工具及设备的使用能力	☐1. 能规范使用数字绝缘测试仪进行开路和短路检测； ☐2. 能规范检测绝缘垫的绝缘性且佩戴绝缘手套与护目镜； ☐3. 能规范使用数字万用表	8	评分要求： 请按照得分条件酌情给分，扣分不得超过8分 ☐合格 ☐不合格 评分：
4	专业技能能力	☐1. 能正确连接诊断仪与车辆诊断口； ☐2. 能正确查阅维修手册或电路图并保持在检测页； ☐3. 能正确使用专用连接线； ☐4. 能规范测量低压部分线路并佩戴耐磨手套； ☐5. 能规范测量高压部分线路并佩戴绝缘手套、护目镜； ☐6. 能规范断开连接器插头； ☐7. 能规范断开蓄电池负极； ☐8. 能规范使用万用表测量数据	40	评分要求： 请按照得分条件酌情给分，扣分不得超过40分 ☐合格 ☐不合格 评分：
5	资料、信息查询能力	☐1. 能正确使用电路图； ☐2. 能正确使用维修手册； ☐3. 能在规定时间内查询所需资料； ☐4. 能正确记录所查询资料章节页码； ☐5. 能正确记录所需维修资料	10	评分要求： 请按照得分条件酌情给分，扣分不得超过10分 ☐合格 ☐不合格 评分：
6	数据判读与分析能力	☐1. 能通过测量结果分析判断电气电路状态是否良好； ☐2. 能通过测量结果分析模块工作状态是否良好	6	评分要求： 请按照得分条件酌情给分，扣分不得超过6分 ☐合格 ☐不合格 评分：

续表

序号	评分项	得分条件	配分	师评
7	工单撰写能力	☐1. 字迹清晰； ☐2. 语句通顺； ☐3. 无错别字； ☐4. 无涂改； ☐5. 无抄袭	10	评分要求： 请按照得分条件酌情给分，扣分不得超过 10 分 ☐合格 ☐不合格 评分：
8	现场恢复能力	☐1. 能关闭驾驶员侧车窗； ☐2. 能规范拆卸翼子板布、格栅布； ☐3. 能规范拆卸车内多件套并丢弃到垃圾桶； ☐4. 能规范移除高压警示标识等并放到指定位置； ☐5. 能规范恢复工位到原标准工位布置状态	10	评分要求： 请按照得分条件酌情给分，扣分不得超过 10 分 ☐合格 ☐不合格 评分：
		总分	110	得分：
教师评语：				

七、任务拓展

上述故障诊断与维修过程仅仅涉及左前近光灯不亮的故障现象，从电路图分析上也可以看出，若左、右前近光灯都不亮，在对供电线进行检测时，则首先应考虑的是左、右近光灯所共有的供电线及相关线路元件，检测的方法、步骤与该项目是类似的。

任务二　右前车窗无法控制升降故障排除

一、任务描述

现有一辆 2019 款比亚迪 e5 出现右前车窗无法控制升降情况，作为维修技师，分析该车型的特点、组成和电路图，并对故障进行系统检测，依据检测结果确认故障点，按照维修手册中的标准与规范对系统故障进行维修。

二、任务目标要求

（一）知识目标
（1）能精确找到模块、插接器端子位置。
（2）能精准找到所需测量的端子位置。
（3）熟悉并掌握该模块的电路图和维修手册。

（二）能力目标
（1）能规范使用工具、设备。
（2）能按照维修规范要求实施该车型的检测与维修。
（3）能按照安全作业标准完成实训作业并填写工单。
（4）能规范拆装模块插头及插接器。

（三）素质目标
（1）能与他人合作查询维修资料，养成团队合作的习惯。
（2）能在完成操作过程中，具有工作区的 7S 工作管理能力。
（3）能积极分享学习心得。
（4）能进行学习总结并展示学习成果。

对标"1+X"智能新能源汽车职业技能等级标准如表 7-5 所示。

表 7-5　对标"1+X"智能新能源汽车职业技能等级标准

序号	等级	职业等级名称	工作领域	工作任务	涉及：职业技能要求点
1	高级	新能源汽车动力驱动电机电池技术职业技能等级	1. 新能源汽车工作安全与作业准备	1. 计算机诊断技术	涉及：全部技术技能点
				2. 维修资料查询	涉及：全部技术技能点
2	初级	新能源汽车悬架转向制动安全技术职业技能等级	5. 新能源汽车安全系统检测维修	4. 防盗系统检测维修	涉及：全部技术技能点

续表

序号	等级	职业等级名称	工作领域	工作任务	涉及：职业技能要求点
3	中级	新能源汽车悬架转向制动安全技术职业技能等级	1. 新能源汽车工作安全与作业准备	1. 维修注意事项	涉及：全部技术技能点（包含 1.1.4）
				2. 安全注意事项	涉及：全部技术技能点
			5. 新能源汽车安全系统检测维修	4. 防盗系统检测维修	涉及：全部技术技能点
4	高级	新能源汽车悬架转向制动安全技术职业技能等级要求	1. 新能源汽车工作安全与作业准备	1. 维修注意事项	涉及：全部技术技能点（包含 1.1.4）
				2. 安全注意事项	涉及：全部技术技能点
			5. 新能源汽车安全系统诊断分析	4. 防盗系统诊断分析	涉及：全部技术技能点
5	初级	新能源汽车电子电气空调舒适技术职业技能等级	2. 新能源汽车电子电气系统检查保养	1. 电子电气系统一般维修	涉及：全部技术技能点
				2. 蓄电池检查保养	涉及：全部技术技能点
				7. 起动系统检查保养	涉及：全部技术技能点
				8. 新能源汽车电路识别	涉及：全部技术技能点
6	中级	新能源汽车电子电气空调舒适技术职业技能等级	2. 新能源汽车电子电气系统检测维修	14. 车身附件检测维修	涉及：2.14.5
7	高级	新能源汽车电子电气空调舒适技术职业技能等级	2. 新能源汽车电子电气系统诊断分析	12. 车身附件诊断分析	涉及：2.12.5
				14. 新能源汽车电路诊断分析	涉及：全部技术技能点
				15. 控制模块检测分析	涉及：2.15.1~2.15.3
				17. 执行器的检测与分析	涉及：2.17.1、2.17.2、2.17.6
8	中级	新能源汽车网关控制娱乐系统技术职业技能等级要求	5. 新能源汽车舒适电子控制网络系统检测维修	5. 防盗控制模块检测维修	涉及：5.5.1~5.5.6
9	高级	新能源汽车网关控制娱乐系统技术职业技能等级要求	5. 新能源汽车舒适电子控制网络系统检测维修	5. 防盗控制模块检测维修	涉及：5.5.1~5.5.6
10	其他职业技能等级证书的相关要求，与上述三个不同证书初、中、高的相关要求近乎一致，不再详述；与教材其他项目雷同的技术技能点不再赘述				

三、任务资讯与知识准备

(一) 工作原理

开关控制内部小电动机正反转,带动绳索牵动固定着玻璃的滑块上下滑动。汽车玻璃升降的方法是:①按住开关,车窗降到需要的位置时松开按键;②抬起开关,车窗升到需要的位置时松开按键即可。车窗是整个车身的重要组成部分,按玻璃安装位置不同有前、后风窗,侧窗和门窗。

(二) 系统部件位置及端子识别

右前车窗的线束位置如图 7-13 所示。

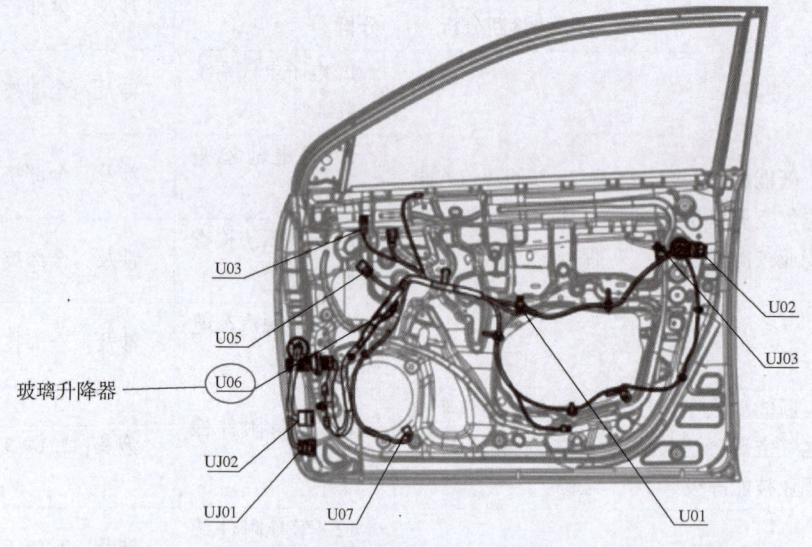

图 7-13 右前车窗的线束位置

升降玻璃升降器相关的线束位置如 U06 所示。U06 的 1 号角为玻璃升降器的供电线,U06 的 2 号角为玻璃升降器的搭铁线。接插件外形如图 7-14 所示。

图 7-14 U06 接插件外形

(三) 右前车窗涉及电路图识别

右前升降玻璃模块部分电路图如图 7-15 所示。
图中 U06/1 与 U01/9,U06/2 与 U01/1,线路导通,使电机能够正常工作。

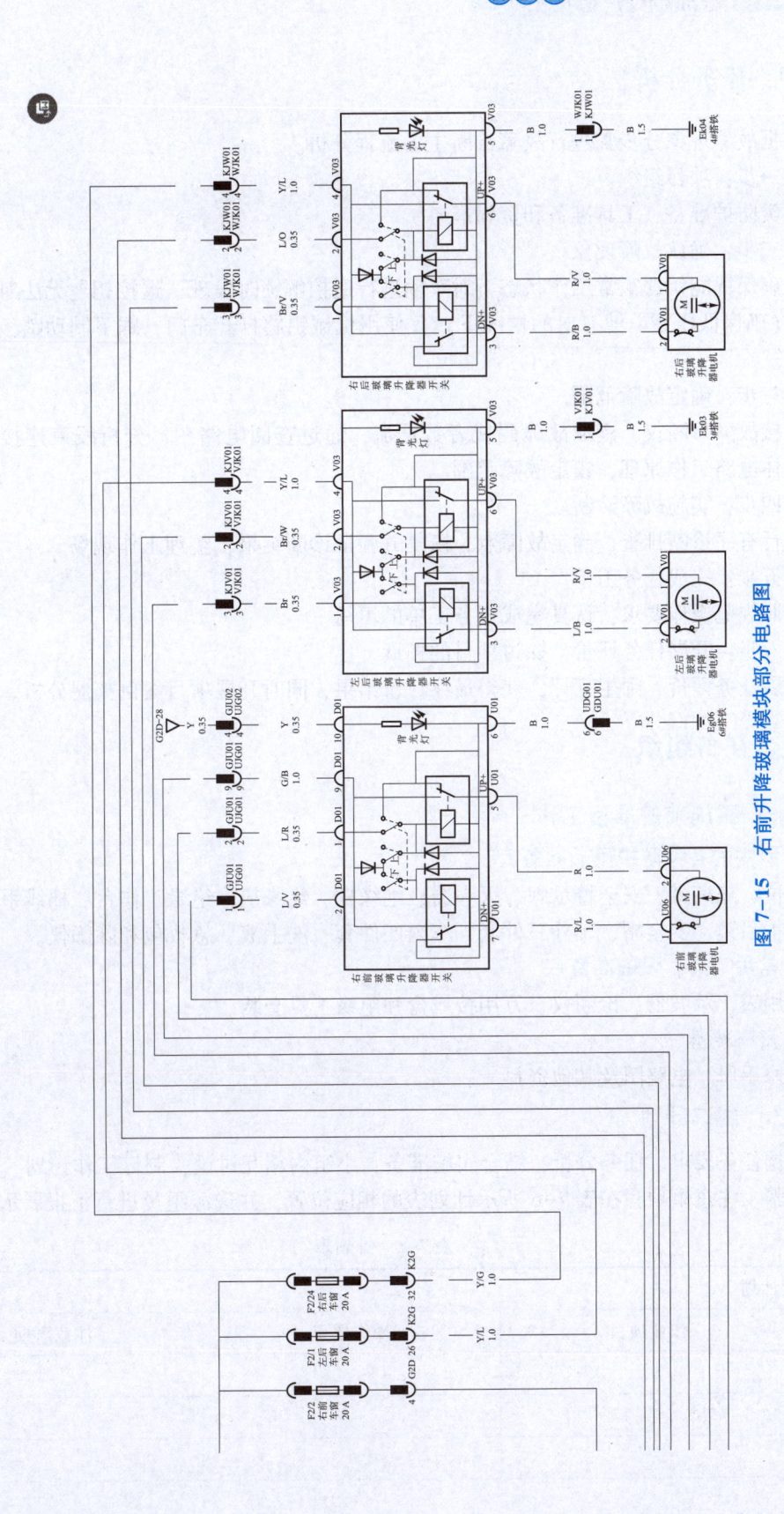

图 7-15 右前升降玻璃模块部分电路图

四、任务分析

根据故障现象分步骤进行故障诊断主要流程分析。

第一步：项目组织。

各类防护准备、工具准备和资料准备。

第二步：确认故障现象。

在确保智能钥匙正常工作状态下对车辆进行遥控解锁时发现，遥控钥匙无法对车辆进行解锁，（确保低压蓄电池有电的情况下）仅使用机械钥匙打开车门，踩下制动踏板，查看故障现象。

第三步：确定故障范围。

连接故障诊断仪，读取故障码或者数据流，通过查阅电路图，分析线束连接、端子连接、具体电路工作原理，锁定故障范围。

第四步：实施故障诊断。

进行有序诊断排查，确定故障点，恢复并验证诊断结果，整理工作现场。

第五步：完成任务工单。

按照规范操作要求，认真完成任务工单的填写。

第六步：开展任务评价，探讨项目的拓展。

开展任务评价，师生互评，获得最终评价结果，同时开展项目案例拓展分析。

五、任务组织

（一）实施前的准备工作

1. 所需的各种防护用品准备

工位、隔离带、安全警示牌、灭火器、绝缘杆、绝缘垫、绝缘工作台、棉线手套、绝缘手套、护目镜、安全帽、车外三件套、车内四件套、洗手液、急救包和除颤仪。

2. 常用工具、设备准备

万用表、示波器、诊断仪、万用接线盒和绝缘工具套装。

3. 资料准备

维修手册、电路图及其他资料。

（二）制订计划

依据任务要求、任务分析，结合实施准备，小组内相互讨论，制订工作计划，并将工作计划步骤、注意事项写在表7-6所示计划表的相应位置，并选派组员进行汇报展示。

表7-6 计划表

1. 作业计划			
序号	作业项目	操作要点	注意事项
1			
2			
3			

续表

序号	作业项目	操作要点	注意事项
4			
5			
6			
7			

2. 设备清单

序号	设备名称	用途	规格型号	数量
1				
2				
3				
4				
5				
6				

3. 其他材料清单

序号	材料名称	用途	规格型号	数量
1				
2				
3				
4				

审核	小组审核意见:	组长签字: 年　月　日
	教师审核意见:	教师签字: 年　月　日

六、任务实施

在做好个人安全防护、维修场地安全检查之后，按照诊断维修的准备流程，做好诊断前的各项组织工作，实施故障诊断任务。

（一）故障现象确认及范围确定

1. 车辆故障现象确认

右前车窗无法控制升降。

2. 模块通信状态及故障码检查

（1）故障码文字描述无故障码。

(2) 故障诊断仪显示的故障信息如图 7-16 所示。

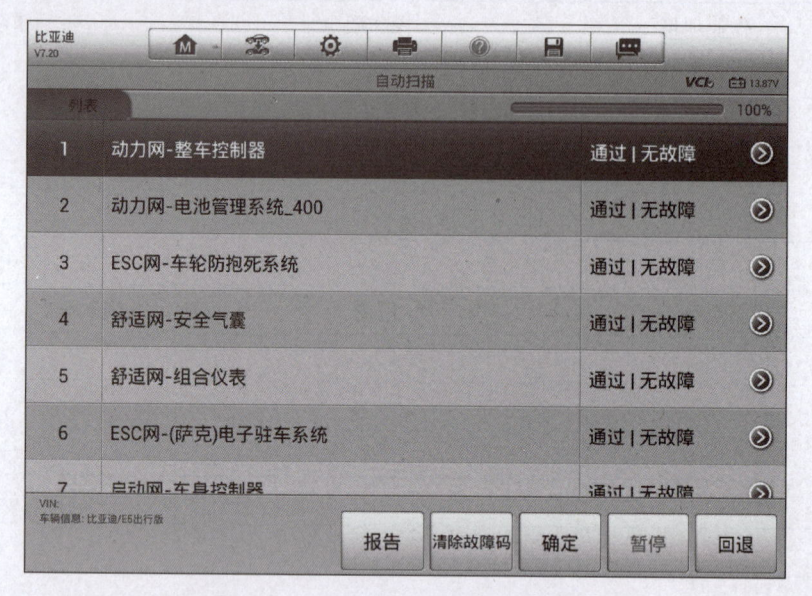

图 7-16 故障诊断仪显示的故障信息

(3) 无相关数据流。

3. 确认故障范围

(1) 右前车窗开关电源、搭铁及元件。

(2) 右前车窗电机电源、搭铁及本体。

（二）故障的具体诊断与维修

根据故障范围分步骤进行线路流程检测。

1. 检测分析

主驾驶车窗开关和右前副驾驶侧开关均无法控制右前车窗升降，根据此车原理，查阅电路图册锁定故障范围为右前车窗电源及搭铁故障，进行有序诊断排查。

2. 检测电路图

检测电路图，如图 7-17 所示。

3. 具体检测过程

故障诊断与排除准备工作完毕之后，具体诊断过程如下。

诊断过程如图 7-18~图 7-24 所示。

4. 故障点确认

经过上述检测，可以得出右前车窗供电熔断丝 F2/2 断路故障，其故障点如图 7-25 所示。

（三）填写任务记录工单

填写如表 7-7 所示任务记录工单。

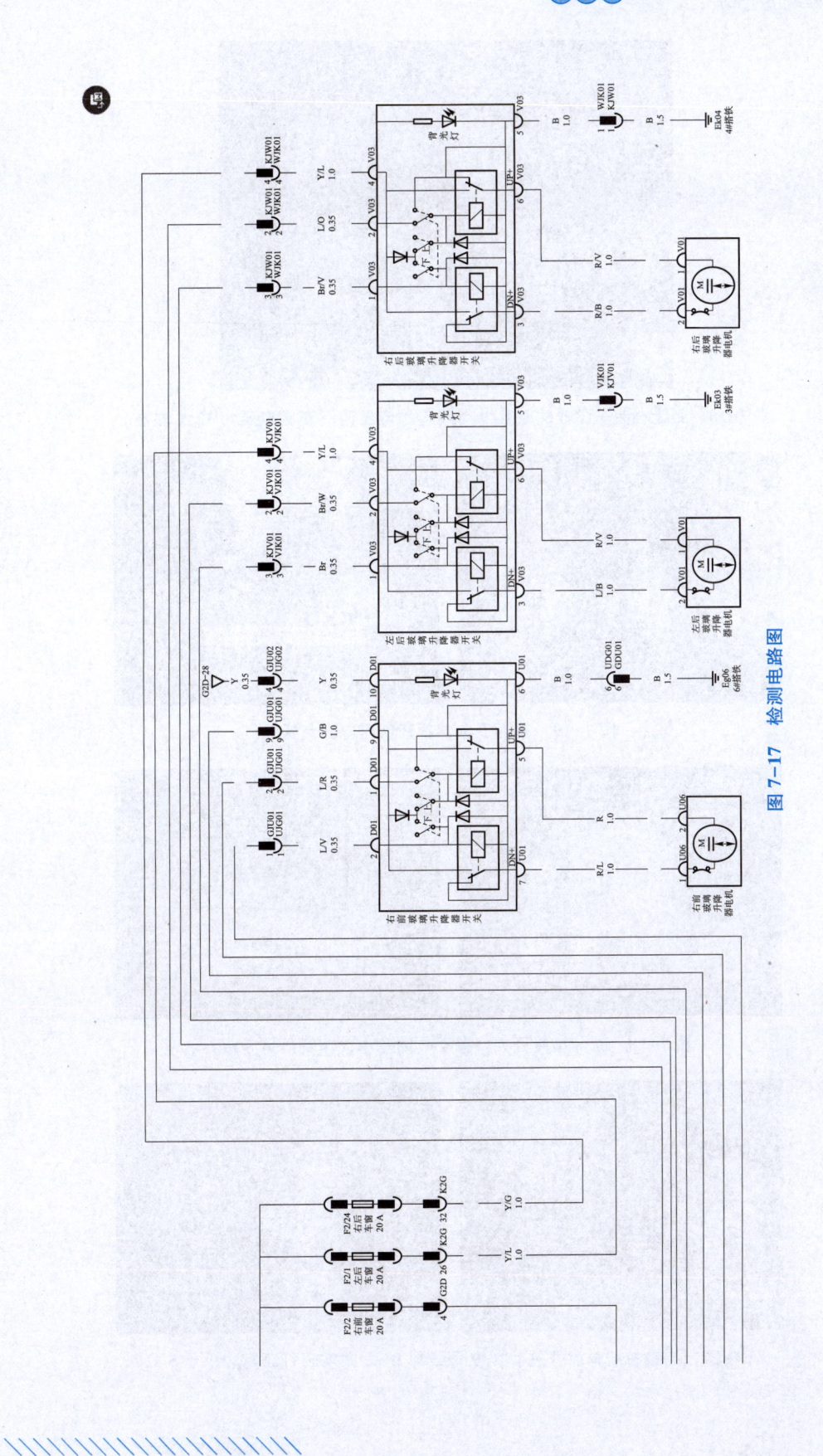

项目七 >>>> 车身电器常见故障诊断与排除

图 7-17 检测电路图

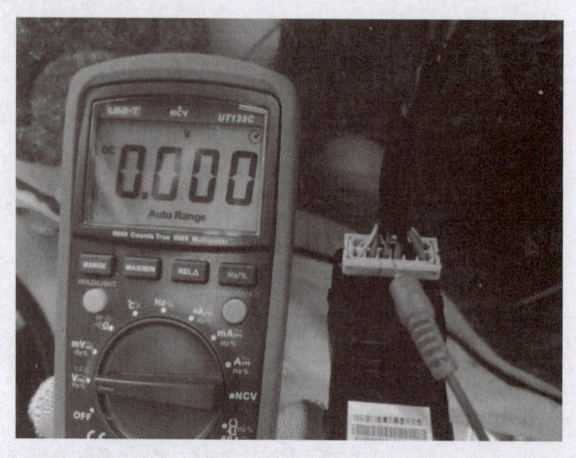

图 7-18　测量右前车窗开关 U01/9 号线与地电压值（正常电压为 12 V 左右）

图 7-19　车辆下电，断开低压电源负极

图 7-20　断开维修开关，置于收纳盒中，车辆静置 5 min

图 7-21　测量右前车窗开关 U01/9 号线到 B+ 之间电阻（正常为小于 5 Ω）

图 7-22 测量 F2/2 熔断丝输入端到 B+ 之间电阻（正常为小于 5 Ω）

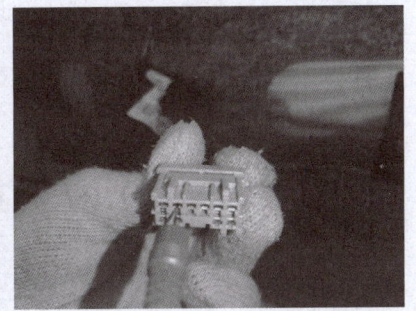

图 7-23 测量 F2/2 熔断丝输出端到右前车窗开关 U01/2 号线之间电阻（正常为小于 5 Ω）

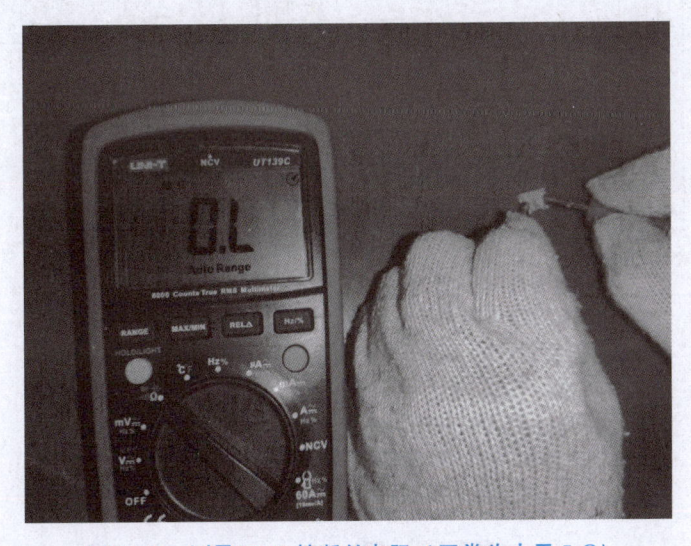

图 7-24 测量 F2/2 熔断丝电阻（正常为小于 5 Ω）

图 7-25 确定故障点

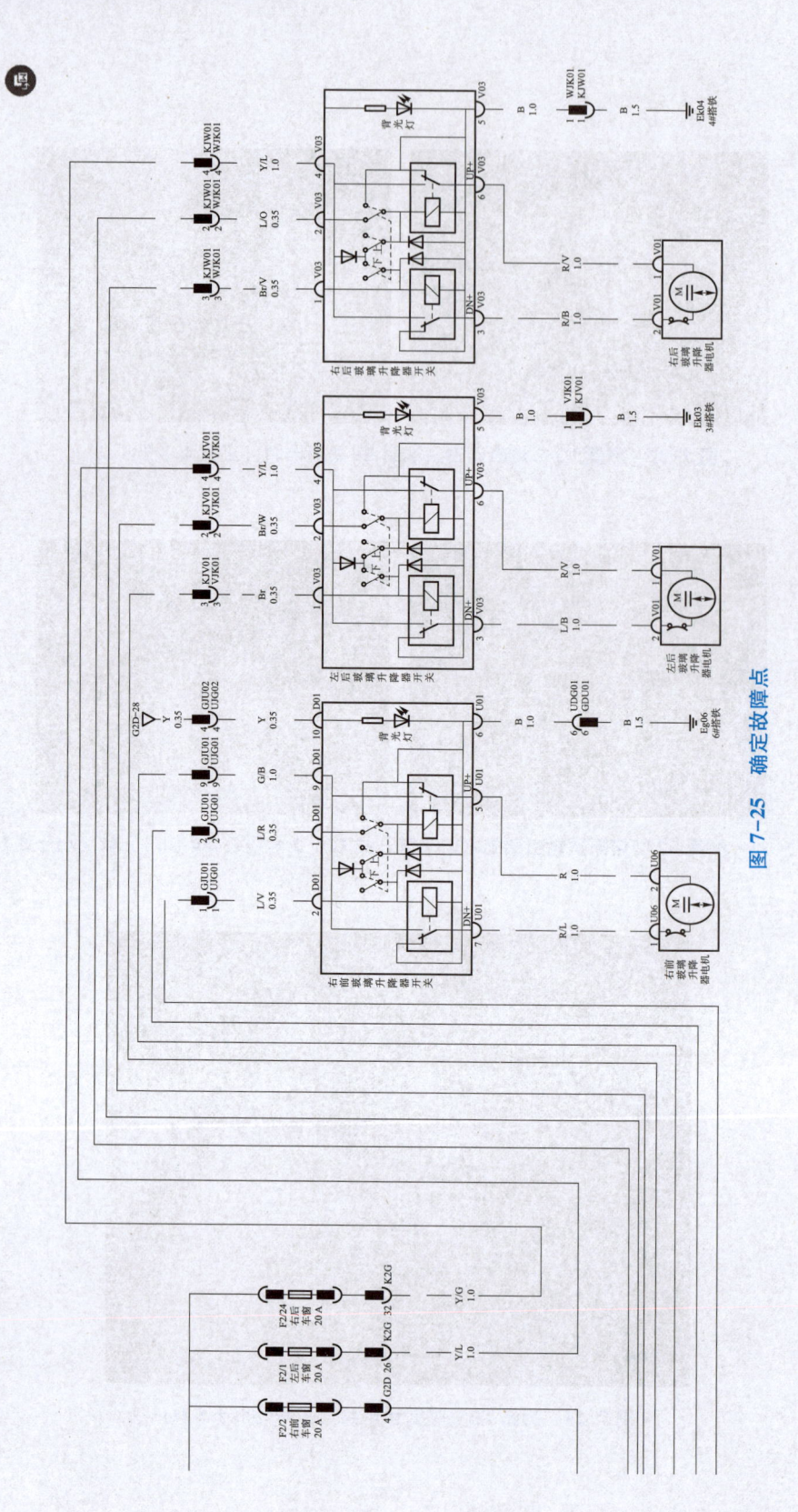

表 7-7　任务记录工单

工作任务：				日期：	年　月　日
姓名		学号		班级（小组）	
车辆信息					
品牌		生产年代		电池容量	
VIN				电机型号	
读取故障代码		相关数据流			
故障诊断流程					
检测内容		检测数据		检测结果	
故障点确定					

（四）任务评价

填写如表 7-8 所示任务评价表。

表 7-8　任务评价表

工作任务：				日期：	年　月　日
姓名：		学号：		班级（小组）：	导师签字：
自评：□熟练　□不熟练		互评：□熟练　□不熟练		师评：□合格　□不合格	
序号	评分项	得分条件		配分	师评
1	安全/7S/态度	□1. 能进行工位 7S 操作； □2. 能进行设备和工具安全测量； □3. 能进行车辆安全防护操作； □4. 能进行工具清洁校准存放操作； □5. 能进行三不落操作		10	评分要求： 请按照得分条件酌情给分，扣分不得超过 10 分 □合格 □不合格 评分：

续表

序号	评分项	得分条件	配分	师评
2	作业准备	□1. 能规范设置隔离栏； □2. 能规范设置安全警示牌； □3. 能正确检查灭火器压力值（水基、干粉）； □4. 能正确检查消防桶内是否有灭火沙； □5. 能规范安装车辆挡块； □6. 能规范安装车外三件套； □7. 能规范安装车内多件套（方向盘、座椅、脚垫、换挡杆等）； □8. 能完全落下驾驶员侧车窗	16	评分要求： 请按照得分条件酌情给分，扣分不得超过16分 □合格 □不合格 评分：
3	工具及设备的使用能力	□1. 能规范使用数字绝缘测试仪进行开路和短路检测； □2. 能规范检测绝缘垫的绝缘性且佩戴绝缘手套与护目镜； □3. 能规范使用数字万用表	8	评分要求： 请按照得分条件酌情给分，扣分不得超过8分 □合格 □不合格 评分：
4	专业技能能力	□1. 能正确连接诊断仪与车辆诊断口； □2. 能正确查阅维修手册或电路图并保持在检测页； □3. 能正确使用专用连接线； □4. 能规范测量低压部分线路并佩戴耐磨手套； □5. 能规范测量高压部分线路并佩戴绝缘手套、护目镜； □6. 能规范断开连接器插头； □7. 能规范断开蓄电池负极； □8. 能规范使用万用表测量数据	40	评分要求： 请按照得分条件酌情给分，扣分不得超过40分 □合格 □不合格 评分：
5	资料、信息查询能力	□1. 能正确使用电路图； □2. 能正确使用维修手册； □3. 能在规定时间内查询所需资料； □4. 能正确记录所查询资料章节页码； □5. 能正确记录所需维修资料	10	评分要求： 请按照得分条件酌情给分，扣分不得超过10分 □合格 □不合格 评分：
6	数据判读与分析能力	□1. 能通过测量结果分析判断电气电路状态是否良好； □2. 能通过测量结果分析模块工作状态是否良好	6	评分要求： 请按照得分条件酌情给分，扣分不得超过6分 □合格 □不合格 评分：

续表

序号	评分项	得分条件	配分	师评
7	工单撰写能力	□1. 字迹清晰； □2. 语句通顺； □3. 无错别字； □4. 无涂改； □5. 无抄袭	10	评分要求： 请按照得分条件酌情给分，扣分不得超过10分 □合格 □不合格 评分：
8	现场恢复能力	□1. 能关闭驾驶员侧车窗； □2. 能规范拆卸翼子板布、格栅布； □3. 能规范拆卸车内多件套并丢弃到垃圾桶； □4. 能规范移除高压警示标识等并放到指定位置； □5. 能规范恢复工位到原标准工位布置状态	10	评分要求： 请按照得分条件酌情给分，扣分不得超过10分 □合格 □不合格 评分：
	总分		110	得分：
教师评语：				

七、任务拓展

右前车窗开关和主驾驶侧开关无法控制右前车窗升降，根据电路图控制原理可知，无论是主驾驶侧开关控制还是右前副驾驶侧开关控制，车窗电机电源均是由 U01/9 号线总供电和 U01/6 号线总搭铁。背插测量 U01/9 号线电压，如果电压正常，那就怀疑 U01/6 号线，搭铁正常再怀疑电机损坏。

参 考 文 献

[1] 林程，王文伟. 电动汽车结构原理与故障诊断（第2版）[M]. 北京：机械工业出版社，2023.

[2] 王震坡，孙逢春. 新能源汽车故障诊断技术[M]. 北京：科学出版社，2024.

[3] 姜久春. 电动汽车电池管理系统故障诊断与维护[M]. 北京：人民交通出版社，2022.

[4] GB/T 38661—2020 电动汽车用电池管理系统技术条件[S]. 北京：中国标准出版社，2020.

[5] GB/T 40433—2023 电动汽车用混合电源技术要求[S]. 北京：中国标准出版社，2023.

[6] GB/T 44500—2024 新能源汽车运行安全性能检验规程[S]. 北京：中国标准出版社，2024.

[7] QC/T 897—2011 电动汽车动力蓄电池系统故障诊断规范[S]. 北京：工信部，2024.

[8] GB/T 19596—2025 电动汽车术语[S]. 北京：中国标准出版社，2025.

[9] 欧阳明高，等. 动力电池热失控多级预警方法研究[J]. 汽车工程，2023，45（8）：1327-1336.

[10] 张俊智，等. 基于深度学习的驱动电机轴承故障声纹诊断[J]. 电工技术学报，2024，39（3）：801-812.

[11] 孙逢春，等. 车用锂离子电池 SOH 在线估计的改进粒子滤波算法[J]. 机械工程学报，2022，58（14）：1-10.

[12] 王丽芳，等. 电动汽车充电桩绝缘故障诊断技术综述[J]. 电力系统自动化，2024，48（2）：45-56.

[13] 卢兰光，等. 基于大数据的动力电池故障早期预测模型[J]. 中国公路学报，2023，36（7）：210-219.

[14] 中国汽车工程学会. 中国新能源汽车故障诊断技术发展报告（2024）[R]. 北京，2024.

[15] 国家新能源汽车技术创新中心. 电动汽车高压系统维修安全白皮书[R]. 北京，2023.

[16] Li X., et al. Real-time fault diagnosis for EV batteries using deep transfer learning[J]. IEEE Transactions on Industrial Informatics，2024，20（1）：532-543.

[17] Zhang Y., et al. Multi-sensor fusion framework for insulation failure detection in EV motors[J]. Mechanical Systems and Signal Processing，2024，188：110045.

[18] SAE International. J3168-2023: Standard for Electric Vehicle Diagnostics Communication[S]. Warrendale, PA：SAE，2023.

[19] ISO/TC 22. ISO 21498-2: 2025: Battery system safety - Failure mode analysis[S]. Geneva：ISO，2025.

[20] 蔡蔚，等. 车用 IGBT 模块结温监测技术研究进展[J]. 电源学报，2025，23（1）：28-37.